Wolfgang Klietz

GEHEIME TRANSPORTE ÜBER DIE OSTSEE

Von Atomwaffen, Geheimdiensten und Bausoldaten im Kalten Krieg

edition POMMERN

FÜR RUTH, ROSE UND LUISA

Wolfgang Klietz hat die Geschichte dieser spektakulären Linie über die Ostsee recherchiert und die erste Dokumentation über dieses historische Kapitel der 1980er-Jahre geschrieben. Im Jahr 2012 erschien darüber sein Buch „Ostseefähren im Kalten Krieg".
Bei dem vorliegenden Band handelt es sich um eine umfassend erweiterte und aktualisierte Neuauflage mit vielen neuen Fotos.
Zitate wurden in der Originalschreibweise übernommen und nicht der neuen deutschen Rechtschreibung angepasst.

Impressum

Autor: Wolfgang Klietz
Titel: Geheime Transporte über die Ostsee
Von Atomwaffen, Geheimdiensten und Bausoldaten im Kalten Krieg

info@edition-pommern.de
www.edition-pommern.de

ISBN: 978-3-939680-75-8
Gedruckt in Deutschland

Gefördert durch die Landeszentrale für politische Bildung Mecklenburg Vorpommern

Inhalt

Impression aus Mukran – Ein Vorwort

Die militärische Disziplin ist dahin. Zu Hunderten stehen die Männer an der Pier, die Hände in den Hosentaschen, die überdimensionierten Mützen zumeist in den Nacken geschoben. Hätte ihr Land sie nicht in die Uniform der Armee gesteckt, würde man die dürren Bengel am liebsten zu ihrer Mutter schicken. Spitz stehen die Wangenknochen aus den Gesichtern hervor. Ihr Blick ist leer. Das Durchschnittsalter liegt anscheinend unter 20 Jahre. Die Augen verraten, dass viele der Männer in Asien aufgewachsen sind.

Bei sich tragen die meisten nur ein kleines Bündel, der einzige private Besitz, der erlaubt ist. Dazu kommen ein paar Habseligkeiten für die Reise: eine kleine Kiste mit Apfelsinen, notdürftig eingewickelter Proviant.

Im Kalten Krieg bezeichneten Politiker im Westen die sowjetischen Einheiten in der DDR gern als Elitetruppe. Doch diese Soldaten, die sich im Hafen von Mukran aufgereiht haben, strahlen weder Kampfkraft noch eisernen Willen aus. Sie wirken übermüdet und hungrig, geradezu resigniert. An diesem finsteren Novembertag des Jahres 1991 werden sie per Schiff nach Hause zurückgebracht. Die DDR, den Bruderstaat ihres Vaterlandes UdSSR, gibt es nicht mehr. Nach der deutschen Einheit müssen die sowjetischen Streitkräfte das Land verlassen. Der Rücktransport wird sich bis ins Jahr 1994 hinziehen.

Die Verladung dauert. Jacken und Hosen sind dünn, doch ans Frieren sind die Männer offenbar gewöhnt. Stundenlang stehen sie schweigend im Wind. Nur einmal heben sich langsam die Blicke, als eine blonde junge Frau am Rand des Hafenbeckens vorbeigeht.

Die Fähre „Vilnius“ aus Klaipėda hat schon vor Stunden festgemacht. Beide Decks waren mit knapp 100 Eisenbahnwaggons beladen und sind jetzt frei. Die armselige Truppe kann kommen, aber zuerst wird das Material verladen. Die schweren Armeelastwagen stehen auf Eisenbahnwaggons, auf denen sich Lachen von Öl und Treibstoff bilden. Offenbar wissen die meisten Soldaten, dass sie an Bord keinen Platz in einer Kabine haben werden. Sie stopfen ihr Bündel unter die Fahrzeuge, dort sind die Sachen ein wenig vor Regen geschützt.

Jedes Mal, wenn die Züge über die Kante von der Laderampe auf das Heck der „Vilnius“ rollen, hallt ein metallischer Knall kilometerweit über die Hafenanlagen. Rangierloks fahren langsamer als Schrittgeschwindigkeit und schieben die Wagen auf die Decks. Stinkend quellen blaue Wolken aus den Dieselmotoren. Endlich ist die Eisenbahn verladen. Vor den Puffern der Waggons ist am Heck der Fähre noch Platz für die Autos der fünf zivilen Passagiere, zu denen auch ich gehöre. Tickets hat keiner von uns bekommen. In dem kleinen Büro im Plattenbau der Reederei gab es bloß ein handgeschriebenes Zettelchen als Zugangsberechtigung für die „Vilnius“, nachdem der Fahrpreis penibel auf einer Häkeldecke abgezählt worden war. Auf Fahrgäste ohne Uniform ist die Fährlinie noch nicht eingestellt.

Nun erhalten auch die Soldaten das Kommando an Bord zu gehen. Über eine schmale Gangway steigen sie ins Schiff – immer noch schweigend. Die Zivilpassagiere dürfen vom unteren Ladedeck über mehrere Etagen nach oben zu den Kabinen steigen. Der Zahlmeister, ein deutscher Offizier in akkurater Uniform, gibt die Schlüssel aus. In den Kabinen hängen Zettel aus alter Zeit. In Notfällen wende man sich an die Volkspolizei, heißt es. Außerdem sei es verboten, Hafen- und Eisenbahnanlagen und militärische Einrichtungen zu fotografieren. Ein Verbot, das in allen Ostblockstaaten galt. Ausgerechnet an Bord dieses Schiffes kontrolliert es niemand. Während der gesamten Überfahrt sind die Decks, auf denen Dutzende Militärfahrzeuge stehen, frei zugänglich.

Weit draußen auf der Ostsee wird die erste Mahlzeit serviert. Ohne zu klopfen reißt eine junge, grell geschminkte und weißlich blondierte Russin die Kabinentür auf, ruft „Kaffee!“ und knallt die Tür wieder zu. Die Passagiere treffen sich in der Messe bei Roter Bete, fetten Würsten und Kompott, süß eingelegten Früchten mit viel Saft.

An den Tischen sitzen zwei russische Offiziere, ein betagter deutscher 120-Kilo-Mann, der seine alte Heimat im Osten wiedersehen will und aus einer Zweiliterflasche kalten Glühwein schlürft. Außerdem dabei: Mutter und Sohn aus Bremen, die mit der Ladung ihres Kleintransporters in einem litauischen Laden das große Geschäft machen wollen, ein Lkw-Fahrer, der aus Litauen Apfelsaftkonzentrat nach Hamburg gebracht hat, und wir, die mit einem alten VW-Bus Hilfsgüter für eine humanitäre Organisation nach Klaipėda bringen wollen.

Doch wo sind die Soldaten, denen Rote Bete, Wurst und Kompott sicherlich gutgetan hätten? Sie sind irgendwo unter Deck verschwunden. Bei meinen Rundgängen auf dem Schiff kann ich sie nirgends entdecken.

Auch in den späteren Jahren, in denen ich wiederholt mit der Fähre von Mukran nach Klaipėda unterwegs war, musste ich an die verschwundenen Männer mit dem leeren Blick denken. Wo waren sie geblieben? Welches militärische Geheimnis bargen diese Fähren? Was wurde hier in Zeiten des Kalten Krieges heimlich transportiert? Ich war neugierig geworden und begann mit einer Recherche, die sich über mehrere Jahre hinziehen sollte.

Einleitung

Vor dem Beginn der Bauarbeiten wurden die Flächen um Mukran landwirtschaftlich genutzt.

Wer mit dem Auto auf der Ferieninsel Rügen unterwegs ist, kann allenfalls einen kurzen Blick auf das Gelände werfen, das in der DDR zu den wichtigsten volkswirtschaftlichen und militärischen Projekten zählte: den Fährhafen mit Güterbahnhof in Mukran. Von der Brücke der Landesstraße zwischen Binz und Sassnitz sind im Vorbeifahren auf der einen Seite der Hafen und auf der anderen die riesigen Gleisanlagen mit Kränen, Umschlaghallen, Verwaltungsgebäuden und Zügen zu sehen. Hoch über allem ragt der Turm des Heizwerkes heraus, das eigens für das Projekt gebaut wurde. Noch heute ist es schwierig, die Dimension des fast fünf Kilometer langen und etwa einen Kilometer breiten Areals von außen zu überblicken.

In der DDR war ein genauer Blick auf den 204 Hektar großen Fährbahnhof nicht gewollt. Niemand sollte beobachten können, was sich auf dem abgeschirmten Gelände abspielte. Geheimdienste – allen voran das DDR-Ministerium für Staatssicherheit (MfS) – hatten Mukran und die hier Beschäftigten stets im Blick. Westliche Spione von der anderen Seite des Eisernen Vorhangs versuchten herauszufinden, welche Transporte von hier aus über die Ostsee abgewickelt wurden.

Der 1986 eröffnete Hafen war nicht nur ein wichtiges Bindeglied für den Handel mit dem „großen Bruder“ UdSSR. Hier wurde Nachschub aller Art für die etwa 400 000 Mann starken sowjetischen Streitkräfte verschifft, die in der DDR stationiert waren. Zusammen mit den Zivilangestellten und Familienangehörigen der Offiziere waren es rund 500 000 Personen, die es zu versorgen galt: mit Panzern und Raketen, mit Baumaterial und Wodka. Selbst in Friedenszeiten war der Bedarf der Gruppe der Sowjetischen Streitkräfte in Deutschland, kurz GSSD, enorm. In den achtziger Jahren hatten die Lieferungen an die Truppe jährlich einen Wert von 1,7 Milliarden Mark, zu den größten Posten gehörte der gewaltige Treibstoffbedarf von 365.000 Tonnen in jedem Jahr. Über die Fährverbindung sollte künftig der „Hauptteil der Transporte von Militärgütern und Spezialausrüstungen für die GSSD und die NVA erfolgen“, hieß es in einem Schreiben der Abteilung Sicherheitsfragen des SED-Zentralkomitees an Verteidigungsminister Heinz Keßler vom 2. April 1986. Außerdem gehörte Mukran zu den Häfen, über die im Falle eines Krieges mit der Nato der Nachschub aus der UdSSR eintreffen sollte.

Die Sowjetunion hatte auf dem Gebiet der DDR eine gewaltige Militärmaschinerie konzentriert. Anfang der achtziger Jahre standen dort 7.000 Panzer, 10.000 gepanzerte Fahrzeuge, 5.000 Artilleriegeschütze, 700 Kampfflugzeuge, 350 Hubschrauber und 220 Boden-Boden-Raketen. Die fremden Truppen, die offiziell „Freunde“ hießen, verfügten über 1026 Liegenschaften, die etwa drei Prozent des DDR-Gebietes abdeckten. „Die GSSD war sozusagen fern des Heimatlandes ein Staat und eine Armee für sich“, schrieb der Historiker Rüdiger Wenzke. Es herrschte Kalter Krieg auf der Erde: Der von der sozialistischen Sowjetunion dominierte Warschauer Vertrag stand dem westlichen

Verteidigungsbündnis Nato unter der Führung der USA gegenüber. Beide Blöcke bedrohten sich mit Armeen und Atomwaffenarsenalen, die den Gegner gleich mehrfach hätten vernichten können.

US-Präsident Ronald Reagan bezeichnete 1983 die Sowjetunion als „Reich des Bösen". Er verfolgte die Strategie des „Todrüstens" und ging davon aus, dass die UdSSR dem kontinuierlichen Wettrüsten wirtschaftlich auf Dauer nicht gewachsen war. Die Zeit am Ende der siebziger Jahre und zu Beginn der achtziger Jahre des 20. Jahrhunderts war außerdem geprägt durch den Nato-Doppelbeschluss. Seit 1976 hatte die UdSSR moderne, gegen Westeuropa gerichtete Mittelstreckenraketen vom Typ SS 20 aufgestellt. Als Reaktion stationierte die Nato 1983 begleitet von Massenprotesten in Westeuropa eigene Mittelstreckenwaffen.

Neu-Mukran, eine Idylle am Ostseestrand. Postkarte um 1970.

In Moskau ging die Führung zu Beginn der achtziger Jahre von einer erhöhten Kriegsgefahr aus. 1982 bezeichnete der Chef des sowjetischen Generalsstabs, Marschall Nikolai Ogarkow, die Lage als „sehr ernst" und verglich sie mit der internationalen Situation kurz vor dem Ausbruch des Zweiten Weltkriegs. Die Kampf- und Gefechtsbereitschaft der DDR erreichte in dieser Zeit einen neuen Höchststand, 85 Prozent aller Einheiten befanden sich in ständiger Alarmbereitschaft. Permanente Modernisierungen - insbesondere bei den Raketen- und Panzertruppen der NVA - sollten die Kampfkraft weiter steigern.

Im Kreml regierten bis zum Amtsantritt des Reformers Michail Gorbatschow alte Männer einer Parteielite, die das Land militärisch für eine Auseinandersetzung mit dem „Klassenfeind" vorbereiteten, aber die Bevölkerung kaum mit dem Notwendigsten versorgen konnten. Auch die DDR stand vor gravierenden wirtschaftlichen Problemen und konnte nur mit einem vom bayerischen Ministerpräsidenten Franz Josef Strauß 1983 vermittelten Kredit der Bundesrepublik vor der Staatspleite bewahrt werden. Wichtige Versorgungsgüter fehlten. Wie in allen Ländern des Ostblocks belasteten die Militärausgaben den

Staatshaushalt schwer. Um Unzufriedenheit und Unruhe in der Bevölkerung zu verhindern, blieben die Sozialausgaben gleichzeitig hoch, sodass wichtige Investitionen nicht getätigt werden konnten, das Land technologisch zurückfiel und sich zunehmend verschuldete. Ein Großteil der Exporteinnahmen wurde benötigt, um die hohen Zinsen der Auslandskredite zu bedienen.

Die in den achtziger Jahren geschaffene neue Fährverbindung sollte den Handel zwischen den sozialistischen Bruderländern DDR und UdSSR deutlich verstärken und zugleich billiger machen. Statt per Eisenbahn durch Polen ging es per Schiff über die Ostsee ohne teure Transitgebühren und zudem wesentlich schneller. Die Transportzeit konnte um mindestens drei Tage verkürzt werden.

Die Anforderungen waren enorm. „Das Vorhaben ist nach Maßstäben des wissenschaftlich-technischen Höchststandes zu projektieren und am Weltstand zu orientieren", schrieb die Projektleitung am 26. November 1981. Bis ins nächste Jahrtausend werde geplant, hieß es in dem Schulungsfilm „Fährhafen Mukran" der Nationalen Volksarmee.

Die DDR pries die Fährverbindung als „größtes Integrationsvorhaben auf dem Verkehrssektor" mit der UdSSR. Der Rat für gegenseitige Wirtschaftshilfe (RGW) der Ostblockstaaten hatte den Begriff Integration im Juli 1971 eingeführt. Die Bedeutung: Jeder Wirtschaftsbereich eines Landes wird Bestandteil der internationalen Zusammenarbeit und somit ins sozialistische Wirtschaftssystem integriert.

Die Fährverbindung entwickele sich zum „entscheidenden Transportweg" zwischen der DDR und der UdSSR, hieß es in der Arbeit eines Absolventen der Hochschule der Staatssicherheit: „Der störungsfreie Transportablauf gewährleistet die kontinuierliche Belieferung der Industriebetriebe der DDR, z. B. mit Rohstoffen und Halbfertigerzeugnissen aus der UdSSR", schrieb der Autor weiter. Für die UdSSR seien die Lieferungen von chemischen Erzeugnissen und Werkzeugmaschinen aus der DDR „von Bedeutung für die weitere gesellschaftliche Entwicklung". Das Fazit: „Störungen der Transportprozesse haben Auswirkungen auf alle Bereiche der materiellen Produktion(...)."

Doch der Pendelverkehr zwischen dem Hafen an der Bucht Prorer Wiek auf Rügen und dem Baltikum hatte seit der Eröffnung im Oktober 1986 auch eine wichtige militärische Funktion. Die Schiffe garantierten schnelle Transporte aus der UdSSR in Richtung Westen ohne den Transit über Polen, der seit den Aktivitäten der Gewerkschaft Solidarność Anfang der achtziger Jahre unsicher geworden war und somit die Versorgung der Sowjetarmee in der DDR gefährdete, möglicherweise sogar die militärisch wichtigen Nachschubwege von Ost nach West im Kriegsfall.

„Aus sowjetischer Sicht stellte die polnische Oppositionsbewegung die Sicherheit der strategischen Verbindungswege zwischen der Sowjetunion und dem mitteleuropäischen Kriegsschauplatz infrage", schrieb Winfried Heinemann in seinem Buch „Die DDR und ihr Militär". Die Sicherung der rückwärtigen Verbindungen durch Polen und die DDR - so die Sorge der Militärs - würde bei einer Krise oder einem Krieg erhebliche Kräfte der sowjetischen Armee oder der NVA binden. Wie groß die Befürchtungen waren, zeigt eine Bemerkung des Generalsekretärs des ZK der KPdSU, Juri Andropov, in einer Sitzung des Politbüros in Moskau am 10. Dezember 1981 auf dem Höhepunkt der Auseinandersetzungen in Polen. Ausdrücklich erwähnte er seine Sorge über die Sicherheit der Verbindungswege zwischen der DDR und der UdSSR angesichts der Krise in Polen.

Ähnlich wie Heinemann schätzt der Ex-NVA-Offizier Fritz Minow die damalige Situation ein: „Die 1980/81 eskalierende innenpolitische Lage in Polen gefährdete die geplante strategische Entfaltung der Vereinten Streitkräfte auf dem westlichen Kriegsschauplatz und beunruhigte die politische und militärische Führung der benachbarten Vertragsstaaten." Und weiter: „Der Grund für die Entscheidung, in Mukran einen Fährhafen für eine ständige und direkte Seeverbindung zum sowjetischen Hafen Klaipėda (Memel) zu schaffen, war die Umgehung des unsicheren polnischen Territoriums für militärische und volkswirtschaftlich wichtige Transporte." Minow bezeichnete Mukran als „Nachschubhafen" für die GSSD, der die Operationsfreiheit der Sowjetarmee und der Seekriegsflotte sicherte.

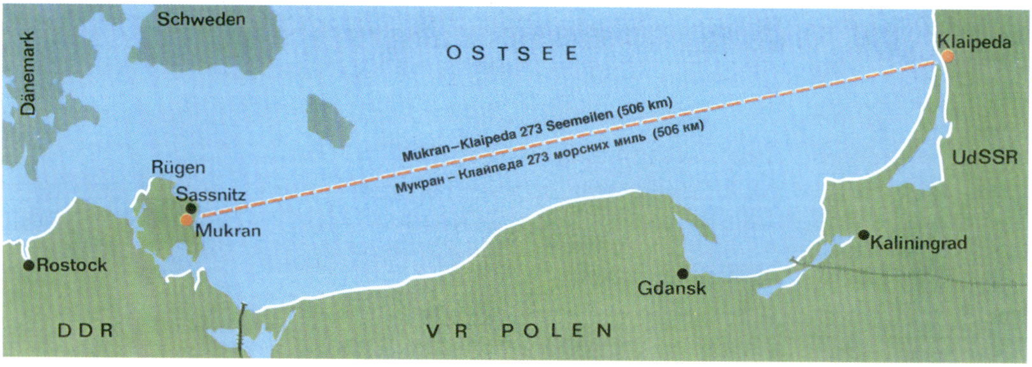

Mit der Fährverbindung zwischen Mukran und Klaipėda wurde Polen umfahren.

Im Nationalen Verteidigungsrat der DDR ging man bei einer Übung im Juni 1982 sogar davon aus, dass Polen ebenso wie Rumänien bei einem Krieg mit der Nato aus dem Warschauer Vertrag austreten werden. Der Historiker Heinemann schrieb: „Die Reaktion bestand im Ausbau alternativer Verbindungslinien, etwa der an Polen vorbeiführenden Fährverbindung von Mukran auf Rügen nach Klaipėda in Litauen, die ebenso wie die dazugehörige Infrastruktur auf DDR-Gebiet zu einem erheblichen Teil von Ost-Berlin zu finanzieren war."

Außerdem hatten die Verkehrsverbindungen durch Polen traditionell keinen guten Ruf und galten schon immer als höchst unzuverlässig: Vier Tage war ein Zug auf dem 700 Kilometer langen Weg von Frankfurt (Oder) zum polnisch-sowjetischen Grenzbahnhof Brest in der Regel unterwegs. Diebstähle aus den Wagen waren nicht selten. Zudem verlangte Polen für die Transittransporte dermaßen hohe Gebühren, dass die DDR und die Sowjetunion bereits in den sechziger Jahren erste Pläne für eine gemeinsame Eisenbahnverbindung entworfen hatten.

In der DDR lautete 1982 die Argumentation in einer Schrift für das Zentralkomitee der SED: „Gegenwärtig ist es nicht selten, daß die Kapazitätsgrenzen der bestehenden Verbindungen im Eisenbahn- und Seeverkehr erreicht werden(...). Die Folge (...) sind Rückstaus der Transporte, durch die Frachtraum über die normalen Fristen hinaus gebunden wird, und die verspätete Auslieferung der Güter. Es liegt auf der Hand, daß eine effektive und stabile Lösung für den Gütertransport zwischen der DDR und der Sowjetunion gefunden werden mußte, die auf lange Sicht berechnet ist. Nach Prüfung mehrerer Lösungswege (...) durch Fachleute (...) beider Länder erwies sich die Einrichtung einer Fährlinie von den auf beiden Seiten relativ kurzfristig realisierbaren Möglichkeiten als am günstigsten. Sie trägt wesentlich zur Rationalisierung des Transportprozesses bei. Hierbei war in Rechnung zu stellen, daß die Aufwendungen (...) für Hafenanlagen und Schiffe keineswegs unbedeutend sind. (...) Berechnungen zeigen, daß sich die Investitionen in verhältnismäßig kurzer Zeit bezahlt machen."

Auch in einem Beitrag über die neue Fährlinie 1986 im Marinekalender der DDR hieß es: „Der Transportbedarf ist auf den heute schon überlasteten Eisenbahnverbindungen nicht mehr zu realisieren."

Wie langwierig die Abfertigung von Reichsbahn-Güterzügen an der deutsch-polnischen Grenze waren, verdeutlichen Zahlen des DDR-Verkehrsministeriums aus dem Jahr 1983 zum Grenzübergang Czeremcza bei Brest. 430 Züge hätten sich vor der Grenze zurückgestaut. Das Ministerium errechnete, dass sich 1,2 Millionen zusätzliche „Wagenaufenthaltsstunden" ergeben hätten, die einen Schaden von vier Millionen Mark bei der Reichsbahn anrichteten. „Hier wird Wagenraum über Tage und manchmal über Wochen zum Lagerraum für Exportgüter", schrieb der Reichsbahn-Inspektionsleiter Frankfurt (Oder) ans Verkehrsministerium am 12. März 1984. Außerdem beklagte die Reichsbahn, dass sich die polnische Eisenbahngesellschaft über Vereinbarungen hinwegsetze und eigenmächtig verabredete Normen ändere. Auch an anderen Grenzübergängen stauten sich regelmäßig die Züge. Den Reichsbahnern fiel auf, dass Züge mit Exporten in den Iran besonders lange, manchmal bis zu vier Wochen, an der Grenze stünden und damit Diebe anlockten.

Gezahlt wurden die Gebühren für die polnische Bahn für gewöhnlich mit Konsumgütern, die in Transferrubeln verrechnet wurden. Die DDR ging davon aus, dass sie hunderte Millionen sparen würde, wenn sie die Gütertransporte per Schiff statt über die polnischen Schienen abwickeln könnte. Eine Prognose, die sich bestätigte: Schon ein Jahr nach der Eröffnung des Fährverkehrs berichtete das Verkehrsministerium dem für Wirtschaftsfragen zuständigen Sekretär im SED-Zentralkomitee, Günter Mittag, dass die DDR binnen zwölf Monaten 160 Millionen Valuta-Mark gespart habe, weil die Transporte durch Polen reduziert werden konnten. 1988 lag die Transitmenge durch Polen nur noch bei 4.650 Kilotonnen. 1980 waren es noch 8.509 gewesen.

Am 12. Februar 1980 hatte das Politbüro beschlossen, eine Konzeption zu erstellen, um das wachsende Transportvolumen im Außenhandel zwischen der DDR und der UdSSR bewältigen zu können. Der Leiter der Planungskommission sowie die Minister für Verkehr und Außenhandel wurden beauftragt, darüber mit der sowjetischen Seite zu sprechen. Grundlage der Verhandlungen war die Idee, dass der kontinuierliche Zuwachs „vorrangig" auf dem Seeweg bewältigt werden müsse. Damit müssten die Kapazitäten der Flotte und der Seehäfen erweitert werden. Zunächst ging man davon aus, dass herkömmliche Schiffe die Transporte übernehmen sollten. Noch ein Jahr zuvor hatte das Politbüro den Bau einer Eisenbahnfährverbindung wegen der hohen Investitionskosten und dem erst spät eintretenden Nutzen nicht vorgesehen. Diese Argumentation hatte das Politbüro in einem Beschluss vom 17. Mai 1979 vertreten. Auch nach Einschätzung des Militärhistorikers Matthias Rogg waren die entscheidenden Beweggründe für die Schaffung der Fährverbindung Mukran – Klaipėda die politische Entwicklung in Polen 1980/81 und die Forderung der polnischen Regierung nach Transitgebühren – nunmehr in Devisen. „Zugleich sollte der Fährhafen den ungehinderten Transport von Militärgütern zwischen der UdSSR und der DDR ermöglichen. Wirtschafts- und militärstrategische Überlegungen griffen also Hand in Hand", schrieb Rogg. Zu den Militärgütern gehörten jedoch nicht nur Waffen und Munition, sondern auch im großen Maß Versorgungsgüter - bis zu Kartoffeln, Zwiebeln und Unterhosen. Bis 1990 sollte der Umfang der Militärtransporte über Mukran auf jährlich 712.000 Tonnen anwachsen. „Das entspricht etwa der Größenordnung, die bisher per Eisenbahn durch die VR Polen transportiert wurde", schrieb im Oktober 1986 Stasi-Hauptmann Burghard Wendlandt in seiner Diplom-Arbeit mit dem Titel „Die Gestaltung der Abwehrarbeit zur politisch-operativen Sicherung des Fährkomplexes Mukran". Etwa die Hälfte der Transporte trage Geheimhaltungscharakter und unterliege somit besonderen Sicherheitsbestimmungen, schrieb der Hauptmann in seiner Arbeit für die Juristische Hochschule des MfS in Potsdam. Der Fährverkehr leiste einen Beitrag zur Verteidigungsfähigkeit der im Warschauer Vertrag brüderlich verbundenen Staatengemeinschaft.

Der konkrete Umfang der geplanten Militärtransporte ist in einer weiteren Diplomarbeit nachzulesen, die der Stasi-Hauptmann Gerd Hilliger im März 1986 verfasste. Sie trug dem Titel: „Die Verantwortung und die daraus resultierenden politisch-operativen Aufgaben der Kreisdienststelle Rügen zur Sicherung des Integrationsvorhabens Eisenbahnfährverbindung DDR-UdSSR (Saßnitz/Mukran-Klaipėda), insbesondere zur Abwehr von Spionage". Darin schrieb Hilliger: „Nach der Fertigstellung des Integrationsvorhabens ist vorgesehen, den größten Teil des gesamten Militärgütertransports über die Eisenbahnfährverbindung Saßnitz/Mukran-Klaipėda abzuwickeln, was ca. 23 Prozent der gesamten Transportkapazität des Fährverkehrs entsprechen wird." Zu den sogenannten M-Transporten zählten unter anderem der zweimalige Truppenaustausch der sowjetischen Truppen in der DDR pro Jahr sowie der Transport von NVA-Einheiten zu Manövern in die UdSSR.

Der Bau des Fährkomplexes Mukran ab 1982 war das größte Verkehrsprojekt der DDR seit dem Aufbau eines neuen Schienen- und Straßennetzes im Berlin der Nachkriegszeit. Das Projekt am Ostseestrand hat bis 1986 mehr als zwei Milliarden DDR-Mark gekostet. 2.000 Menschen arbeiteten auf dem Komplex mit seinen Gleisanlagen mit einer Gesamtlänge von 120 Kilometern. Für sie wurden mit einem Investitionsaufwand von 113 Millionen DDR-Mark neue Häuser mit 1200 Wohnungen gebaut. Täglich waren mehr als 30 Busse mit Arbeitern nach Mukran unterwegs. Aus allen Orten der Region fuhren Züge mit Berufspendlern zur Baustelle; allein zwischen Bergen und Mukran waren es täglich 13 je Richtung.

Fünf 190 Meter lange Eisenbahnfähren mit Breitspurgleisen für 103 Güterwaggons sowjetischer Bauart pendelten schließlich über die Ostsee zwischen Rügen und Litauen. Klaipėda, das einstige deutsche Memel, gehörte seit dem Zweiten Weltkrieg zur Sowjetunion. Die Schiffe waren die größten, die in der DDR je gebaut wurden. 48 Stunden sollte planmäßig eine Rundreise Mukran – Klaipėda – Mukran dauern. Im Regelfall sollten Crews und Schiffe mit einer Hafenliegezeit zum Laden und Löschen von vier Stunden auskommen. Beim Betrieb in der letzten Ausbaustufe wäre in jedem Hafen alle acht Stunden eine der ursprünglich geplanten sechs Fähren eingetroffen.

Die Gaststätte in Form einer Kogge in Mukran war ein beliebtes Ausflugsziel und musste dem Fährhafen weichen.

Mukran bestand vor den Bauarbeiten aus wenigen Wohnhäusern und einem Gasthof.

5,3 Millionen Tonnen Ladung pro Jahr waren auf diesem Weg zwischen der DDR und der UdSSR angepeilt. Drei Millionen davon sollten auf den Import in die DDR entfallen, was etwa einem Drittel des gesamten Warenaustausches zwischen beiden Ländern entsprochen hätte. Insgesamt war eine Million Tonnen für Militärgüter ab 1990 vorgesehen. Ab 1990 sollten jährlich 200.000 sowjetische Güterwagen in Mukran eintreffen, wurde Soldaten der Nationalen Volksarmee in einem Propagandafilm berichtet.

Auch wenn die Gesamtsumme nicht erreicht wurde, sind die drei Millionen Tonnen Import pro Jahr in Spitzenzeiten tatsächlich geschafft worden. Schließlich war die Sowjetunion wichtigster Handelspartner der DDR. In die UdSSR wurden zum Beispiel Maschinen, Möbel und Papier geliefert. Die DDR importierte unter anderem Eisen, Dünger und Holz. Insgesamt wuchs der Handel zwischen beiden Staaten kräftig: Von 1971 bis 1979 lag der Außenhandelsumsatz bei 90 Milliarden Valuta-Mark, zwischen 1981 und 1985 waren es schon 300 Milliarden. Bis zum Jahr 1990 sollte diese Zahl auf 380 Milliarden steigen, sagte der stellvertretende DDR-Verkehrsminister und Regierungsbeauftrage für das Projekt Mukran-Klaipėda, Heinz Rentner, am Tag der Eröffnung der Fährlinie voraus. 1985 tauschten beide Länder 15 Millionen Tonnen Güter aus, davon 8,5 Millionen über See. Damit waren die UdSSR und die DDR füreinander die jeweils größten Handelspartner

In den langfristigen Planungen der Transportkommission des RGW gehörte Mukran-Klaipėda neben der Schwarzmeer-Verbindung Varna-Iljitschowsk und dem Donau-See-Verkehr zu den Projekten, die bis zum Jahr 2000 weiter ausgebaut werden sollten.

Mukran-Klaipėda galt Ende der achtziger Jahre als eine der leistungsfähigsten Fährverbindungen der Welt. Die sowjetische Seite nutzte sie vor allem für Militärtransporte. 30 Prozent der Kapazitäten der Fähren waren generell für die Gruppe der Sowjetischen Streitkräfte in Deutschland (GSSD) vorgesehen. 1989 sorgte das Militär sogar für 50 Prozent der Gesamtladung. Die Nationale

Volksarmee (NVA) der DDR nutzte die Fähren nur unregelmäßig, beispielsweise für Transporte von Raketeneinheiten zu Manövern in der UdSSR.

Erst nach der Wende erfuhr die Öffentlichkeit, dass beim Bau der fünf Fähren auf der Mathias-Thesen-Werft in Wismar unter Deck geheime Truppentransporträume mit Waschrinnen und Toiletten eingerichtet worden waren. Dort gab es Platz für 300 Soldaten. Gerade mal 18 bis 20 Stunden waren sie zwischen Klaipėda und Mukran auf der Ostsee unterwegs. Ebenfalls geheim: Die Schiffe waren mit einem speziellen Doppelhüllenrumpf ausgerüstet, um gegen Torpedobeschuss besser geschützt zu sein. Das berichten Mitarbeiter der Reederei DFDS Seaways.

Schon kurz vor der Eröffnung der Linie hatte die westdeutsche Tageszeitung *Die Welt* im Juli 1986 über die „Fährlinie für den Nachschub der Roten Armee" berichtet. Misstrauen, Angst und Hysterie des Kalten Krieges spiegelten sich in der damaligen Berichterstattung über das Fährprojekt wider. Ein Hamburger Journalist wollte sogar erfahren haben, dass von Mukran ein russisches Breitspurgleis bis ins sowjetische Hauptquartier in Eggesin im heutigen Mecklenburg-Vorpommern verlegt werden sollte, und verbreitete die Nachricht in einer Tageszeitung. Das Hauptquartier der sowjetischen Truppen lag jedoch in Wünsdorf, 40 Kilometer südlich von Berlin. Und von einer Breitspur in der DDR dorthin war bei den Militärs nie ernsthaft die Rede gewesen.

Zur Desinformation trug auch der westdeutsche Deutschlandfunk bei, der am 13. Februar 1986 ebenfalls von einer Breitspurbahn von Eggesin an die Küste berichtete und erfahren haben wollte, dass der Hafen von Mukran als sowjetisches Sperrgebiet ausgewiesen worden war und unter der Führung sowjetischer Offiziere und Ingenieure stehe.

Diese Postkarten entstanden vor dem Zweiten Weltkrieg. Sie zeigen die Netze der Fischer und das Gasthaus Hülsenkrug in Mukran.

Das Gerücht über Eggesin stamme aus Eisenbahnerkreisen der DDR, berichtete der Deutschlandfunk. Im Sommer 1982 sei darüber gesprochen worden, eine Breitspurverbindung von Eggesin an die Ostseeküste zu verlegen. In dem dort gelegenen militärischen Sperrgebiet seien Panzer- und Raketentruppen sowie Versorgungseinheiten stationiert. Der Deutschlandfunk war teilweise gut informiert und berichtete, dass der Bau von Containerschiffen auf der Werft in Wismar zugunsten der Fähren gestoppt worden sei. Außerdem setze die DDR auf der Baustelle Bausoldaten ein. Korrespondent Günter Linke sprach von einem „gigantischen Projekt“ und einer geplanten „pausenlosen Fährverbindung“. Linke verglich die militärische Zweckentfremdung Mukrans mit dem Projekt, in Peenemünde während des Zweiten Weltkriegs „Vergeltungswaffen“ zu bauen.

Die Spurbreite der russischen Eisenbahn beträgt traditionell 1520 Millimeter, in Deutschland sind es nur 1435. Im Güterbahnhof von Mukran erhielten daher 25 Prozent der Waggons für die Weiterfahrt deutsche Achsen. 75 Prozent der Ladung wurde per Kran, Gabelstapler oder Hand auf Wagen der DDR-Reichsbahn umgeladen. Noch heute ist Mukran der einzige deutsche Bahnhof mit Breitspurgleisen und wirbt mit dem Superlativ, westlichster Bahnhof der Transsibirischen Eisenbahn zu sein.

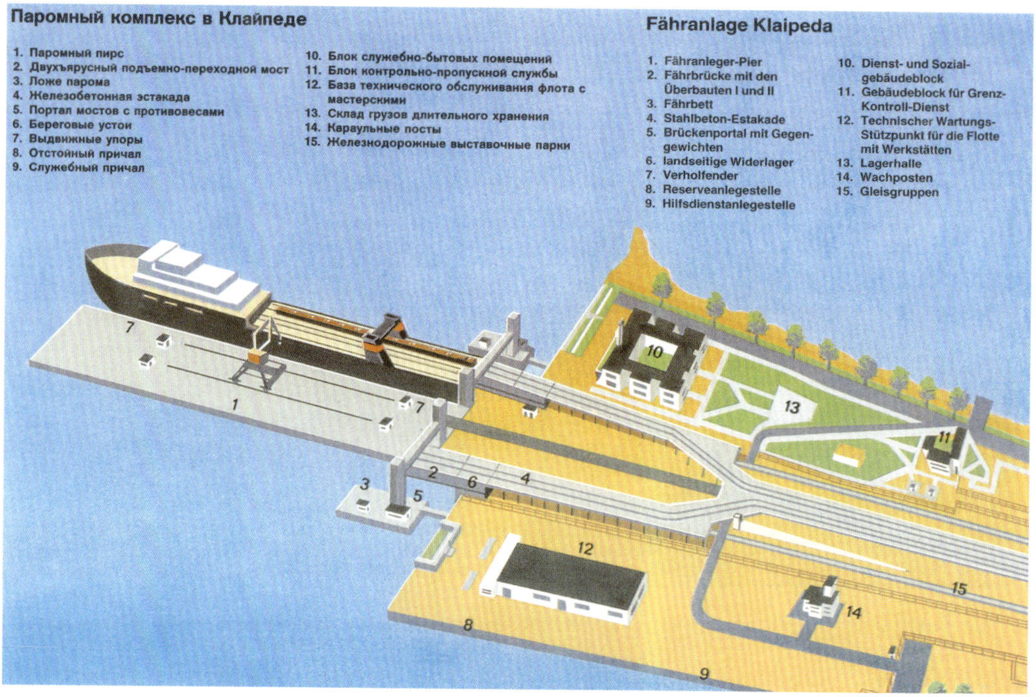

Die Grafik zeigt vereinfacht die Anlagen an der Pier.

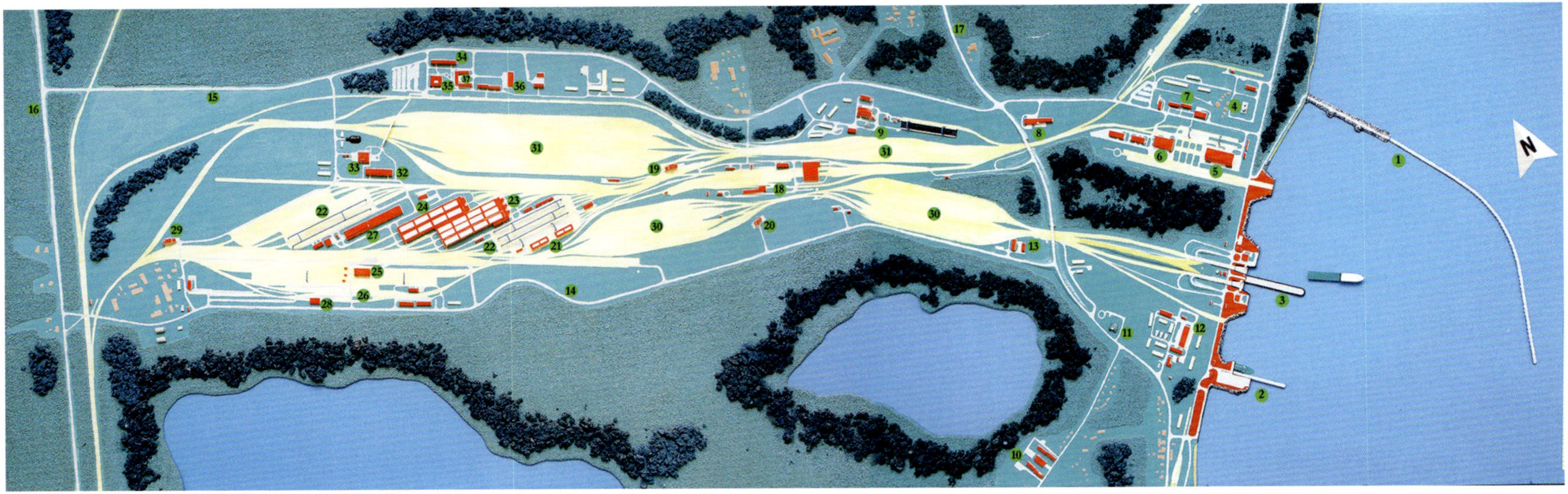

1 Nordmole
2 Südmole
3 Fähranleger
4 Tanklager des VEB Deutfracht / Seerederei Rostock (DSR)
5 Schiffsreparatur des VEB Deutfracht / Seerederei Rostock (DSR)
6 Schiffsversorgung
7 Direktorat Fährverkehr
8 Feuerwehr
9 Heizwerk
10 Arbeiterwohnheim
11 Zentrale Kläranlage
12 Instandhaltung Deutsche Reichsbahn (DR)
13 Grenzübergangsstelle
14 Südstraße
15 Nordstraße
16 Fernstraße 96
17 Landstraße
18 Zentrale Instandhaltung Deutsche Reichsbahn (DR)
19 Stellwerk B1 / R2 (Normalspur)
20 Stellwerk R3 / R4 (Breitspur)
21 Feuergut / Zollrampe
22 Freikrananlage
23 Umladehalle 1
24 Umladehalle 2
25 Umachshalle
26 Freiumachsanlage
27 Instandhaltung U-Technik
28 Gleisbaumaschinenhalle
29 Geplantes Stellwerk
30 Breitspur Gleisgruppe
31 Normalspur Gleisgruppe
32 Sozialgebäude
33 Betriebsgaststätte
34 Zentrales Dienstgebäude
35 Ambulatorium
36 Lehrausbildung
37 Ladenstraße

Die Geburt einer Idee: Das geheime „Projekt 3700“

Schon bei den ersten Planungen stand fest, dass die Schiffe über doppelstöckige Brücken beladen werden sollten.

Zu Beginn der sechziger Jahre standen die UdSSR und die DDR vor einem Transportproblem. Das sozialistische Bruderland Polen hatte die Gebühren für den Transitverkehr auf Schienen immer wieder stark erhöht, um auf diesem Wege zusätzliche Valuta einzunehmen. Anfang 1963 stellte Polen erneut Forderungen: Um 170 Prozent werde sich der Transittarif zum 1. Januar 1965 erhöhen, teilte die polnische Staatsbahn PKP der Deutschen Reichsbahn und der sowjetischen Bahngesellschaft SZD mit. Bei einer jährlichen Transportmenge von elf bis 13 Millionen Tonnen durch Polen hätten sich die Kosten um etwa 100 Millionen Valutamark erhöht. Die Gebühren wurden nach einem festen Wechselkurs in sogenannten Transferrubeln beim Warenaustausch zwischen den Ländern des sozialistischen Rates für Gegenseitige Wirtschaftshilfe (RGW) berechnet. Gezahlt wurde dann in der Regel mit „Naturalien“: Maschinen, landwirtschaftlichen Produkten und anderen Konsumgütern.

Die Ankündigung Polens, den Transittarif dramatisch zu erhöhen, war sofort Thema im Politbüro. Bereits 1963 dachte man dort über eine Eisenbahnfährverbindung zwischen der DDR und der UdSSR nach. Moskau und Berlin wurden sich nach dieser jüngsten Forderung schnell einig, dass Polen in Zukunft umfahren werden sollte, falls Warschau seine Gebührenpolitik nicht ändere. Nach intensiven Schriftwechseln starteten die Regierungen 1964 geheime Beratungen über eine Fährlinie, die beide Länder direkt miteinander verbinden sollte.

Auch auf höchster Ebene waren der Transit durch den Bruderstaat, die Transitgebühren und die mangelnden Kapazitäten der Eisenbahnen wichtige Themen. Am 30. April 1964 trafen sich der sowjetische Generalsekretär Nikita Chruschtschow, SED-Chef Walter Ulbricht und weitere Spitzenpolitiker. Dabei sagte Erich Apel, Chef der DDR-Plankommission: „Der Transit über Polen stellt bereits jetzt nicht den Bedarf unseres Güteraustausches sicher. Das liegt nicht am guten Willen der Polen, denn Polen ist in der Tat ein Flaschenhals und kann ein solches Transportaufkommen nicht durchlassen. Die Flusskanäle durch Polen sind nicht zu verwenden, da sie lediglich für Schiffe mit einer Tragkraft von bis zu vier Tonnen ausgelegt sind.“ Die Gesprächspartner aus der DDR legten der Sowjetführung erste Pläne vor. Das Ziel war definiert: der Bau von Fährschiffen zur Umfahrung des „Flaschenhalses“.

Ein gewaltiges Vorhaben, wie sich bald zeigte. Planer veranschlagten die Kosten auf mehrere Hundert Millionen Deutsche Mark (DM), wie die DDR-Währung bis Mitte 1964 offiziell hieß. In einem Papier der gemeinsamen Arbeitsgruppe aus demselben Jahr stellten die Autoren fest: „Zur Realisierung werden 479 Mio DM an Investitionsmitteln erforderlich, davon entfallen 279 Mio DM auf den Bauanteil.“ Und weiter: „Für die Baudurchführung werden zeitweilig maximal 2.700 Arbeitskräfte benötigt. Der Betrieb und die Unterhaltung des Fährverkehrs erfordern beim Einsatz von vier Fährschiffen etwa 700 Arbeitskräfte.“ Diese

Fähren sollten pro Jahr 4,2 Millionen Tonnen Güter transportieren. Die Verladung von der Eisenbahn auf die Schiffe sollte den Transport nicht nur billiger, sondern auch schneller machen. Als Eröffnungstermin für den Fährhafen wurde der 30. Juni 1968 angepeilt.

Die Idee einer „baltischen Brücke“ über die Ostsee, die fortan streng geheim unter der Bezeichnung „Projekt 3700“ verhandelt wurde, war geboren. Woher diese Bezeichnung stammt, ist bislang historisch nicht zweifelsfrei geklärt. „Man nimmt an, dass es sich um eine Nomenklaturnummer zu bearbeitender Vorhaben der Regierung der DDR handelt“, hieß es in der Festschrift zum 25-jährigen Bestehen der Fährverbindung. 1964 sprach man in Moskau noch vom „Vorprojekt 1801“. Denkbar ist auch, dass die Planer willkürlich eine Ziffernfolge wählten, deren Bedeutung für Außenstehende nicht nachvollziehbar war.

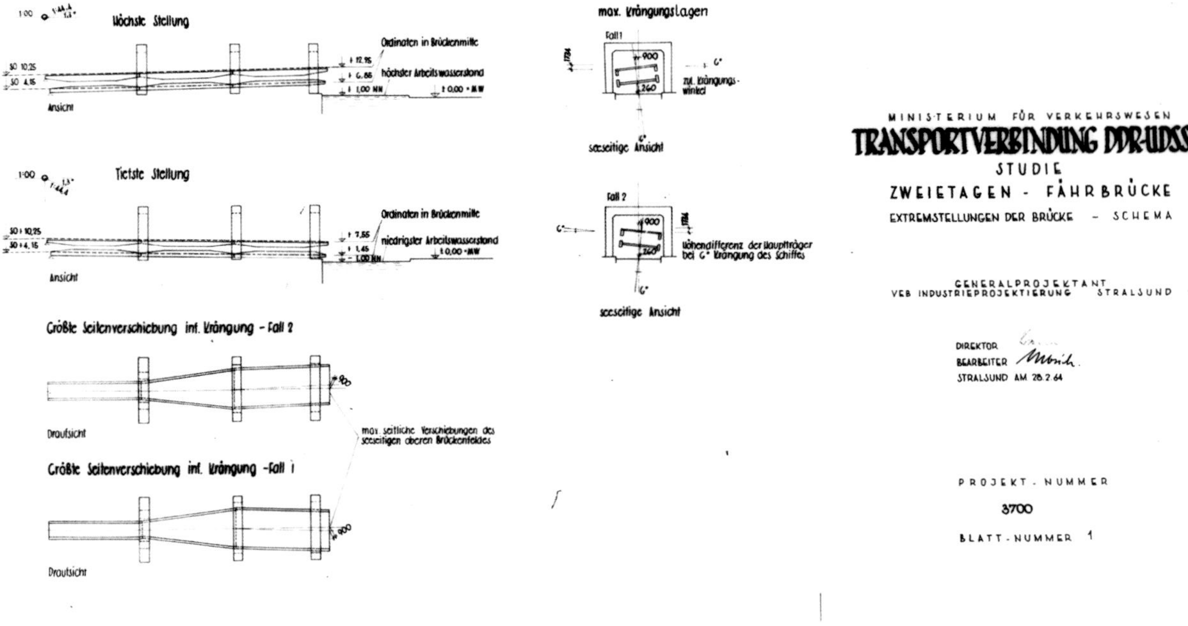

Auch 1964 waren für das Projekt 3700 Brücken mit zwei Etagen geplant.

Auch die Planungen für die Schiffe waren gewaltig: 178 Meter lang und 27 Meter breit sollten sie sein, dabei innen Platz für 1.600 Meter Gleise und 102 Waggons bieten. 70 Mann waren als Besatzung für die Fähren vorgesehen, die mit Geschwindigkeiten von bis zu 21 Knoten unterwegs sein sollten.

Auf der Mathias-Thesen-Werft in Wismar begannen die Ingenieure unter Hochdruck im Sommer 1964 damit, das Projekt zu skizzieren. Bereits im September standen in Moskau technische Beratungen auf dem Programm. Als Ziel hatten die DDR und die UdSSR definiert, dass die Schiffe identisch zu sein hatten. Die beiden Ladedecks sollten für Eisenbahnen, Lastwagen, aber auch für Kettenfahrzeuge befahrbar sein. Die gesamte Planung inklusive des erforderlichen Ausbaus der Werft in Wismar mit neuer Helling und Trockendock unterlag strenger Geheimhaltung. Über die Konzeption der Schiffe durfte nicht gesprochen werden. Wahlweise war von den Projekten 3700 oder Nr. 1801, manchmal auch vom „Sonderschiffprogramm“ die Rede.

Als Favorit der Planungskommission für den neuen Hafen galt das beschauliche Mövenort, westlich vom Kap Arkona an der Nordspitze Rügens gelegen. Zuvor waren mehrere Standorte geprüft worden, unter anderem in Sassnitz, Pudagla auf Usedom, Mukran und Rostock. Dort war das Eisenbahnfährschiff „Saßnitz“ im Einsatz, um die Strömungsverhältnisse im Überseehafen zu untersuchen. Standort des Anlegers sollte der Bereich sein, auf dem sich heute die Ölpier befindet.

Trotz ungünstiger Verkehrsanbindungen, so stellten die Kommissionsmitglieder fest, sei Mövenort als Hafen am besten geeignet, „da Wassertiefe und Eisverhältnisse optimale Verhältnisse bieten“, wie es in einem Schreiben an das Verkehrsministerium hieß. Für den wachsenden Container- und Lkw-Verkehr auf Schiffen im Ostseeraum und den zunehmenden Warenaustausch mit der UdSSR bot diese Lage mehr Ausbauflächen im Hafenhinterland als beispielsweise Mukran, das auf Platz 2 der Rangliste gelandet war. Dort sei es kaum möglich, Fläche für die Abfertigung von sechs oder acht Schiffen in die UdSSR zu schaffen.

Ein Fährhafen in Mövenort wäre nach dem Bau des Rostocker Überseehafens die nächste große Investition der DDR im maritimen Sektor gewesen. Die Planer gingen von einem Arbeitskräftebedarf auf der Baustelle von 2.600 Menschen aus, die in Baracken eines Kindererholungsheims in Glowe sowie in Neubauten in Wiek untergebracht worden wären. Die Schiffe sollten - wie es später bei Projekt Mukran-Klaipėda geschah - auf der Matthias-Thesen-Werft in Wismar gebaut werden. 74 Millionen Valuta-Mark an Transitgebühren ließen sich jährlich mit den Fähren, im Vergleich zum Landweg durch Polen sparen, errechneten die Projekt-Planer.

Die neue Bahn - so die damalige Vorstellung - hätte nicht nur die nördliche Region der Insel ans Eisenbahnnetz der DDR angebunden und damit weiter erschlossen, sondern auch mehr Urlauberverkehr aus der DDR und Schweden in die Orte von Glowe über Putgarten bis Dranske gezogen. Der Gemeinde Wiek wäre die Rolle des nördlichsten Kultur- und Erholungszentrums des Landes zugekommen. Schon damals hatte ein Ingenieur die ersten Skizzen und Pläne für eine zweistöckige Rampe in Mövenort für die Bahnverbindung vom Land zum Schiff entworfen.

Die Planer dachten auch an Transitverkehre über Mövenort, zum Beispiel von Finnland nach Italien oder von Schweden in die UdSSR, und bezogen langfristig sogar eine Verlagerung des devisenbringenden Schwedenverkehrs auf der „Königslinie“ zwischen Sassnitz und Trelleborg nach Mövenort für das Jahr

1970 in ihre Überlegungen ein. Schon damals war der Platz im alten Sassnitzer Hafen knapp, die Schweden hatten eine Verlegung gefordert. Mit dem Bau wäre die Ruhe für die Touristen in Mövenort allerdings dahin gewesen: Der Transport von 1,2 Millionen Tonnen Baustoffen war geplant.

Die sowjetische Seite überlegte, ihren Fährhafen wenige Kilometer von Kaliningrad entfernt in der Nähe des Flottenstützpunktes Baltijsk, dem früheren deutschen Pillau im einstigen Ostpreußen, anzusiedeln. Die gesamte Region rund um das frühere Königsberg war während der Sowjetzeit militärisches Sperrgebiet. Auch der Hafen von Leningrad (heute Sankt Petersburg) war zeitweise im Gespräch. Ohne dass sich die Sowjetunion offiziell festgelegt hätte, ging die DDR in ihren Berechnungen lange von Liepaja zwischen Kaliningrad und Leningrad im heutigen Lettland aus – vermutlich, um sich eine halbwegs realistische Grundlage für ihre eigenen Berechnungen zu schaffen.

In der Umachshalle wurden die Waggons angehoben und mit neuen Drehgestellen ausgestattet.

Im März 1964 wollten die DDR und die UdSSR bekanntgeben, für welche Standorte sie sich entschieden hatten. So war es von der Arbeitsgruppe „Großfähre" des Verkehrsministeriums geplant gewesen. Doch dazu kam es nicht. Die Sowjetunion machte einen Rückzieher und weigerte sich 1965, ein entsprechendes zwischenstaatliches Abkommen zu unterzeichnen. Am 12. Oktober 1965 stoppte auch das SED-Politbüro das Projekt und verschob es. Am 3. Juni 1965 beschloss das Präsidium des Ministerrats der DDR, alle Vorbereitungen einzustellen. Die Mitglieder der Expertengruppe mussten sämtliche Planungsunterlagen im Ost-Berliner Verkehrsministerium abgeben und wurden zum Schweigen über das „Projekt 3700" verpflichtet.

Ein Grund für den Sinneswandel in Moskau dürfte gewesen sein, dass Polen die Pläne der DDR und der UdSSR trotz aller Geheimhaltung mitbekommen hatte. Die Folge war ein heftiger politischer Streit zwischen den beteiligten Staaten, auf dessen Höhepunkt Polen damit drohte, aus dem Rat für gegenseitige Wirtschaftshilfe (RGW) auszutreten. Doch dann legte Polen eine geplante Erhöhung der Transitgebühren um 170 Prozent auf Eis und begnügte sich mit den jährlichen Erhöhungen in moderater Höhe. Offenbar wollte die Regierung in Warschau nicht riskieren, vom Verkehrsfluss abgeschnitten zu werden und am Ende ganz ohne Einnahmen dazustehen.

Eine andere denkbare Erklärung äußert Matthias Uhl vom Deutschen Historischen Institut in Moskau. Beide Staaten seien damals nicht in der Lage gewesen, die Ressourcen für ein Projekt dieser Größe bereitzustellen. Die DDR setzte auf die Entwicklung bestimmter Industriebereiche, zum Beispiel Chemieindustrie und Schwerindustrie. Die UdSSR konzentrierte sich auf ihre Rüstungsindustrie.

Damit stand das Fährprojekt scheinbar vor dem Aus, doch Unterlagen im Landesarchiv Greifswald belegen, dass die DDR weiter an den Plänen für einen Fährhafen auf Rügen arbeitete. 1968 legte die Reichsbahndirektion Greifswald Studien für einen Güterbahnhof „Rügen-Nord" mit direktem Gleisanschluss nach Sassnitz und einem Fährhafen im Norden der Insel vor. Weitere Unterlagen, die zwischen 1968 und 1970 entstanden, wurden auch für die späteren Standortuntersuchungen herangezogen.

Schweden war ebenfalls an einem neuen Fährhafen interessiert. Auf der Jahrestagung der „Ständigen Kommission zur Förderung des Reise- und Güterverkehrs zwischen dem Königreich Schweden und der DDR" baten die Skandinavier darum, den Standort Mövenort mit der Bezeichnung Fährbahnhof Rügen Nord ein weiteres Mal zu überprüfen und eine Arbeitsgruppe zu gründen. Offenbar hatten sie von dem „Projekt 3700" erfahren. Ein Konzept für ein sechsgleisiges Fährschiff mit Autodeck hatten die Schweden bereits entwickelt. Der Bau scheiterte jedoch. Zum einen, weil das Projekt hohe Kosten verursacht hätte und die Plankommission der DDR sich außerstande sah, die Mittel aufzubringen. Zum anderen, weil auf Rügen einem „Großerholungszentrum Schaabe" mit 10.000 Betten südlich von Juliusruh Vorrang eingeräumt wurde.

Doch erst sieben Jahre später wurden die Planungen auf offizieller Ebene fortgesetzt. 1977 begann eine paritätisch besetzte Regierungskommission aus Berlin und Moskau erneut, sich mit dem „Projekt 3700“ zu befassen, und verfasste eine „technisch-ökonomische Begründung für die Zweckmäßigkeit der Schaffung einer Fährverbindung zwischen den Häfen der UdSSR und der DDR“. Diesmal war die Initiative von der Sowjetunion ausgegangen: In Moskau hatte man die alten Pläne aus der Schublade geholt und sich in dieser Sache an die DDR gewandt. Vorbild für die neue Eisenbahnfähre war die Verbindung über das Schwarze Meer zwischen dem sowjetischen Iljitschowsk, dem heutigen Chornomorsk, bei Odessa und dem bulgarischen Varna. Die Linie befand sich noch im Bau und sollte im November 1978 eröffnet werden. Im Jahr darauf lag eine „Erste Konzeption zur Errichtung eines Fährverkehrs zwischen der DDR und der UdSSR“ vor. Der Botschafter der UdSSR in der DDR, Pjotr Andrejewitsch Abrassimow, hatte sich bereits 1977 bei Mittag gemeldet und eine Untersuchung über eine Eisenbahnfährverbindung zwischen beiden Ländern angeregt. Damit sollten der Außenhandel gesichert und die Häfen der UdSSR entlastet werden. Expertenanhörungen dazu fanden im Dezember 1978 in Riga und im April 1979 in Berlin statt. Die sowjetische Seite konfrontierte die DDR schon früh mit konkreten Forderungen, zum Beispiel dem Breitspurbetrieb. Der Start der Linie solle zwischen 1981 und 1985 erfolgen.

Parallel zu den Planungen der neuen Schiffslinie wurde zwischenzeitlich noch eine alternative Variante ernsthaft diskutiert: Eine gemeinsame Arbeitsgruppe der Staatlichen Plankommission der DDR und der entsprechenden Behörde in Moskau („Gosplan“) sollte prüfen, ob sich der Bau einer direkten Eisenbahnbreitspurverbindung von der DDR zur UdSSR auf dem Landweg anstelle einer Eisenbahnfährverbindung lohnen könnte. Damit wäre ein komplett neuer Schienenstrang zwischen der DDR und der polnisch-sowjetischen Grenze entstanden, das mühsame Umspuren wäre entfallen.

Bereits in den siebziger Jahren war der sowjetische Botschafter Abrassimow mehrfach bei Erich Honecker vorstellig geworden, um für die zweigleisige Linie und der damit verbundenen Erhöhung des Transporttempos zu werben. Angeblich soll Honecker ernsthaft über diesen Plan nachgedacht und Abrassimow an seinen Wirtschaftsfachmann Günter Mittag verwiesen haben. Das Problem der hohen Transitgebühren und der aufwendigen Zollformalitäten in Polen wäre mit der Breitspurlinie jedoch nicht gelöst worden.

Außerdem hatte die sowjetische Seite von der DDR gefordert, dass sie die Kosten allein tragen sollte – entsprechende Kalkulationen aus den siebziger Jahren waren nach ersten Schätzungen auf eine phantastisch anmutende Summe von 200 Milliarden Mark hinausgelaufen. Dazu war die Republik jedoch nicht ansatzweise in der Lage. Mittag warnte Honecker, dass bei einer Investition in dieser Größenordnung die Bevölkerung in der DDR genauso „mies“ leben würde wie die Menschen in der Sowjetunion. Außerdem würde sich die DDR der Gefahr der Erpressbarkeit durch Polen aussetzen.

Für den Bau der 700 bis 800 Kilometern langen Strecke wären diverse Brücken, Rangieranlagen, Bahnhöfe und andere Anlagen erforderlich gewesen. Der zusätzliche Arbeitskräftebedarf wurde auf 1.800 bis 2.000 Menschen geschätzt. „Ökonomisch nicht vertretbar" lautete das Fazit. Der Transport über Straßen spielte bei den Überlegungen nur eine untergeordnete Rolle. Am 30. April 1981 beschloss der Ministerrat der DDR, diese Pläne aufzugeben.

Die Gebühren für den Transit („Eisenbahntransmittarif") waren auch bei den weiteren Beratungen über die neue Fährverbindung ein wichtiges Thema: Für Lieferungen durch Polen, die ČSSR und Ungarn hatte die DDR allein 1981 eine Milliarde Mark gezahlt und im Gegenzug für Transporte über ihr Territorium nur 320 Millionen eingenommen. Die drei Bruderstaaten hatten ab 1974 ihre Forderungen im RGW um das Dreifache erhöht und weitere Anhebungen angekündigt. Für das Jahr 1983 fürchtete die DDR-Regierung sogar Ausgaben von 1,4 Milliarden Mark. 18 Prozent aller Exportkosten entfielen mittlerweile auf den Transit. Hier versprach die neue Direktverbindung Abhilfe: 1990 – so der Plan – sollten nur noch 19 Prozent der Güterströme durch Polen laufen. 1980 waren es noch 50 Prozent gewesen.

Der Stralsunder Künstler Eckhard Buchholz malte während der Bauarbeiten mehrere Bilder von der Großbaustelle.

Erneut wurden mehrere Standorte für die neue Hafenanlage geprüft, die eine Arbeitsgruppe aus Mitgliedern des Verkehrsministeriums, der Deutschen Reichsbahn, des Rates des Bezirks Rostock und der Staatlichen Plankommission zuvor in die engere Wahl gezogen hatten. Einige Häfen auf der Liste waren bereits in den sechziger Jahren für das „Projekt 3700“ untersucht worden, hinzu kamen der Jasmunder Bodden auf Rügen sowie Gristow und Gahlkow am Greifswalder Bodden.

Gegen einen Bau in der Nähe von Rostock sprach, dass die geprüften Standorte am Breitling und in Markgrafenheide im Vergleich die größte Entfernung nach Klaipėda aufwiesen, jenem Ort, den die Sowjetunion für ihren Hafen ausgewählt hatte. Längere Fahrtzeiten und höhere Treibstoffkosten wären die Folge gewesen. Zudem war das Seegebiet vor Rostock bereits stark befahren und hatte auch den Militärs als Standort nicht gefallen. Sie fürchteten offenbar eine allzu exponierte Lage des strategisch wichtigen Fährhafens. Die Expertenkommission schrieb: „Beide Standorte im Raum Rostock liegen nördlich einer durch das Ministerium für Nationale Verteidigung festgelegten Linie, für dessen Raum empfohlen wird, auf eine weitere Errichtung von Anlagen und anderen größeren Bauwerken Abstand zu nehmen.“

Die Region Breitling lag zudem am Naturschutzgebiet Schnatermann, und Markgrafenheide befand sich in einem Feriengebiet, das nach Einschätzung der Arbeitsgruppe kaum zu ersetzen war. Mövenort war diesmal von der Liste gestrichen worden, weil der 33 Kilometer lange neue Eisenbahnanschluss unverhältnismäßig teuer gewesen wäre. Ein Hafen im Jasmunder Bodden wäre zwar wegen seiner geschützten Lage von den Militärs bevorzugt worden, doch der Bau eines Seekanals bei Glowe quer durch die Schaabe hätte kaum kalkulierbare Folgen für die Boddengewässer gehabt. Bei der Schaabe handelt es sich um eine bei Touristen sehr beliebte zwölf Kilometer lange Nehrung zwischen den Halbinseln Jasmund und Wittow. Der Fährbahnhof wäre bei dieser Planungsvariante in einem Naturschutzgebiet nördlich von Ralswiek gebaut worden. Lange und damit teure Seekanäle, die man ständig ausbaggern müsste, wären auch am Greifswalder Bodden notwendig gewesen. Außerdem fürchteten die Planer negative Folgen für die küstennahe Fischerei durch den starken Fährverkehr.

Mukran war in dem aktualisierten Konzept mit zunächst geplanten Investitionen von 1,42 Milliarden Mark 100 bis 250 Millionen billiger als die anderen Optionen und damit der günstigste Standort, lag allerdings bei den jährlich anfallenden Kosten von 45,8 Millionen Mark für den laufenden Betrieb an der Spitze der Rangliste. Fachleute rechneten aber aus, dass den Investitionen in Mukran gewaltige Einsparungen von 880 Millionen Mark gegenüberstünden, die nicht mehr für Transitgebühren durch Polen gezahlt werden müssten (gerechnet für den gesamten Zeitraum von 1986 bis 1990). Die Entlastungen für die DDR und der Rückgang der Einnahmen waren für Polen enorm. Entsprechend verärgert reagierte die Regierung in Warschau. Kurz nach Eröffnung der Fährlinie klagte der dortige Regierungssprecher Jerzy Urban tatsächlich über Verluste in Milliardenhöhe.

Für Mukran sprachen noch weitere Gründe: Wegen der direkten Küstenlage war kein Seekanal ins Hinterland erforderlich, und auch Naherholungs- und Feriengebiete wären von Bau und Betrieb kaum betroffen. Zudem sei der Seeweg von der Prorer Wiek zur sowjetischen Ostseeküste mit 273 Seemeilen (506 Kilometer) relativ kurz und das Gelände günstig in der Nähe der bereits bestehenden Bahnlinie Berlin – Sassnitz gelegen.

Vor der Entscheidung hatte die Kommission auch die militärischen Aspekte geprüft, die detaillierten Untersuchungsergebnisse unterlagen jedoch der Geheimhaltung. In einem Bericht hieß es dazu lapidar: „Daher wird davon ausgegangen, daß von allen ökonomisch vertretbaren Standorten sich die militärischen Aspekte an diesem Standort am besten mit dem Fähranlagenbau koordinieren lassen."

Am 13. April 1981 schließlich entschied sich auch das Präsidium des Ministerrates der DDR für Mukran und erklärte von allen geprüften Standorten diesen zur „Vorzugsvariante". Verkehrsminister Otto Arndt persönlich informierte am 7. Juli 1981 ZK-Sekretär Günter Mittag über die Gründe. Der Weg für den Start des Milliardenprojekts war frei.

Im Auftrag der DDR-Führung begann das Kombinat Seeverkehr und Hafenwirtschaft Rostock (KSH), die Aufgaben der Fährverbindung präzise zu definieren und übernahm mit seinem Generaldirektor Artur Maul die Verantwortung für das gesamte Investitionsvorhaben. Dem Kombinat unterstand die Projektleitung, die als „Investitionsauftraggeber Fährverkehr (IAG)" firmierte. Parallel nahm in der UdSSR als Pendant zum Rostocker Kombinat das Zentrale Projektierungs- und Konstruktionsbüro in Leningrad im Auftrag des Moskauer Seeflottenministeriums seine Arbeit auf.

Die IAG unter ihrem Direktor Lutz Langenhan hatte zunächst geplant, knapp 2,6 Milliarden Euro zu investieren, musste jedoch die vorgesehenen Ausgaben um 540 Millionen Euro kürzen, weil das Projekt andernfalls nicht finanzierbar gewesen wäre. Die Folgen: Der Komplex in Mukran erstreckte sich nicht über 280, sondern nur noch über 204 Hektar. Der Ausbau der Südmole auf die dreifache Länge inklusive Kaianlagen entfiel. Sie diente nur noch dem Küstenschutz und nicht - wie zunächst geplant - als Hafenanlage für die Volksmarine. Außerdem wurden der Bau eines weiteren Stellwerks gestrichen, die Umachshalle fiel kleiner aus. In einem Generalbebauungsplan aus dem Jahr 1982 war außerdem optional der Bau einer weiteren Pier mit zwei weiteren Anlegeplätzen nördlich der später realisierten Anlegeplätze vorgesehen.

Zum Regierungsbeauftragten für das Gesamtprojekt wurde der stellvertretende Verkehrsminister Heinz Rentner ernannt, der den regelmäßigen Sitzungen der „Arbeitsgruppe staatlicher Leiter" vorsaß, die über die Entwicklungen und

Probleme der Baustelle beriet. Wenn Rentner nach Mukran kam, wohnte er in der Nähe der Baustelle in einem ansehnlichen Bungalow. Vorbesitzerin war eine schwedische Baufirma, die das Hotel „Rügen" in Sassnitz gebaut hatte.

Die Reichsbahn gründete eine eigene Arbeitsgruppe „Fährverkehr", die sich sofort mit der „führungs- und leistungsmäßigen Sicherung des Vorhabens" beschäftigte. Sämtliche Betriebsteile des neuen Projekts erhielten eigene Parteiorganisationen. Penibel legten die Eisenbahner den SED-Organisationsgrad fest: Bei Lokführern sollte er nicht unter 30 Prozent liegen, beim Stellwerkpersonal nicht unter 26. Auf der Leitungsebene begnügte man sich mit 23 Prozent. „Generell ist bei der gesamten Kaderauswahl von den politischen Anforderungen an die Arbeit im Grenzgebiet der DDR auszugehen", hieß es in der Arbeitsgruppe. 1986 sollten 700 Reichsbahner in Mukran arbeiten und bis 1990 jährlich mit 220 bis 340 neuen Kollegen verstärkt werden.

Regelmäßige Kontrollen im Fährbahnhof sollten gewährleisten, dass die Parteiarbeit den Regeln entsprach. So waren beispielsweise vom 21. September bis zum 2. Oktober 1987 die „Politische Verwaltung" der Volkspolizei und ein Mitarbeiter der Abteilung für Sicherheitsfragen vom ZK der SED in Mukran zu Gast und stellten fest, dass beim Betriebsschutz, der Transportpolizei und der Feuerwehr eine „wirksame politisch-ideologische Arbeit" geleistet wurden. Doch es gab auch Kritik: Die Mitgliederversammlungen der SED seien nur schwach besucht, die Kassenführung stimme nicht.

Langfristig dachte die DDR auch daran, zivile Nukleartransporte über Mukran abzuwickeln. Am 31. August 1982 schrieben die Projektplaner: „Der Umschlag von Gütern (abgebrannter Kernbrennstoffe), von denen eine radioaktive Strahlung ausgeht, ist zum gegenwärtigen Zeitpunkt nicht vorgesehen, kann aber in der Perspektive nicht ausgeschlossen werden." Die Hubanlagen in der Umachshalle waren bereits für die Ost-Castoren ausgelegt, die inklusive Wagen 185 Tonnen wogen. Im Normalbetrieb sollten in der Halle täglich 20 bis 30 Wagen umgeachst werden. Der Wechsel der Drehgestelle war vor allem für Waggons mit gefährlichen Gütern vorgesehen.

Die Transporte von Atommüll über die Fährverbindung gehen auf die Beratungen in der „Ständigen Kommission Atomenergie" des RGW zurück. Das Gremium hatte 1984 beim DDR-Verkehrsministerium den Transport abgebrannter Kernbrennstoffe über die Fährverbindung DDR-UdSSR zur Diskussion gestellt. An solchen Transporten meldeten auch andere Bruderstaaten wie Kuba und Polen Interesse an. Aus den Erfahrungen der Fahrten mit Ost-Castoren über die Ostsee sollten Erfahrungen für ähnliche Transporte zwischen der Sowjetunion und Kuba gewonnen werden.

Die Führung der Sowjetrepublik Litauen hatte Transporte von Atommüll mit den Schiffen jedoch stets abgelehnt und blieb bei ihrem Nein. Zwar wurden im Februar 1985 erneut Gespräche von Mitarbeitern des Kernkraftwerks Greifswald mit dem sowjetischen Komitee für die friedliche Nutzung der Atomkraft anberaumt, doch auch sie führten zu keinem Ergebnis.

1986 kam das endgültige Aus für die einst kostenlose Rücknahme des DDR-Atommülls durch die Sowjetunion, die offensichtlich Probleme mit der Entsorgung eigener ziviler und militärischer Abfälle hatte. Die DDR musste die Rückstände aus den Atomkraftwerken Rheinsberg und Greifswald zwischenlagern. Die UdSSR hatte offenbar kein technisch einwandfreies Verfahren gefunden, abgebrannten Atommüll aufzubereiten. Ihren schwach- und mittelaktiven Abfall lagerte die DDR im Kali- und Steinsalzbergwerk Morsleben ein.

Die Drehgestelle lagen für die Umspurung von Waggons bereit.

Auch das Militär war fest in die Projektplanung für die Fährverbindung eingebunden. In einem Befehl vom 4. Februar 1982 legte der Minister für Nationale Verteidigung, Heinz Hoffmann, die Aufgaben der Nationalen Volksarmee fest. Sie sollte die militärischen Anforderungen im gesamten Planungsprozess durchsetzen und – so der damalige Plan – die Arbeiten bis Ende 1985 mit Pionierbautruppen unterstützen.

Dass das Projekt für das Militär von großer Bedeutung war, ließ sich auch daran erkennen, dass der Minister seinen Stellvertreter und Chef des Hauptstabes, Fritz Streletz, persönlich mit der Gesamtkoordination betraute und für die Abstimmung mit den zivilen Organen verantwortlich machte. „Der Vertreter des Ministeriums für Nationale Verteidigung in der Arbeitsgruppe staatlicher Leiter hat die Einflußnahme auf die Durchsetzung der militärischen Forderungen bei der Planung, Projektierung und Realisierung der Bauvorhaben zur Schaffung des Fährhafens/Fährbahnhofs Mukran zu gewährleisten", hieß es in dem Befehl. Die Arbeitsgruppe im Ministerium war außerdem für die Unterbringung der Soldaten in Prora zuständig und wurde angewiesen, beim Bezirk Rostock Wohnungen für Familienangehörige der Berufssoldaten anzufordern und diese „mit Mobiliar aus Armeebeständen auszustatten".

Die NVA ließ sich für ihre Unterstützung und den Einsatz der Bausoldaten aus dem Staatshaushalt zusätzlich bezahlen. Das Ministerium kalkulierte die Leistungen im Jahr 1982 mit fünf Millionen Mark. In den Jahren danach würde die jährliche Summe auf 15 Millionen steigen. Neben regulären Soldaten, Bausoldaten und 24 Reserveoffizieren sollten die Pioniereinheiten auch Baufahrzeuge, Kräne, Kipplaster und Raupen stellen. Für den Beauftragten des Ministers stand ein Fahrer mit Dienstwagen zur Verfügung, der jedoch – so lautete der Befehl – nicht mehr als 20.000 Kilometer pro Jahr zurücklegen durfte. Benzin war knapp.

Selbst über die Motivation der Truppe in Mukran machte man sich Gedanken: Zu den Aufgaben der Führungsoffiziere gehörte es laut einer internen Anweisung, mit Prämienmitteln eine Stimulierung der Arbeitsleistungen herbeizuführen und einen sozialistischen Wettbewerb zwischen den Einheiten zu organisieren.

Die Angaben darüber, wie viel Militärverkehr zu erwarten war, änderten sich offenbar noch während der Planungs- und Bauphase. „Während des Bauablaufs des Fährhafens und -bahnhofs Mukran wurden zentrale Entscheidungen getroffen, daß über diese Fährverbindung künftig der Hauptteil der Transporte von Militärgütern und Spezialausrüstungen für die GSSD und die NVA erfolgen wird", schrieb die Abteilung Sicherheitsfragen der SED am 2. April 1986 nach einer Kontrolle in Mukran an Stasi-Minister Mielke, Verteidigungsminister Keßler, Innenminister Dickel und andere.

Die Entscheidungen über den Bau der Linie fielen in mehreren Etappen: Der offizielle Beschluss über die Gründung der Fährlinie erfolgte auf dem X. SED-Parteitag im April 1981. Das Politbüro beschloss am 8. September 1981, bis 1989 die Fährverbindung zu bauen. Am 1. Juni 1982 entschied das Politbüro über die Gründung einer Expertengruppe der DDR und der UdSSR, die „Besondere Bedingungen für Militärtransporte und Transporte für Spezialausrüstungen" im Eisenbahnfährverkehr ausarbeiten sollte.

Noch im Jahr 1982 begannen die Bauarbeiten auf der Grundlage eines Vertrages zwischen Berlin und Moskau vom 18. Juni desselben Jahres mit dem Titel „Abkommen zwischen der Regierung der DDR und der Regierung der UdSSR über die Errichtung eines Eisenbahnfährverkehrs zwischen dem Hafen Saßnitz/Mukran (DDR) und dem Hafen Klaipėda (UdSSR)". Der Chef der DDR-Planungskommission, Gerhard Schürer bezeichnete das Abkommen über die Fährlinie in der DDR-Nachrichtensendung „Aktuelle Kamera" vom 18.

Juni 1982 ausdrücklich als „bedeutend". Einzelheiten der Übereinkunft wurden jedoch als Vertrauliche Verschlusssache klassifiziert. Für die DDR unterzeichnete Verkehrsminister Otto Arndt, für die UdSSR der sowjetische Verkehrsminister Timofej Guschenko. Im November 1982 folgte ein Abkommen über den gemeinsamen Betrieb der Fährverbindung zwischen den Ministerien für Verkehr und Außenhandel der DDR und den sowjetischen Ministerien für Seeflotte, Verkehr und Außenhandel.

Im Juli 1986 beschlossen beide Regierungen, die Fährschiffe in den jeweiligen Häfen von Hafengebühren zu befreien.

Außerdem einigten sich beide Seiten auf folgende Punkte:

- die DDR richtet im Hafen von Klaipėda eine Vertretung mit drei Mitarbeitern des KSH ein
- die UdSSR gründet im Hafen von Mukran eine Vertretung mit drei Mitarbeitern der Lithuanian Shipping Company (Lisco)

Diese Vertreter sollten für den reibungslosen Ablauf sorgen. Zunächst nicht einig waren sich beide Seiten bei den Gesprächen über die Verkehrsvertretungen über die Forderung der DDR, ihren Vertreter in Klaipėda mit dem diplomatischen Rang eines Vize-Konsuls auszustatten. Später stimmte die UdSSR diesem Plan jedoch zu.

In der damaligen „Güternomenklatur" über die Waren, die beide Seiten verschifften, waren militärische Güter noch nicht enthalten. Die Gruppe mit Experten des Militärtransportwesens traf sich regelmäßig. Bei diesen Gesprächen teilte der Chef des sowjetischen Militärtransportwesens, Generaloberst Klomin, den Vertretern aus Deutschland im Dezember 1985 mit, dass die UdSSR eine Umschlagbasis in Mukran plane, die in Etappen entstehen sollte. Einzelheiten werde das Hauptquartier in Wünsdorf den deutschen Stellen mitteilen. Ein Vorschlag, der weit über die gleichzeitigen Verhandlungen über Verkehrsvertretungen in den jeweiligen Häfen hinausging (siehe Kapitel ***Der Streit um die Kommandantur***).

Das Fährprojekt war Teil eines Plans des Rates für gegenseitige Wirtschaftshilfe (RGW) der Ostblockstaaten, die ihre internationalen Transportverbindungen bis zum Jahr 1990 ausbauen wollten. 14 Eisenbahnstrecken in Ost-West-Richtung und vier in Nord-Süd-Richtung sollten modernisiert und elektrifiziert werden. Außerdem war der Bau von weiteren Breitspurstrecken geplant, die von der Sowjetunion in die Nachbarstaaten führen sollten. 1986 existierten bereits mehrere Linien: von Vladimir Volynski (UdSSR) nach Katovice/Kattowitz (Polen), vom sowjetischen Tschop 80 Kilometer in die ČSSR hinein und von Tschop 90 Kilometer in Ungarn, in die Nähe der rumänischen Grenze, hinein. Der Bau einer Breitspurbahn nach Rumänien scheiterte an der Regierung in Bukarest - zum Verdruss der Militärstrategen. Im Ernstfall wollte die UdSSR auf dem Balkan schnell militärisch präsent sein.

Unvollendete Vorläufer – Der Rügenhafen und seine Geschichte

Die Reste der Durchstiche zwischen Ostsee und Boden sind noch erhalten.

Der Bau eines großen Hafens auf Rügen faszinierte die deutschen Militärs schon seit Jahrhunderten, aber erst 1986 war es so weit: Die Fährverbindung von Mukran bei Sassnitz nach Klaipėda in der UdSSR wurde festlich eröffnet. Die fünf Schiffe transportierten überwiegend zivile Ladung, doch im Krisenfall wären sie als strategisch wichtige Nachschubverbindung für die sowjetischen Truppen von Ost nach West eingesetzt worden. Vor der Eröffnung in Mukran hatte es bereits drei Mal Pläne gegeben, auf Deutschlands größter Insel einen leistungsfähigen Hafen zu bauen. Die Idee: Die Marine sollte den Großen Jasmunder Bodden bei Glowe als Stützpunkt nutzen. Kein einziger der Pläne für den sogenannten Rügenhafen wurde je verwirklicht.

Die Geschichte der Rügenhafenprojekte reicht bis weit ins 19. Jahrhundert zurück. Nach der Revolution von 1848 waren es preußische Admiräle, die sich im Zuge des Ersten Schleswig-Holsteinischen Krieges (1848-1851) gegen Dänemark für den Bau eines oder mehrerer Stützpunkte der zu gründenden Marine stark machten. Sie hatten den Aufbau einer Flotte zu ihrem Projekt erklärt, nachdem die Gründung einer gesamtdeutschen Flotte des Deutschen Bundes 1852 gescheitert war.

Am 12. Oktober 1854 diskutierte die Admiralität über die Frage, wo Stützpunkte der Königlich Preußischen Marine entstehen sollten. Für die Nordsee war 1853 mit der Wahl von Wilhelmshaven am Jadebusen die Entscheidung bereits gefallen. An der Ostsee waren drei Standorte im Gespräch: die Danziger Bucht, Swinemünde und Rügen. Für die Ostseeinsel lag bereits ein Gutachten vor, das der Geheime Oberbaurat Gotthilf Hagen 1853 verfasst hatte. Er präsentierte als erster Ideen, die mehr als ein Jahrhundert später auch im Vorfeld der Bauarbeiten in Mukran diskutiert wurden: Ein Durchstich durch die schmale Landzunge der Schaabe bei Glowe sollte eine Verbindung für einen Marinehafen zwischen dem Großen Jasmunder Bodden und der Ostsee schaffen. Der Bodden bot eine geschützte Lage jenseits der Ostsee und lag strategisch günstig.

In Breege sollte laut Hagens Gutachten der neue Hafen entstehen, der nicht nur für die Flotte, sondern auch für Fracht- und Postschiffe genutzt werden könnte. Hagen plante auch eine schnelle Skandinavienverbindung über die Ostsee ab Breege und dachte an eine Eisenbahnanbindung des Hafens über die Linie Berlin-Neubrandenburg-Stralsund-Rügen. Seeseitig sollten einen Kilometer lange Steinmolen entstehen. 1855 untersuchten Hagen und weitere Experten den Bodden und schlugen alternativ Breege oder die Banzelvitzer Berge als neuen Stützpunkt vor. Die Admiralität entschied sich für die Banzelvitzer Berge und wollte dort drei Hafenbecken mit breiten Kais sowie eine Werft, Kasernen und Wohnungen bauen. Schleusen sollten verhindern, dass starker Wind das Wasser der Ostsee durch den Kanal drückte und zu Überschwemmungen führte. Die Bauarbeiten begannen 1860. Dabei stießen die 1500 Arbeiter jedoch auf ähnliche Schwierigkeiten, die später wenige Kilometer entfernt in den 1980er-Jahren auch den Projektplanern von Mukran Kopfzerbrechen bereiteten: Der mit großen Steinen belegte Grund des Boddens bestand aus Kreide, die nur schwer auszuheben war. Die damals neuentwickelten Dampfbagger fehlten.

Die Pläne der Admiralität waren groß: Der Flottenplan von 1861 sah vor, zwischen 1862 und 1873 7,4 Millionen Reichstaler zu investieren. 1864 sollte der Bau von Fregatten beginnen, ab 1866 sollten Linienschiffe hinzukommen. Auf der Halbinsel Drigge bei Stralsund entstand die Verteidigungsanlage „Kernwerk", die ebenso wie das Marinedepot auf der Insel Dänholm bei Stralsund das Festland und den neuen Hafen schützen sollte. Am 16. Dezember 1861 entschied der Admiralitätsrat außerdem, auf den zuvor diskutierten Bau von Flottenhäfen in Danzig-Neufahrwasser, Swinemünde sowie im Torfbruch bei Oxhöft zwischen Putzig und Gdingen zu verzichten. Nautische und militärische Gründe sprachen gegen diese Standorte. Weiterverfolgt wurden dagegen die Pläne für den Jasmunder Bodden auf Rügen, der auf 30 Fuß Tiefe ausgebaggert werden sollte und damit auch für schwerste Panzerschiffe befahrbar gewesen wäre. Militärische Anlagen an der Küste sollten einen Angriff von Land oder See unmöglich machen.

1864 war jedoch der erste Versuch auf Rügen einen Hafen fürs Militär zu bauen gescheitert. Nach dem Zweiten Deutsch-Dänischen Krieg im selben Jahr stimmte Österreich der Stationierung preußischer Kriegsschiffe in Kiel zu, die Admiralität ließ das Projekt Rügenhafen zugunsten dieses neuen Standorts fallen. Am 24. März 1865 wurde Kiel zum Kriegshafen erklärt. Bereits am 24. Juni dieses Jahres trafen die ersten Schiffe aus Danzig ein, die in den neuen Hafen verlegt worden waren.

Fast ein Jahrhundert später belebten die Nationalsozialisten die Pläne für einen Ostseehafen auf Rügen neu. 1937 begannen bereits erste Vorbereitungen zum Bau eines Stützpunktes am Jasmunder Bodden. Der Oberbefehlshaber der Kriegsmarine, Großadmiral Erich Raeder, wies am 21. Januar 1938 in einem Schreiben an die Ministerien und führenden Militärs des Reiches darauf hin, dass ein neuer Stützpunkt in der mittleren Ostsee erforderlich sei. Ostpreußen war nach Unterzeichnung des Versailler Vertrages nur durch den polnischen Korridor oder auf dem Seeweg erreichbar. Zudem hielten die Militärs es für erforderlich, im Vorfeld des Krieges den Import von Erz aus dem Norden sicherzustellen.

Im April 1939 begannen außerdem bei der Flotte die Vorbereitungen für einen Krieg gegen die Sowjetunion: Die Seekriegsleitung genehmigte ein offensives Konzept für die Ostseekriegsführung - mehr als zwei Jahre vor dem Überfall auf die UdSSR. Außer einem Kriegshafen hielt Raeder auch den Bau eines Handelshafens mit Industrie im Dörfchen Polchow für denkbar. In den Banzelvitzer Bergen am Jasmunder Bodden sollte zunächst eine gewaltige Flottille von 25 U-Booten, mehreren Tendern und Torpedobooten stationiert werden. Die spätere Planung vom 17. Mai 1939 kalkulierte mit einer Aufstockung um weitere 30 Boote. Auch diesmal sollte ein Kanaldurchstich die Verbindung zwischen dem Bodden und der

Ostsee bilden. Für die Absicherung des Luftraums waren die Luftstreitkräfte des geplanten Flugplatzes Gager und des Seefliegerhorsts Bug vorgesehen. Quellen im Militärarchiv des Bundesarchivs belegen zudem, dass die Nationalsozialisten prüfen ließen, ob der Rügenhafen auch für große Kriegsschiffe in Frage käme. Die Reichsmarine ging von einem Hafenbecken mit einer Tiefe bis zu 13 Metern aus. An mehreren Molen sollten je zwei Schlachtschiffe festmachen können. Auch die Westseite des Stichkanals bei Glowe sollte als Anlegestelle genutzt werden.

Der Durchstich, der nach diesen Plänen in der Nähe von Schloss Spyker vorgesehen war, sollte 250 Meter breit werden. Ein Großprojekt: An den Kais, in der Werft und in den Kasernen sollten laut Plan 11.000 Menschen arbeiten. 1938 begannen die Arbeiten am Kanaldurchstich. 1,7 Kilometer östlich vom Königshörn entstanden Abschnitte einer Mole und eine erste Anlegebrücke für die U-Boote. Polchow wurde Bauhafen, bei Glowe schütteten Bauarbeiter einen Damm für die Eisenbahn auf. Im Bodden wurde gebaggert. Da das Baggergut zwischen Martinshafen und Lubitz am Ostufer des Boddens aufgespült, jedoch nicht mit Spundwänden gesichert wurde, trieben Strömungen den Sand nach Süden. Dort bildete sich eine Barriere, die die Lietzower Schleuse blockierte und bei Hochwasser zu Überschwemmungen führte.

Doch bereits zu diesem Zeitpunkt sei die Kriegsführung auf die Nordsee und den Atlantik ausgerichtet gewesen, schrieb der Historiker Michael Salewski. Gleichzeitig eine starke Atlantik- und eine schlagkräftige Ostseeflotte zu bauen, sei nicht möglich gewesen. Salewskis Fazit: „Die Seestrategie war in sich völlig unstimmig." Der Seekrieg tobte auf dem Atlantik, nicht in der Ostsee. „Der Krieg in der Ostsee galt als Nebenaufgabe", schrieb Salewski.

1940 wurden die Bauarbeiten auf Rügen eingestellt. Nach dem Einmarsch in Polen, dem Abschluss des deutsch-sowjetischen Nichtangriffspaktes und der sowjetischen Annexion des Baltikums im Herbst 1939 war der Grund für ein Projekt dieser Größenordnung entfallen. Möglicherweise haben außerdem die Steinfelder auf dem Boddengrund und die Wanderung des Sandes eine Rolle bei der Entscheidung gespielt, den Rügenhafen aus bautechnischen Gründen fallen zu lassen.

Erst kurz vor Kriegsende holte die Marine die alten Pläne noch einmal aus der Schublade und prüfte den Bau einer verbunkerten Werft für Neubau und Reparaturen von U-Booten. Am Atlantik waren die Alliierten gelandet, sodass dort keine Kapazitäten mehr zur Verfügung standen. Über die Planungsphase kam das Projekt aber auch diesmal nicht hinaus. 1947 beseitigten Taucher weitgehend die Reste des stählernen U-Bootanlegers, der während der Bauarbeiten entstanden war. Dabei kam ein Taucher ums Leben. Auch die massiven Strandbuhnen, die die Wellen aus Richtung Osten brechen sollten, wurden abgetragen.

Anfang der fünfziger Jahre war es die Regierung der DDR, die sich mit konkreten Plänen für einen neuen Hafen auf Rügen befasste – mit klaren

Anweisungen aus der UdSSR. Nach dem Zweiten Weltkrieg hatte die sowjetische Besatzungsmacht sämtliche Reste der deutschen Marine demontiert, zerstört oder deren Stützpunkte mit eigenen Einheiten besetzt. Bis 1953 arbeiteten die ostdeutschen Werften nahezu ausschließlich für die Sowjetunion und produzierten 1.160 Boote und Hafenfahrzeuge als Reparationsleistungen. Doch die abrupte Abkehr von dieser Politik hatte die Sowjetunion - wohl auch unter dem Eindruck des Koreakrieges - schon 1952 eingeleitet. Am 1. April 1952 wies Stalin den DDR-Präsidenten Wilhelm Pieck an, sofort eigene Streitkräfte und damit auch eine Marine aufzubauen. Explizit forderte der sowjetische Diktator die Gründung einer U-Bootflotte.

Die massive Militarisierung des zweiten deutschen Staates begann. Das Konzept für den Aufbau der Marine wurden im „Zeuthener Protokoll" festgehalten. Die ersten Pläne, die die DDR nach der unmissverständlichen Ansage aus Moskau erarbeitete, waren überaus ehrgeizig und überforderten - wie sich später erweisen sollte - den jungen Staat massiv. Bis Ende der 1950er-Jahre war der Bau von 139 Kampf- und 175 Unterstützungseinheiten zur See vorgesehen. Den Schwerpunkt innerhalb der Marine sollten Schnellboote, U-Bootjäger, Minenräumer und eigene U-Boote bilden. Allein zwischen 1954 und 1958 wollte die Regierung in Ost-Berlin 800 Millionen Mark in zehn Küstenwachschiffe, 36 Schnellboote, 55 U-Bootjäger und 14 U-Boote investieren. Fachleute sprechen vom Aufbau einer „Randmarine". Diese sogenannten Stoßkräfte sollten den defensiven Charakter der Seepolizei, des Vorläufers der Volksmarine, ablösen und die Seeherrschaft in der Ostsee sicherstellen.

Die Flotte, die gebaut werden sollte, benötigte mindestens einen großen Hafen. Die kleinen Stützpunkte der Seepolizei, aus der 1952 die „Volkspolizei See" und 1956 die Volksmarine hervorging, reichten bei weitem nicht aus. Das war die Geburtsstunde des „Sonderbauvorhabens Glowe", das landläufig auch Rügenhafen genannt wird. Ein Besuch des Oberkommandierenden der sowjetischen Streitkräfte in der DDR, Wassili Iwanowitsch Tschuikow, am 7. Mai 1952 auf Rügen soll der Auslöser für die nun einsetzenden Bauarbeiten gewesen sein. Bereits am 10. April hatten Vertreter der DDR-Regierung den Standort der künftigen Großbaustelle und mutmaßlich den Besuch des Oberkommandierenden vorbereitet. Die Bauarbeiten begannen noch im selben Jahr, vermutlich im August.

Tschuikow hatte offenbar vor Ort geprüft, ob der Standort für einen neuen Flottenhafen geeignet war – mit positivem Ergebnis: Die sowjetische Kontrollkommission wies das DDR-Innenministerium an, Material und Arbeiter für den neuen Stützpunkt bereitzustellen. „Die Deutschen sollten zwischen dem Jasmunder Bodden und der Ostsee einen Kanal anlegen, um so Ersteren in einen erstklassigen Ankerplatz zu verwandeln", schrieb der amerikanische Historiker Douglas C. Peifer. Wieder sollte der Kanaldurchstich bei Glowe erfolgen, wieder sollte ein Hafen bei den Banzelvitzer Bergen entstehen. Dort waren erneut

U-Bootbunker, diesmal mit 15 Liegeplätzen geplant. Größere Häfen waren auf beiden Seiten des Kanals sowie kleinere an unterschiedlichen Standorten vorgesehen. Bis zum 1. Mai 1954 sollte der Durchstich fertiggestellt sein. Das Bauende war für 1961/62, nach anderen Quellen für das Jahr 1964 geplant. Für den Straßen- und Eisenbahnverkehr sahen die Pläne eine Querung mit Pontonfähren vor.

Der Rügenhafen war in der DDR neben der 100.000 Mann starken Kasernierten Volkspolizei, aus der die NVA hervorging, ein Bestandteil der zunehmenden Militarisierung des Staates. Der Vorläufer der Nationalen Volksarmee stellte neben der Aufrüstung von Beginn an ein wichtiges Herrschaftsinstrument dar. Die Existenz von Streitkräften auf dem Territorium sollte gemeinsam mit den in der DDR stationierten sowjetischen Truppen den Status Quo und das politische Machtsystem sichern. Der Aufbau von Armee und Infrastruktur diente somit massiv auch den eigenen Interessen der politischen Führung - nicht nur denen der UdSSR, die die DDR und andere Satellitenstaaten 1952 zu massiver Hochrüstung getrieben hatte.

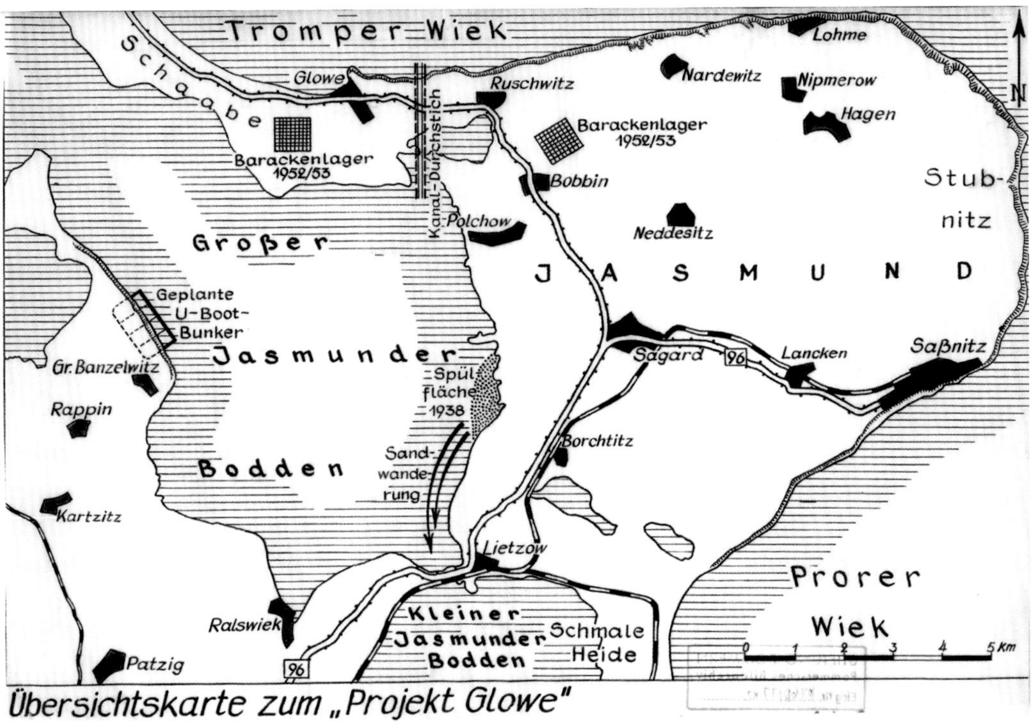

Die zeitgenössische Karte zeigt die Pläne des Rügenhafens auf der Halbinsel Jasmund.

Anlass dafür war die geplante Gründung der Europäischen Verteidigungsgemeinschaft (EVG) in Westeuropa gewesen. Der DDR wurde die Rolle des „sozialistischen Bollwerks" an der Grenze zum Westen zugewiesen.

Stalin befahl den Aufbau einer ostdeutschen Armee „ohne Geschrei". Ein Zitat, das vermutlich nicht ganz korrekt ist, sondern auf die Notizen von DDR-Präsident Wilhelm Pieck zurückgeht. Tatsächlich hatte Stalin gesagt, „dass man die Armee ohne viel Lärm, ohne viel Agitation schaffen muss. Wenn sie geschaffen sein wird, dann kann man das ausposaunen." Bei Pieck ist später nachzulesen: „Volksarmee schaffen – ohne Geschrei / Pazifistische Periode ist vorbei". Die Gigantomanie war kennzeichnend für die Epoche des im Juli 1952 von Stalin ausgerufenen „Aufbaus des Sozialismus" mit der Kollektivierung der Landwirtschaft, der erheblichen Einschränkung der Privatwirtschaft und dem Aufbau einer Schwerindustrie, die schon 1952 – lange vor dem 17. Juni 1953 – zu erheblichem Unmut und Protesten in der Bevölkerung führte.

Zum Konzept des Rügenhafens, der für deutsche und sowjetische Schiffe gedacht war, gehörten außerdem der Bau von Küstenverteidigungsanlagen, Flugplätzen und einer Marinewerft für Schiffe bis zu 25.000 Tonnen. Die Werftkapazitäten hätten denen der Stadt Hamburg im Jahr 1939 entsprochen oder sie sogar übertroffen. Auch sowjetische Kreuzer vom Typ „Swerdlow" sollten den Hafen anlaufen können. Für das gigantische Projekt mit den Geheimnamen „Projekt C320" oder „Bauvorhaben Nord" übernahm das Innenministerium die Regie, die Oberbauleitung residierte in Berlin. Die Staatssicherheit war für die Spionageabwehr durch Agenten verantwortlich.

Der Beschluss der DDR-Regierung über den „Neubau einer sozialistischen Großwerft auf der Insel Rügen mit einer Endkapazität von 755.000 BRT einschließlich der baulichen Maßnahmen zur Beschaffung des Wohnraums, der Kultur und der Sicherheit" folgte am 22. April 1953. 650.000 BRT waren für die Handelsschifffahrt vorgesehen. Der Beschluss, in dem die Unterzeichner ausdrücklich den Rückstand bei Kapazitäten in der Handelsschifffahrt erwähnen, wurde als geheim eingestuft. Allein die Neubaukapazitäten hätten einem Weltmarktpreis von 380 Millionen DM pro Jahr entsprochen, für die Reparaturwerft wurden 70 Millionen DM errechnet. Unter Punkt 7 wird der Chef der Hauptabteilung Strafvollzug beauftragt, die Bereitstellung, Unterbringung und Verpflegung von Häftlingen zu gewährleisten. „Die Strafgefangenen sind entsprechend ihrer Qualifikation einzusetzen", hieß es in dem Beschluss. Sie sollten bis zu 80 Prozent der Landarbeiten übernehmen. Bis zu 26.000 Inhaftierte waren für den Einsatz auf den Baustellen vorgesehen. „Das Ministerium des Innern stellt die erforderliche Anzahl von Strafgefangenen für die Durchführung der Bauarbeiten zur Verfügung und sorgt für ihre Unterbringung", hieß es in einem als streng vertraulich gekennzeichneten Dokument.

Der Termin- und Kostenplan für die Werften gliederte sich folgendermaßen:

- Werft für mittlere und kleinere Einheiten: Ende 1953 bis 1956, Ausbau 1961 bis Anfang 1964, 540 Millionen DM der DDR
- Großschiffbauwerft: 1960 bis Anfang 1964, 430 Millionen DM

- Mittelschiffbauwerft: 1958 bis Mitte 1963, 300 Millionen DM
- zweite Mittelschiffbauwerft: 1954 bis 1958, 270 Millionen DM
- Reparaturwerft: 1956 bis Anfang 1964, 1,53 Milliarden DM

Weitere Projekte:

- nördlicher Vorhafen, Kanaldurchstich, Fischereihafen usw.: 1953 bis 1956, 830.000 DM
- Stützpunkte: 1954 bis Anfang 1955, 30.000 DM
- Flugplätze und Fähre nach Bug und Hiddensee: 1957 bis 1960, 310.000 DM
- Arsenal, Lager, Hafen Lietzow, Reede im Großen Bodden, Stadt, Fähre Stahlbrode, Kasernen und Schulen: 1957 bis 1963, 1,59 Milliarden DM
- unterirdische Lageranlage bei Lietzow, östlicher Durchstich im Vorhafen, Fahrrinne im Kleinen Bodden: 1961 bis 1963, 2,75 Milliarden DM
- unterirdisches Tanklager bei Ruschwitz

Auch die Pläne für den Wohnungsbau waren extrem ehrgeizig. Vorgesehen waren zwei Wohnstädte für 38.000 Industriearbeiter mit 130.000 Menschen in jährlichen Bauabschnitten:
1953: 500 Wohnungen
1954: 1.900 Wohnungen
1955: 4.000 Wohnungen
1956: 5.800 Wohnungen
1957: 6.400 Wohnungen
1958: 7.400 Wohnungen
1959: 6.500 Wohnungen
1960: 5.500 Wohnungen
Kosten: 1,95 Milliarden DM.

Zwei Orte waren geplant, die sogenannte Friedensstadt für 100.000 Menschen, die andere für 30.000. Die „Friedensstadt“ bei Sagard auf der Halbinsel Jasmund sollte angeblich nach den Sicherheitserkenntnissen konzipiert werden, die die Sowjets bei den Atombombenexplosionen gewonnen hatten. S-Bahnen sollten die Menschen zum Arbeitsplatz am Nord- und Südhafen fahren. Die meisten Bewohner könnten – so die Planung – in maximal 20 Minuten zu Fuß den Arbeitsplatz erreichen. Der Autoverkehr sollte „flüssig“ über Hochstraßen rollen. Die Stadt für 30.000 Einwohner war bei Ralswiek geplant. Sie sollte durch eine neue Bahnlinie mit Bergen verbunden werden.

Um die „maximale Befriedigung“ der materiellen und kulturellen Bedürfnisse der Bewohner zu erreichen, plante die Projektleitung, bereits in den ersten Baujahren Theater, Kulturhäuser und Warenhäuser zu errichten und Erholungsgebiete mit Strand bei Prora und einen Segelsporthafen zu schaffen. Auch an den Luftschutz hatten die Projektplaner gedacht, ohne allerdings konkrete Kosten vorzulegen. Nur so viel wussten sie schon: Das Stadtbild werde dadurch nicht beeinträchtigt. Der materielle Aufwand hätte insgesamt unvorstellbare Ausmaße angenommen.

Die bewegliche Brücke bei Lietzow hätte eine Spannweite von 140 bis 180 Metern gehabt – zur damaligen Zeit weltweit ein Projekt ohne Vorbild. Allein für den Bau der Molen wären etwa 120.000 Tonnen Zement, 130.000 Tonnen Split und 300.000 Tonnen Kies erforderlich gewesen. Für die Verlegung der Molensteine hätte die DDR Kräne mit einer Tragfähigkeit von 60 Tonnen und einem Ausleger von zwölf Metern entwickeln und bauen müssen. Baulich betrat die DDR offenbar auch in anderer Hinsicht Neuland: Eine Regierungskommission beschloss am 13. März 1953, zunächst einmal Literatur über bestimmte Bauverfahren wie Druckluftgründungen oder chemische Verfestigungen zu beschaffen, um danach die Arbeitsverfahren zu entwickeln.

Um das Baumaterial für den Rügenhafen zu generieren, sollten neue Werke in Barth, Greifswald, Anklam und in anderen Orten der DDR entstehen. Die Reichsbahn ging von 7,4 Millionen Tonnen pro Jahr aus, die sie zu den Baustellen transportieren musste. Um diese Massen bewältigen zu können, rechneten die Eisenbahner vor, dass sie zwei weitere Brücken über den Strelasund benötigten. 540 Kilometer neue Bahnstrecken und 5.000 zusätzliche Waggons waren nach den Berechnungen erforderlich. Auch in der übrigen DDR musste die DR-Infrastruktur ausgebaut werden, um die „Durchlassfähigkeit“ zu erhöhen.

Weitere Transporte von 2,5 Millionen Tonnen Baumaterial sollten auf dem Wasserweg zum Rügenhafen verschifft werden. Bis 1957 war zu diesem Zweck der Ausbau der Häfen von Stralsund, Greifswald und Anklam geplant. Auch der Bedarf an Baggern war riesig. Bis zu 18,5 Millionen Tonnen Material pro Jahr sollten auf den Baustellen ausgebaggert werden. Was für ein gigantisches Projekt die Regierung sich vorgenommen hatte, schien ihr klar zu sein. „Die hier geplante umfangreiche Produktion und außerordentlich großen Bauleistungen werden nur dann durchgeführt werden, wenn durch eine rasche Entwicklung einer höchstmöglichen Produktivität in Verbindung mit dem zu erreichenden Höchststand der Technik mit dem z. Zt. noch bestehenden Stadium der Improvisation und der teilweise unorganisierten Arbeit energisch Schluss gemacht wird“, hieß es im Beschluss der Regierungskommission.

Zu dem Großprojekt gehörten außerdem Pläne für ein Arsenal und Zeugamt zwischen der Landstraße von Bergen zur Wittower Fähre und von Samtens nach Gingst mit jeweils 75.000 Quadratmeter in überirdischen Räumen und in unterirdischen, bombensicheren Bunkern sowie eine Intendantur mit Lager und Flottenstab südlich der Wohnstadt zwischen Lietzow und Sagard. Im Stab sollten 600 Menschen arbeiten.

Südwestlich der Prorer Wiek war eine Marineschule geplant, in Lietzow ein Handelshafen. Hinzu kamen ein Lazarett bei Putbus und der Bau eines zweiten Rügendamms nordöstlich von Brandshagen für den Eisenbahn- und Straßenverkehr. Die Fähre Stahlbrode sollte für Eisenbahnen ausgebaut werden und damit als dritte leistungsfähige Verkehrsverbindung zur Insel dienen. Die Fahrwasserrinne sollte bis nach Lietzow ausgebaggert werden, im Bereich Schlossberg und Spitzer Ort war der Bau einer Drehbrücke für den Straßenverkehr vorgesehen. Die Leitung des gesamten Bauprojekts, das dem Innenministerium unterstand, residierte im sogenannten Weißen Haus in der Ortsmitte von Glowe. Zum Ende der Bauarbeiten in den Jahren 1961 oder 1962 sollte bei Lietzow und bei Prora ein kleinerer, etwa 45 Meter breiter und acht Meter tiefer Durchstich in Richtung Ostsee erfolgen. Lietzow war als Liegeplatz für große und mittlere Schiffe und als Umschlaghafen vorgesehen. Allein der Bau des U-Boot-Hafens mit einem gigantischen 800 mal 200 Meter großen Bunker hätte die DDR 2,5 Milliarden Mark gekostet und damit die Hälfte der Gesamtinvestitionen verschlungen.

Auf der Halbinsel Bug war - wie schon in der NS-Zeit - der Bau eines Seeflugplatzes geplant. Kleine Schiffe sollten vom Rügenhafen die Verbindung herstellen. Zu den Plänen gehörte außerdem ein Landflugplatz südlich der Wittower Fähre. Die Fähre wäre durch eine Brücke ersetzt worden.

Am 16. Oktober 1952 erreichte die Bauleitung ein Kurzbericht über den Stand der ersten Bauarbeiten. Die Straße von Sagard nach Glowe war bis zur Abzweigung Polchow repariert, eine Umgehungsstraße entstand. „Material rollte laufend", hieß es in dem Bericht. 20 Baracken konnten weitgehend fertiggestellt werden, die Lager für die Häftlinge und die Volkspolizei befanden sich noch im Bau. Die Reichsbahn baute ein erstes Ladegleis in Lietzow. Noch lebten die wenigen Arbeiter und Ingenieure mit Provisorien. In Glowe wurde das Heim der „Freien deutschen Jugend" (FdJ) in einen Küchenbetrieb umgewandelt, in ehemalige Zimmer für den Fremdenverkehr zogen Arbeitskräfte ein, die Baustelle wurde abgesperrt.

Vorhandene Baracken wurden als Wohnunterkünfte genutzt oder für die Unterbringung von Häftlingen vorbereitet. Glowe hatte zu diesem Zeitpunkt 1400 Einwohner, die sich über acht Orte verteilten. Im Hauptort lebten 650 Menschen. Die meisten arbeiteten in einem Fischkombinat oder bei der Bau-Union in Sassnitz. Eine Räumung des Ortes hielt die Bauleitung zunächst nicht für notwendig, „da sich der Bauplatz östlich des Ortes günstig abriegeln lässt". Fremdenverkehr und Fischerei im Ort wurden gestoppt.

Parallel zu den Arbeiten am Bodden entstand in Sassnitz eine Schule für U-Bootfahrer, die am 15. Januar 1953 eröffnet wurde. Kampferprobte Veteranen aus dem Krieg und sowjetische Berater standen bereit, um Soldaten auf ihre militärischen Aufgaben vorzubereiten. Offiziell hieß die Einrichtung „Unterseeboots-Lehranstalt". Die ersten Freiwilligen hatten sich bereits Ende des Jahres 1952 gemeldet. Ein U-Boot-Hafen für die Lehrflotille war in Mukran, dem späteren Standort des Fährhafens, vorgesehen.

Die sogenannte „Hauptflottenbasis im Jasmunder Bodden" unterlag der größten Geheimhaltung. Nicht einmal jedes Mitglied des DDR-Politbüros kannte die Einzelheiten. Mancher Arbeiter glaubte, für einen „Handelshafen Jasmunder Bodden" oder für das Projekt „Fischereinotschutzhafen und Kanalbau Bodden" zu arbeiten. Um ungehindert bauen zu können, vertrieb die Regierung mehrere Bauern gegen eine geringe Entschädigung. Mehr als 200 Familien wurden für das Projekt kurzerhand umgesiedelt.

Später erhielten 172 Familien unterschiedlicher Teile von Glowe den Befehl, den Ort zu verlassen. Er sollte – anders als zunächst geplant – komplett geräumt werden. Die Straße zwischen Ruschwitz und Breege wurde gesperrt, sodass die Halbinsel Wittow nur noch über Umwege und die Fähre zu erreichen war. Fuhr die Fähre wegen Eisgangs oder schlechten Wetters nicht, war Wittow vom Rest der Insel abgeschnitten.

Das Baustellengelände wurde zum Sperrgebiet erklärt, an den Zufahrten standen Schlagbäume. Volks- und Grenzpolizei sowie die sowjetischen Besatzer richteten weitere Kontrollstellen bei Lietzow und am Rügendamm ein. Bagger begannen gleichzeitig an der Boddenseite und am Ostseeufer, den Durchstich durch die Schaabe zu graben. Davor sollte in der Bucht Tromper Wiek ein nördlicher Vorhafen als Umschlaghafen für große Schiffe und große Gütermengen entstehen, der durch Molen mit einer Durchfahrtsbreite von 230 Metern geschützt wurde. Das Wendebecken sollte einen Durchmesser von 600 Metern haben. Die durchgehende Tiefe hätte bei zwölf Metern gelegen.

Grundlage der Planung für den Vorhafen waren die Ideen der Nationalsozialisten aus den späten 1930er-Jahren. Diese Pläne hatten sich die Bauleitung und die Volkspolizei See als Vorläufer der Volksmarine genau angesehen. Geplant war ein 2,3 Kilometer langer Seekanal mit einer Breite von etwa 150 Metern und einer Tiefe von zwölf Metern.

Unklar sei nach Angaben des Historikers Ingo Pfeiffer, warum die Bauleitung nicht den fast parallel verlaufenden Durchstich nutzte, der in den 1930er-Jahren entstanden war. Wie er zu dieser Einschätzung gelangt, ist unklar. Aus Luftaufnahmen aus den Jahren 1943 und 1953 geht hervor, dass 1952 an dem 1937 begonnenen Durchstich weitergebaggert wurde. In den Unterlagen aus dem Bundesarchiv ist ebenfalls die Rede davon, dass die bereits Ende der 1930er-Jahre ausgebaggerten Kanalbereiche von den Planern der DDR berücksichtigt wurden.

Die Bauplanung listete weitere Reste der Hafenplanung und der Arbeiten unter nationalsozialistischer Regie zwischen 1938 und 1941 in Glowe auf. Die Ingenieure stießen einen Kilometer östlich des Ortes auf Spuren von Erdarbeiten, die auf Pläne für einen 350 Meter breiten Kanal von der Ostsee am Westrand des Spieker-Sees zum Bodden schließen ließen. Am Ost- und am Westrand des geplanten Durchstichs waren Erdarbeiten auf einer Breite von jeweils 50 Metern nachvollziehbar. Auch die Reste von Molen und kanalartige Ausbaggerungen fanden die Ingenieure. „Zu erkennen sind im Gelände noch die Gleisstrecken der zur Erdbewegung eingesetzten Schmalspurbahnen, darüber hinaus das Fundament eines ehem. Lokreparaturschuppens", hieß es in einem Bericht an die Bauleitung. Östlich von Königshörn entstanden Molen für die seeseitige Kanalöffnung. In

Borchtitz bei Mukran zweigte eine neue Bahnlinie von der Strecke nach Sassnitz ab, die über den bereits in den 1930er-Jahren aufgeschütteten Damm bei Glowe führen sollte. Die Abzweigung entstand an derselben Stelle, von der aus Jahrzehnte später der Fährkomplex Mukran an das DR-Netz angebunden wurde. Um den Schwertransportern mit den sowjetischen Baggern den Weg durch den engen Ortskern von Sagard zu ersparen, bauten Arbeiter breite Umgehungsstraßen mit besonders tragfähigem Pflaster.
Um den Bau geheim zu halten, wies das sowjetische Militär die Deutsche Reichsbahn an, den Fährverkehr auf der „Königslinie" zwischen Sassnitz und Trelleborg zu unterbrechen. In einer Mitteilung an die schwedischen Behörden nannte die DDR dafür zunächst keine Gründe, später schob sie den Bau eines großen Fischereihafens vor. Die Unterbrechung ging als „Sassnitzer Blockade" in die Regionalgeschichte ein und dauerte vom 4. Oktober 1952 bis zum 16. August 1953. Während der „Blockade" pendelten die Schiffe zwischen Trelleborg und Warnemünde.
Der Personalaufwand war gewaltig: Auf der Baustelle waren unter der Regie des VEB Bauunion Nord und der sowjetischen Besatzungsmacht 10.000 Arbeiter und bis zu 5.000 Strafgefangene im Einsatz, die gemeinsam einen Aushub von einer Million Kubikmeter bewältigten. In anderen Quellen ist von 6.000 Arbeitern und 3.200 Gefangenen die Rede. Die Arbeiter reisten bis Sagard mit der Bahn und lebten in großen Barackenlagern; die Gefangenen wurden im Häftlingslager westlich von Glowe einquartiert. Das sogenannte C-Lager bei Bobbin war für Arbeiter vorgesehen und sollte längerfristig ebenfalls Häftlinge aufnehmen.

Das Gefangenenlager war mit einer dreifachen Stacheldrahtumzäunung sowie einem elektrisch geladenen Mittelzaun gesichert, für den eigens eine Umschaltstation in Glowe gebaut worden war. Die Häftlinge bezeichneten untereinander das Lager auf Rügen als „Kamtschatka" und nannten sich selbst „Kamtschatkaner". Der Historiker Ingo Pfeiffer spricht von „KZ-ähnlichen Bedingungen". Bei nur einem Drittel der Häftlinge soll es sich um Kriminelle im klassischen Sinn gehandelt haben, die anderen waren wegen angeblicher Wirtschaftsvergehen oder aus politischen Gründen inhaftiert worden.

Auf der Baustelle schufteten auch ehemalige Besitzer von Hotels, Pensionen und Taxibetrieben, die bei der „Aktion Rose" festgenommen worden waren. Polizei und Justiz hatten mehr als 400 vermeintliche Wirtschaftsverbrecher im Februar und März 1953 bei dieser gemeinsamen Aktion an der Ostseeküste der DDR wegen angeblicher Verstöße gegen das Gesetz zum Schutz des Volkseigentums verhaftet. Einige Betriebe sollen außerdem in Kontakt mit „Agentenzentralen des amerikanischen Imperialismus in Westdeutschland und Westberlin" gestanden haben. 400 Polizisten rückten am 10. Februar 1953 um 8 Uhr zur ersten Verhaftungswelle aus. Am selben Tag beschlagnahmte die DDR die Hotels, Pensionen und andere Dienstleistungsunternehmen. Die Unterkünfte unterstanden nach der „Aktion Rose" dem Feriendienst des Freien Deutschen Gewerkschaftsbundes (FDGB).

Trotz der Geheimhaltung drangen Nachrichten über das Bauprojekt in den Westen. Unter der Überschrift „Befestigungen: Lügen auf Rügen" schrieb am 13. Mai 1953 der *Spiegel* über die Arbeiten auf der hermetisch abgeriegelten „sowjetzonalen Ostseeinsel Rügen". 14.000 Arbeiter seien dort im Auftrag eines sowjetischen Festungsbaustabs damit beschäftigt, bis 1954 einen Kriegshafen im Norden der Insel zu bauen. Offenbar hatten Geheimdienstkreise dem Nachrichtenmagazin Informationen zugespielt. So wusste der *Spiegel* zu berichten, dass an allen Straßenkreuzungen scheunentorgroße Plakate standen. „Achtet auf Spione und Agenten! Hier wird für die Sicherheit und für die Verteidigung des Friedens gebaut", soll darauf gestanden haben.

Weiter schrieb der *Spiegel*: „Auf dem Marktplatz in Bergen verkünden grelle Plakate die völlige Sperrung der einzigen Durchgangsstraße nach Norden (von Sagard nach Juliusruh). Vopos und Sowjetarmisten halten gemeinsam Wache an improvisierten Stacheldrahtverhauen und spanischen Reitern, die das Sperrgebiet abriegeln." Das Blatt war gut informiert. „Es soll eine moderne Seefestung mit U-Boot-Bunkern, Anlegeplätzen, Kasernen, Werften und Wohnstätten für rund 100.000 rüstungswichtige Einwohner werden. Von hier aus wollen die Sowjets die ganze westliche Ostsee und vor allem die Ein- und Ausfahrt des Nord-Ostsee-Kanals kontrollieren", hieß es in dem Bericht. Jeden Abend sei im Rundfunk der Schlager „Im Wind auf Rügen knattern unsere Fahnen" zu hören gewesen.

Der *Spiegel* wusste, was Historiker später bestätigten: Die Löhne waren hoch. „Aber neben den gutverdienenden Betongießern schuften auch mehrere tausend Zwangsarbeiter des Haftlagers Glowe für Margarinestullen und Kartoffelsuppe", berichtete das Nachrichtenmagazin. Die Agitatoren der SED verbreiteten Parolen wie: „Wir müssen unseren Plan erfüllen, wie die Bauaktivisten der Stalinallee in Berlin und die verdienten Maurer des Volkes in Stalinstadt (so heißt jetzt die Wohnstadt des neuen Eisenhüttenkombinats Ost bei Fürstenberg an der Oder) ihren Plan erfüllt haben. Denkt immer daran, daß drüben auf Bornholm die amerikanischen Interventen Flugzeuge für den Überfall auf die größte Friedensmacht der Welt stationiert haben."

Doch ebenso schnell, wie die Arbeiten für den Rügenhafen begonnen hatten, endeten sie auch diesmal. Am 17. Juni 1953 brach in der DDR der Volksaufstand los. In diesen Tagen gingen auch die Bauarbeiten bei Glowe zu Ende. Die Darstellungen über den Ablauf sind jedoch nicht eindeutig. Laut einer Version soll sich am Rügenhafen folgendes Szenario abgespielt haben: Die Bauarbeiter riefen „Schluss mit der Arbeit! Wir rühren keinen Finger mehr für dieses Kriegsprojekt!" Die Situation eskalierte, als sie mittags zu einem Lager zogen, um die Gefangenen zu befreien. Doch dort waren angeblich bereits 3.000 Volkspolizisten aufmarschiert. Zu Auseinandersetzungen kam es, als Streikende zur Bauleitung marschierten.

Nachdem die Volkspolizei Anführer verhaftet hatte, stürmte die aufgebrachte Menge das Gebäude und legte Feuer. Dabei gingen zahlreiche Dokumente unwiederbringlich verloren. Vier Führungskräfte der Baustelle flüchteten mit Dokumenten in den Westen. Von Wittow und Jasmund rückte die sowjetische Armee mit Panzerfahrzeugen vor.

Diese Schilderungen stehen im Widerspruch zu einer Quelle im Militärarchiv des Bundesarchivs. Sie lässt den Schluss zu, dass die Bauarbeiten bereits kurz vor dem 17. Juni gestoppt wurden. In einem Schreiben vom 9. Juni hieß es: „Das Bauvorhaben Nord ist mit Wirkung vom 10. Juli 1953 einzustellen. Die laufenden Aufträge sind zu stornieren. Die Liquidierung der Bau Union Nord ist einzuleiten und bis zum 30. Juni 1953 abzuschließen.“ Leiter der „zentralen Abwicklungsgruppe Nord“ sollte der stellvertretende Bauminister Willy Meyer werden. Unklar ist, wer der Absender war und wo die Entscheidung gefallen ist. Um die Widersprüche zu klären, sind weitere Forschungen notwendig.

Meyer reiste am 15. Juni selbst nach Rügen, um den Baustopp zu verkünden. In einem Schreiben der Zentralen Parteileitung der Bau Union Nord an das Zentralkomitee der SED hieß es dazu, die Nachricht sei „für uns Genossen“ sowie für die Arbeiter und besonders für die Ingenieure vom Kollektiv der Stalinallee ein harter Schlag gewesen. Die Ingenieure seien im Februar mit „großem Eifer“ nach Glowe gekommen. Bei den Arbeitern auf der Vorzeigebaustelle der Stalinallee in Berlin begann der Volksaufstand des 17. Juni 1953.

Der Berliner Detlef Ulbrich hat sich ausführlich mit der Geschichte des Rügenhafens beschäftigt. Sein Vater war als Ingenieur auf der Baustelle tätig. Ulbrich hat in den Archiven keine Hinweise auf den Aufstand gefunden und bezweifelt die oben zitierten Darstellungen über die Auseinandersetzungen, Gefangenenbefreiungen und Aktenvernichtungen in Glowe.

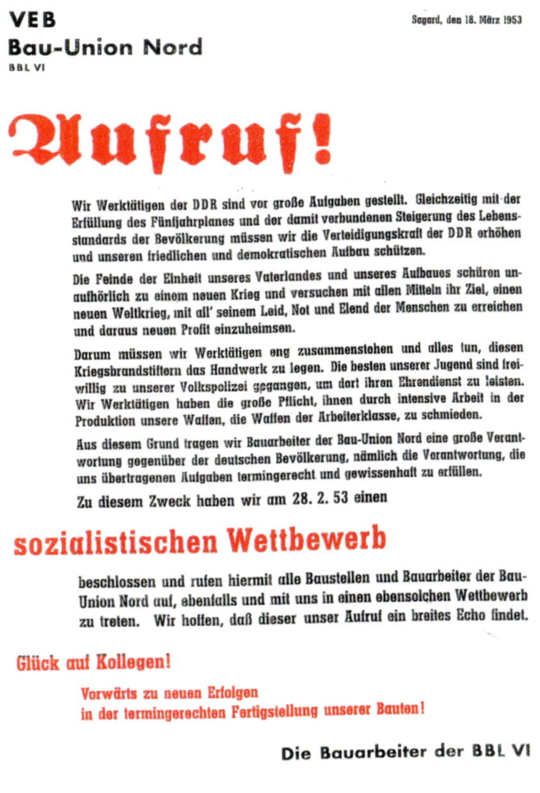

VEB
Bau-Union Nord
BBL VI

Sagard, den 18. März 1953

Aufruf!

Wir Werktätigen der DDR sind vor große Aufgaben gestellt. Gleichzeitig mit der Erfüllung des Fünfjahrplanes und der damit verbundenen Steigerung des Lebensstandards der Bevölkerung müssen wir die Verteidigungskraft der DDR erhöhen und unseren friedlichen und demokratischen Aufbau schützen.

Die Feinde der Einheit unseres Vaterlandes und unseres Aufbaues schüren unaufhörlich zu einem neuen Krieg und versuchen mit allen Mitteln ihr Ziel, einen neuen Weltkrieg, mit all' seinem Leid, Not und Elend der Menschen zu erreichen und daraus neuen Profit einzuheimsen.

Darum müssen wir Werktätigen eng zusammenstehen und alles tun, diesen Kriegsbrandstiftern das Handwerk zu legen. Die besten unserer Jugend sind freiwillig zu unserer Volkspolizei gegangen, um dort ihren Ehrendienst zu leisten. Wir Werktätigen haben die große Pflicht, ihnen durch intensive Arbeit in der Produktion unsere Waffen, die Waffen der Arbeiterklasse, zu schmieden.

Aus diesem Grund tragen wir Bauarbeiter der Bau-Union Nord eine große Verantwortung gegenüber der deutschen Bevölkerung, nämlich die Verantwortung, die uns übertragenen Aufgaben termingerecht und gewissenhaft zu erfüllen.

Zu diesem Zweck haben wir am 28. 2. 53 einen

sozialistischen Wettbewerb

beschlossen und rufen hiermit alle Baustellen und Bauarbeiter der Bau-Union Nord auf, ebenfalls und mit uns in einen ebensolchen Wettbewerb zu treten. Wir hoffen, daß dieser unser Aufruf ein breites Echo findet.

Glück auf Kollegen!

Vorwärts zu neuen Erfolgen
in der termingerechten Fertigstellung unserer Bauten!

Die Bauarbeiter der BBL VI

Die Bauarbeiter des Rügenhafens sollten an einem „sozialistischen Wettbewerb“ teilnehmen.

Zeitzeuge Joachim H. Rudek sieht hingegen in den unterschiedlichen Beschreibungen keinen Widerspruch. Er hat sich als junger Wachoffizier der Volkspolizei See zum Zeitpunkt der Bauarbeiten auf Rügen aufgehalten und hält es für möglich, dass die Bauarbeiten bereits vor dem 17. Juni 1953 gestoppt worden sind, aber trotzdem ein Aufstand losbrach. Er berichtete ebenfalls von „KZ-ähnlichen Bedingungen" in den Lagern und von weiträumigen Absperrungen auf der Insel. Der erste Posten habe bereits hinter dem Rügendamm am Bahnhof Altefähr gestanden.

In der DDR wurde der Aufstand mit Gewalt und Repressionen niedergeschlagen. Gleichzeitig setzte sich im Regime jedoch die Erkenntnis durch, dass nicht alle Projekte des Landes durchsetzbar waren - auch nicht der Rügenhafen. Bereits am 15. Juni 1953 begann die Auflösung der Baustelle - auf Anweisung der sowjetischen Regierung, die nicht nur den Bau des Rügenhafens stoppen ließ, sondern auch den Aufbau der U-Boot-Flotte der DDR. Am selben Tag war die Straße nach Wittow wieder frei. Die Häftlinge, die für den Hafen gearbeitet hatten, wurden in der Landwirtschaft eingesetzt. Die Arbeiter wurden entlassen. Zurück blieben 18.000 Tonnen Baumaterial, unter anderem elf Bagger und 40 Schmalspurloks sowie bereits fertiggestellte Abschnitte:

- Bauhafen mit Bahnanschluss nach Königshörn
- fünf Kilometer Gleisunterbau ab Borchtitz
- Ausbau der Bahnhöfe Lietzow und Sagard
- Umspannwerk Sagard
- Barackenlager Lietzow
- Verwaltungsbaracken Sagard
- zwei Hochspannungsleitungen ab Bergen

Diese Reste des nie fertig gestellten Rügenhafens gingen in den Besitz des Bezirks Rostock über. In einigen Baracken entstanden Ferienunterkünfte.

Für die Bewohner Glowes, deren Evakuierung noch nicht begonnen hatte, war der Tag der Auflösung, der 15. Juni, ein glücklicher Tag: Sie konnten in ihren Häusern bleiben. Die U-Bootschule in Sassnitz hatte am 1. Juli 1953 den Betrieb eingestellt. Am 10. September 1953 erhielt Innenminister Willi Stoph einen Bericht über die „Abwicklung" des Rügenhafens, die von der Regierung am 14. August angeordnet worden war. Die Baustelle sei zu großen Teilen geräumt und das Gelände gesäubert worden, hieß es darin. Die Bewohner Glowes gingen jedoch bis in die 60er-Jahre davon aus, dass die Bauarbeiten irgendwann fortgesetzt werden. Noch heute lassen sich die Spuren der unvollendeten Rügenhafen-Projekte auf der Insel besichtigen. Vollständig gebaut wurde die Eisenbahnstrecke von Borchtitz nach Glowe nie. Angelegte Bahnkörper wurden beseitigt. Ein Stellwerk in Borchtitz fiel 1986 einem Abrissbagger zum Opfer. Vereinzelt sind noch Fundamente von Wachtürmen, ein Stück Eisenbahngleis am Strand von Glowe sowie Reste des Durchstichs bei Weddeort zu finden.

Ein vierter Anlauf für den Bau eines Flottenhafens auf Rügen kam in den 1970er-Jahren über eine erste Planungsphase nicht hinaus. Die sowjetische Seekriegsflotte hatte der DDR den Bau eines neuen Hafens empfohlen, weil sie nach dem Scheitern des „Rügenhafens“ 1953 immer noch Bedarf für einen Tiefwasserhafen sah. Sassnitz war bereits überfüllt. Der Standort Dranske konnte wegen der schwierigen Fahrwasserverhältnisse nur Schnellboote aufnehmen. 1977 sprach auch die Volksmarine vom „Bau einer Flottenbasis“. Eine Arbeitsgruppe aus Mitarbeitern des DDR-Verkehrsministeriums, der sowjetischen Hochseeflottenministeriums und andere Fachleute hatten Rentabilität und Effektivität einer Eisenbahnfährverbindung überprüft.

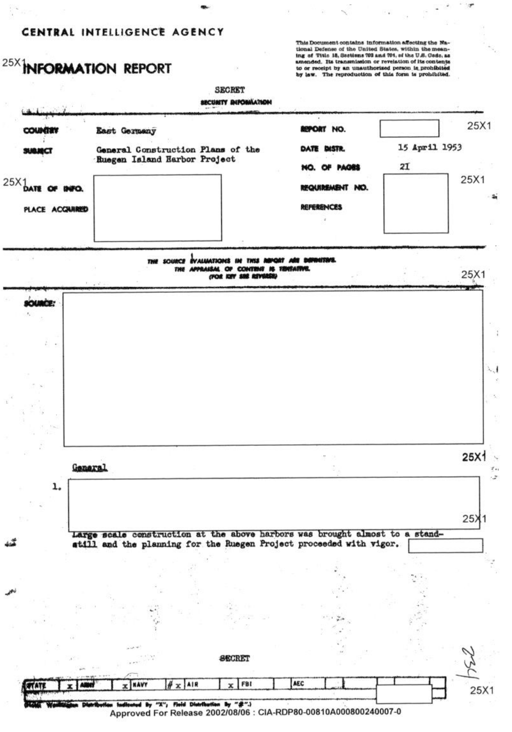

CENTRAL INTELLIGENCE AGENCY

25X1 INFORMATION REPORT

This Document contains information affecting the National Defense of the United States, within the meaning of Title 18, Sections 793 and 794, of the U.S. Code, as amended. Its transmission or revelation of its contents to or receipt by an unauthorized person is prohibited by law. The reproduction of this form is prohibited.

SECRET
SECURITY INFORMATION

COUNTRY East Germany
SUBJECT General Construction Plans of the Ruegen Island Harbor Project
25X1 DATE OF INFO.
PLACE ACQUIRED
REPORT NO. 25X1
DATE DISTR. 15 April 1953
NO. OF PAGES 21
REQUIREMENT NO. 25X1
REFERENCES

THE SOURCE EVALUATIONS IN THIS REPORT ARE DEFINITIVE.
THE APPRAISAL OF CONTENT IS TENTATIVE.
(FOR KEY SEE REVERSE) 25X1

SOURCE:

25X1

General

1. 25X1
Large scale construction at the above harbors was brought almost to a standstill and the planning for the Ruegen Project proceeded with vigor.

SECRET

STATE x ARMY x NAVY # x AIR x FBI AEC 25X1
(Note: Washington Distribution Indicated By "X"; Field Distribution By "#".)
Approved For Release 2002/08/06 : CIA-RDP80-00810A000800240007-0

Der CIA lagen schon früh die Pläne für das militärische Großprojekt vor.

Auch Mukran, der spätere Fährhafen, soll als einer dieser Flottenstützpunkte im Gespräch gewesen sein, doch die Pläne änderten sich. Der Ex-NVA-Offizier Fritz Minow schrieb: „Die geplante militärische Nutzung des Projekts Mukran hatte sich vom Flottenstützpunkt zum wichtigsten Nachschubhafen für die GSSD in der DDR verändert.“

Festzuhalten bleibt, dass viele Rätsel des Rügenhafens bis heute ungelöst und seriöse Forschungsergebnisse nur begrenzt verfügbar sind. Einige Widersprüche, die in den Publikationen auftauchen, sind möglicherweise auf Zeitzeugenangaben zurückzuführen, die erst Jahrzehnte nach den Bauarbeiten aufgezeichnet wurden und deshalb Fehler enthalten könnten.

Die größte Baustelle der DDR

Am Ostseestrand entstand eine Baustelle mit einer Fläche von mehr als 200 Hektar.

Vier Jahre dauerten die Bauarbeiten, bis der Fährkomplex in Mukran schließlich am 2. Oktober 1986 eröffnet werden konnte. DDR-Verkehrsminister Otto Arndt, sein für Seeverkehr und Binnenschifffahrt zuständiger Stellvertreter Heinz Rentner und reichlich örtliche Prominenz trafen sich in dem neuen Ostseehafen, um den ersten Transport auf der Fährverbindung zu feiern. Aus der Sowjetunion war zwar nicht die erste Garde der politischen Führung, aber immerhin der stellvertretende Minister für Hochseeschifffahrt, Boris Trunow, nach Rügen gekommen. Rentner sprach an diesem Tag in einem Interview von einem „Seeweg ins Jahr 2000". Der letzte Güterwagen, der am Eröffnungstag auf die Fähre rollte, trug die Aufschrift „Mukran grüßt Klaipėda - Freundschaft – Druschba". Am Abend wurde die Eröffnung der Fährlinie mit einem Ball im „Urlauberrestaurant Rügen" gefeiert.

Der Termin Anfang Oktober war auf Anweisung des Zentralkomitees der SED gewählt worden, das im Dezember 1985 entschieden hatte, „die feierliche Eröffnung für den 2. Oktober 1986 anläßlich des 37. Jahrestages der Gründung der DDR und des 11. Jahrestages des Vertrages über Freundschaft, Zusammenarbeit und Beistand zwischen der DDR und der UdSSR vorzubereiten und durchzuführen".

Für die „politisch-operativen Sicherungsmaßnahmen" während der Eröffnungsfeierlichkeiten waren bei der Staatssicherheit die Hauptabteilung XIX (Verkehr, Post, Nachrichtenwesen) und die Bezirksverwaltung Rostock verantwortlich. Für die Ehrengäste aus Berlin begann der Tag früh: Um 5.48 Uhr fuhr der Sonderzug vom Bahnhof Lichtenberg ab und erreichte um 9.30 Uhr Mukran. Dort standen um 10 Uhr ein „Meeting" zur Eröffnung, um 11.30 Uhr eine „Auszeichnungsveranstaltung" in Prora und um 15 Uhr ein Empfang in Binz auf dem Programm.

Zum Programm gehörten außerdem Reden des Verkehrsministers, des Gastes aus der UdSSR und die „Auszeichnung verdienter Werktätiger". Hierfür lag eine Auszeichnungskonzeption vor, der zufolge bei der Eröffnung zwei Beschäftigte zum „Held der Arbeit" ernannt werden sollten und zur Fertigstellung 1989 noch einmal zwei. Der Besuch von Erich Honecker war jedoch trotz der Bedeutung des Projekts nicht vorgesehen. Um 17.45 Uhr verließ der Sonderzug Binz und erreichte Lichtenberg um 21.45 Uhr.

Zwar waren am 2. Oktober 1986 erst 63 Prozent der Anlagen fertiggestellt, dennoch jubelte das *Neue Deutschland* und lobte besonders die pünktliche Eröffnung: „Das ist ein Beweis der Leistungskraft des Sozialismus, des Schöpfertums der Werktätigen." 1989 waren es dann 82 Prozent, in Klaipėda 85 Prozent. Die staatliche Nachrichtenagentur ADN meldete zur Eröffnung der Fährlinie, dass der Hafen von Mukran noch deutlich erweitert werden könne. Eine Nutzung der Fährverbindung für militärische Zwecke sei nicht vorgesehen. Außerdem sei die Technik für die Beförderung von schwerem Gerät nicht ausgelegt – eine Falschmeldung, die offenbar bewusst verbreitet wurde. Der Start der Fährlinie war ein Erfolg, den man stolz zuerst dem Klassenfeind präsentierte: Westdeutsche Journalisten waren bereits am 30. September 1986 zu einer Pressekonferenz mit Besichtigung des Hafens und des Fährschiffes „Mukran“ eingeladen, ihre DDR-Kollegen konnten erst am 2. Oktober berichten. Eine Ironie der Geschichte – die ersten Bilder von der „größten Baustelle der deutsch-sowjetischen Freundschaft“, wie das Projekt im offiziellen Sprachgebrauch hieß, erreichten die DDR-Bürger über das Westfernsehen.

Die Baggerarbeiten hatten bereits im März 1982 begonnen, ohne dass die Anwohner vorher informiert worden waren, was mit dem Strandabschnitt geschehen sollte. Gerüchte machten die Runde. Erst Wochen nach dem Baubeginn folgte die offizielle Erklärung der Regierung in Ost-Berlin, dass zwischen Sassnitz und Binz ein Fährhafen mit dem größten Bahnhof der DDR entstehen würde. Bahnhof und Hafen entstanden in ländlicher Abgeschiedenheit. Das *Neue Deutschland* schrieb: „Die Niederung vor uns, auf der zuweilen noch Schafe weiden, wird in wenigen Jahren schon auf etwa viereinhalb Kilometer Länge und 800 Meter Breite mit einem dichten Netz von Gleisen des künftigen Hafenbahnhofs überzogen sein.“

Die Kogge mit der Gaststätte wurde angezündet, um Platz für Hafenflächen zu schaffen.

Die Gewässer vor Mukran hatten eine lange Tradition im internationalen Fährverkehr. Das nahe gelegene Sassnitz und das schwedische Trelleborg waren seit 1897 durch die Schiffe der „Königslinie“ verbunden. Berühmtester Passagier auf dieser Verbindung war Lenin, der im April 1917 mit einem verplombten Waggon in Sassnitz ankam und über Trelleborg nach Russland reiste und dort die Oktoberrevolution organisierte. Ein Nachbau des Waggons stand ab 1977 als Gedenkstätte in Sassnitz und wurde auch von den Mukraner Bauarbeitern besucht, die an der neuen Verbindung in „das Land Lenins“ arbeiteten.

Die Bauleitung und Projektierung in Mukran übernahm der VEB Bau- und Montagekombinat Industrie und Hafenbau, kurz HAN. Im Frühjahr 1982 waren in Mukran 50 Bauarbeiter im Einsatz. Zum Jahresende wuchs die Zahl auf 886. 1985 waren es knapp 3.500. Der Fachmann für DDR-Schifffahrt Gerd Peters geht davon aus, dass auf der Baustelle, auf der Werft in Wismar sowie in Zulieferbetrieben, Büros und Forschungseinrichtungen etwa 5000 Arbeitskräfte an dem Projekt Mukran-Klaipėda beteiligt waren.

Der Termindruck beim Bau der Anlagen war ungewöhnlich hoch. Der Fährkomplex habe unter dem Vorzeichen der Verteidigungsbereitschaft der Republik gestanden, sagte der ehemalige Präsident der Reichsbahndirektion Greifswald, Wolfhard Noack. Nur unter dieser Prämisse sei es möglich gewesen, das Tempo zu realisieren.

Das Interesse der Rüganer und der Touristen an der Baustelle war groß. Zeitzeugen berichten von langen Fahrzeugschlangen, die die Wege für Baufahrzeuge im Sommer verstopften. Viele Fahrer versuchten, trotz aller Verbote, auf die Baustelle zu gelangen und einen Blick auf das Großprojekt zu werfen. Manche Besucher verließen ihre Autos, gingen ohne Erlaubnis auf das Gelände oder versuchten, im entstehenden Hafen zu baden. Die Behörden zogen Konsequenzen und ließen die viel befahrene Landstraße 32 zwischen Binz und Sassnitz für den Normalverkehr sperren. Anwohner, Gartenbesitzer und die wenigen Feriengäste in Mukran erhielten Sonderausweise. Wer im Osten Rügens unterwegs war, musste nun weite Umwege in Kauf nehmen. Erst am 1. Mai 1988 wurde die Verbindung - wenn auch mit Einschränkungen für Radfahrer und Fußgänger - wieder freigegeben.

Bis zum Baubeginn war die Gegend um das Fischerdörfchen Mukran für Besucher nicht allzu interessant gewesen. Mukran lag abseits der wichtigsten Zentren des organisierten DDR-Tourismus und hatte neben einem Strand, der für die Sassnitzer per Bus zu erreichen war, lediglich die nahe gelegenen Feuersteinfelder, das sogenannte steinerne Meer, und einen bereits zu DDR-Zeiten geschützten umfangreichen Bestand an Stechpalmen (Ilex) als Attraktion zu bieten.

Die Geschichte Mukrans ist nur unvollständig überliefert. Der Ortsname wurde erstmals 1318 urkundlich erwähnt, stammt aus dem Slawischen und wird mit nass oder feucht übersetzt. 1330 kauften die Gebrüder von Putbus den Ort, ab 1352 gehörte er dem Heilgeist-Kloster zu Stralsund. Letzte Besitzer Mitte des 19. Jahrhunderts war eine Familie Hansemann. Als die Bauarbeiten begannen, hatte Mukran 40 Einwohner. Das Durchschnittsalter lag bei 57 Jahren.

Sassnitz profitierte indirekt von dem Strand, der Mukran im Juni 1982 verloren ging und damit den Bewohnern der Stadt nicht mehr als Ausflugsziel zur Verfügung stand. Als Ausgleich erhielt Sassnitz eine neue Strandpromenade. Außerdem wurden in Lietzow ein neuer Strand aufgeschüttet und eine Gaststätte für die Badegäste gebaut.

Der Plan, den sogenannten NVA-Forst zwischen Prora und Mukran inklusive des Zugangs zum Meer als Ersatz für den Strand in Mukran zu nutzen, war im September 1982 am Widerstand des Militärs gescheitert. Der Rat des Bezirks Rostock hatte im Verteidigungsministerium angefragt, ob der 1,8 Kilometer lange

Abschnitt für die Öffentlichkeit zur Verfügung stehen könnte. Doch die NVA wollte ihre Flächen nahe der Kaserne in Prora und des Übungsplatzes nicht hergeben. „Im Interesse der zu erfüllenden Aufgaben in der Gefechtsausbildung“ könne er dieser Bitte nicht entsprechen, schrieb Verteidigungsminister Heinz Hoffmann an den Rat.

Mit Baubeginn änderte sich die Situation zwischen Sassnitz und Prora – zunächst vor allem für die Bewohner Mukrans: Zehn Familien mussten für die Arbeiten umgesiedelt werden. Von der benachbarten Ortschaft Borchtitz mit seinen 90 Einwohnern blieb nicht viel übrig. Sie „wurde geschliffen“, wie es in den Akten des MfS hieß. Die Genehmigung für den Abriss war direkt aus dem Ost-Berlin gekommen. Bei der Landwirtschaftlichen Produktionsgenossenschaft (LPG) Jasmund/Sagard mussten sechs Gebäude der Baustelle weichen. Dutzende Rinder und Schweine wurden nach Sagard umquartiert. Für die Bewohner stellte der Rat des Kreises Rügen Ersatzwohnungen bereit. Noch im Jahr 1982 hatte Sassnitz' Stadtbaudirektor Egon Blaschke versprochen, dass der Bau die Erholungsmöglichkeiten in Mukran nicht beeinträchtigen werde. Auch das bei Touristen beliebte Restaurant „Goedecke Micheel“, das am Strand in Form einer Kogge aufgebaut worden war, werde erhalten bleiben.

In Wahrheit handelte es sich bei der „Kogge“ um den 24 Meter langen Fischkutter SAS 231 „Ernst Grube“ aus Sassnitz, der im September 1948 in der Boddenwerft Damgarten auf Kiel gelegt worden war und nach einer Havarie vor Neu-Mukran auf Grund gelegen hatte. Zwei Bergepanzer zogen den Holzkutter im August 1969 80 Meter an Land. Sassnitzer Handwerker bauten ihn zu einer Kogge mit Gastronomie für 20 Personen um. Die Kogge, benannt nach dem Störtebeker-Gefährten Goedike Micheel, sollte als Touristenattraktion trotz der großen Hafenanlage weiter in Mukran „vor Anker“ liegen. Die Kogge war zu diesem Zeitpunkt im Inneren in einem passablen Zustand, aber mit einem undichten Oberdeck. Da das Mitropa-Restaurant nicht ausreichend instandgehalten wurde, verfiel die Kogge immer mehr und wurde 1982 geschlossen.

Am 14. April 1988 wurde diese Außenstelle des Sassnitzer Rügen-Hotels angezündet, da der Hafen den Platz benötigte und die Kogge bei dem Versuch, sie zu versetzen, auseinandergebrochen wäre. Die Feuerwehr nutzte den Brand als Gelegenheit für eine Übung und entzündete das Schiff kontrolliert. Die Ausstattung war in das Ferienheim „Glückauf“ eingelagert und dort auch teilweise verwendet worden.

In Mukran entstand ein Tiefwasserhafen mit einer mehr als 1.300 Meter langen, sichelförmigen Nordmole und einer knapp 200 Meter langen Südmole, die als Anlegestelle für Schnellboote der Volksmarine gedacht war und nach den ersten Plänen sogar deutlich weiter ins Meer hätte hineinragen sollen. In der Endausbaustufe waren 993 Meter vorgesehen. Endgültig vom Tisch waren diese Pläne jedoch zu keinem Zeitpunkt: Noch 1985 informierte Verteidigungsminister

Heinz Keßler den Nationalen Verteidigungsrat über die operative Vorbereitung des DDR-Territoriums für das Militär und erwähnte dabei auch den Ausbau der Mukraner Südmole. Die Pläne wurden jedoch nie verwirklicht.

Beide Molen begrenzten die sogenannte Wendeplatte, die einen Durchmesser von etwa 600 Metern hatte und den Schiffen genügend Platz bot, bei der Ankunft zu wenden und mit dem Heck voran an der 216 Meter langen und 28 Meter breiten Pier anzulegen. Das Fundament der Pier bildeten runde Schwimmkästen, die in Rostock produziert und nach Mukran geschleppt wurden. Sie wurden nach dem Absenken mit Sand aufgefüllt. Die Schwimmkästen bildeten ebenfalls das Fundament für den Molenbau.

Die Pier entstand auf den sogenannten Seepfeilern, die aus aufgefüllten Betonringen bestanden.

Für die Transporte von Material zur Baustelle legte die DDR-Eisenbahngesellschaft Deutsche Reichsbahn ein eigenes Gleis von der Linie zwischen Lietzow und Binz durch den Wald in die Nähe der Mukraner Feuersteinfelder, das am Ende parallel zum Strand bis zur Südmole führte. Per Binnenschiff kam Baumaterial in Martinshafen bei Sagard an und wurde dort für Mukran entladen. Allein 1986 wurden 385.000 Tonnen Baumaterial per Bahn und

Schiff, hauptsächlich aber per Lastwagen zur Baustelle geschafft. Schwimmbagger sorgten für die erforderliche Tiefe des Hafenbeckens und förderten eine Million Kubikmeter Meeresgrund zu Tage. Auch mit Küstenmotorschiffen wurde Baumaterial angeliefert. Vor dem Eintreffen wurden die Besatzungen aufgefordert, die Baustelle nicht zu fotografieren, da es sich um ein militärisches Objekt handele.

Die nahe bei Mukran gelegenen Wostevitzer Teiche sollten für die Trinkwassergewinnung genutzt werden und wurden mit einem Graben geschützt, der bei Havarien oder Überschwemmungen verhindern sollte, dass verschmutztes Wasser dort eindrang. Ebenfalls zum Schutz der Teiche ging als eine der ersten Anlagen des Fährkomplexes eine Kläranlage in Betrieb.

Im Frühjahr 1984 wurden in Mukran die ersten Schienen verlegt. Neben den Hafen- und Gleisanlagen entstanden fünf jeweils 250 Meter lange Hallen, in denen die Eisenbahnwagen be- und entladen werden konnten, sowie vier Freikrananlagen und eine Umspurhalle mit vier Hubständen. Dort wurden nahezu ausschließlich Breitspurwagen auf Normalspur umgeachst. Zu den wenigen Ausnahmen gehörten Kesselwagen der Deutschen Reichsbahn und Gleisbaumaschinen, die von der DDR in die Sowjetunion verschifft wurden. Neben der Halle mit der Umachsanlage entstand eine ähnliche Anlage unter freiem Himmel.

Für die Fahrten der Breitspurwagen durch die DDR wurden vorher die Strecken festgelegt und überprüft, um sicherzugehen, dass die breiteren Waggons an Brücken, Stellwerken und Bahnsteigen keine Schäden anrichteten. Nicht alle DR-Strecken waren für die breiten Schienenfahrzeuge ausgelegt. Vor der Eröffnung des Betriebs hatte die Reichsbahn allein 50 Millionen Mark ausgegeben, um bestimmte Abschnitte für diesen Verkehr herzurichten. Um die unterschiedlichen Kupplungssysteme der Breit- und Normalspurwagen verbinden zu können, setzte die Reichsbahn Kuppelwagen ein, die mit beiden Vorrichtungen ausgestattet waren

Die Hallen verfügten über ein Breitspurgleis in der Mitte und zwei Normalspurgleise an den Seiten. Ein wenig abseits vom herkömmlichen Umschlagbereich sollte eine besonders gesicherte Gefahrgutrampe den problemlosen Umschlag gefährlicher Güter gewährleisten. Für den Notfall stand ab 1988, 300 Meter von der Pier entfernt, die einzige Berufsfeuerwehr Rügens mit 40 Mann zum Ausrücken bereit. Die Einsatzkräfte, die vorher als Freiwillige Feuerwehr bereitgestanden hatten, wurden gemeinsam mit den Betriebskampfgruppen in einem Dienstgebäude untergebracht und erhielten im Einsatz Unterstützung von einer 45 Mitglieder starken Betriebsfeuerwehr.

Das Bauprojekt umfasste auch die Errichtung neuer Wohngebiete mit neuer Infrastruktur. In Bergen entstand der neue Stadtteil Rotensee mit 2174 Wohnungen, in Sagard-Töpferberg waren es 590. Hinzu kamen 718 Wohnungen in Sassnitz. Die Aussicht auf eine gut ausgestattete Unterkunft sollte Rügen für Arbeiter und ihre Familien attraktiv machen. Wohnraum war in der DDR, trotz der großen Bauprogramme der siebziger und achtziger Jahre, weiterhin knapp. Außerdem wurden für 950 Menschen in Sassnitz und Neu-Mukran Arbeiterwohnheime errichtet und das einstige Kreuzfahrtschiff „Fritz Heckert“ bei Stralsund als Unterkunft genutzt. Dort lebten die sogenannten „Weitwohner“, die nicht zwischen Arbeitsplatz und Heimatanschrift pendeln konnten. Die „Fritz Heckert“ war zwischen 1961 und 1972 als Kreuzfahrtschiff des Freien Deutschen Gewerkschaftsbundes (FDGB) auf den Meeren unterwegs gewesen.

Auch die Staatssicherheit meldete für ihre Beschäftigen Bedarf an Wohnungen bei der örtlichen Plankommission an. 30 Wohneinheiten sollten bis 1986 in Sassnitz oder Bergen stehen. Doch wegen der knappen Kapazitäten und der großen Nachfrage musste sich die Stasi zunächst mit 16 Wohnungen begnügen.

Am Westrand des Güterbahnhofs wurde mit einem imposanten 120 Meter hohen Schornstein ein eigenes Heizwerk für Rohbraunkohle gebaut, das später nicht nur den Fährkomplex, sondern auch Teile von Sassnitz mit Fernwärme versorgte. Neben dem zentralen Dienstgebäude, in dem die Führung des Hafens residierte, entstand ein Ambulatorium für die medizinische Versorgung, in dem Ärzte, Schwestern und Physiotherapeuten ab April 1989 pro Jahr 5.000 Eisenbahner, Hafenarbeiter und Bauleute behandeln konnten. Zuvor war die medizinische Versorgung provisorisch sichergestellt worden. Im Ambulatorium arbeiteten drei Ärzte der Allgemeinmedizin, zehn Schwestern, eine Zahntechnikerin, eine medizinisch-technische Angestellte und drei Physiotherapeuten.

Die Post sorgte für eine komplett neue Fernmeldeinfrastruktur für die neuen Wohngebiete, die Wohnheime und den gesamten Hafen. Schon vor dem Beginn des Großprojekts waren die Anlagen auf Rügen den Bedürfnissen nicht gewachsen und völlig überlastet. Beispielsweise war die Ortsvermittlungstechnik in Bergen 60 Jahre alt. Mit der neuen Infrastruktur wuchs auf Rügen der Automatisierungsgrad der Fernmeldetechnik im Fernsprechverkehr von 69,4 auf 92,9 Prozent.

Im Hafen errichteten Arbeiter eine neue Grenzübergangsstelle (GÜSt) mit einem fast zwei Meter hohen Zaun, mehreren Wachtürmen und Alarmvorrichtungen. Für die Eröffnung der Grenzübergangsstelle in Mukran war der Ministerrat verantwortlich. Der Beschluss wurde am 12. Februar 1986 gefasst. Außerdem wurde mit der UdSSR ein Protokoll über die neuen Grenzübergangsstellen in Mukran und Klaipėda verfasst. Wie die gesamte DDR-Grenze wurde auch das Tor zur Ostsee mit Hilfe des MfS strengstens kontrolliert - aus Sicht der autoritären Staatsführung mit Erfolg. In Mukran sei „kein Angriff auf die Staatsgrenze“ zu verzeichnen gewesen, meldete die Transportpolizei 1989.

Bis zu 3.500 Arbeiter wurden beim Bau des neuen Hafens eingesetzt. Zu den wichtigsten Helfern auf der Baustelle gehörten dabei die Soldaten der Nationalen Volksarmee, darunter das Pionierbaubataillon Mukran und die Baueinheit 2 (BE-2). Auch Mitglieder der Freien Deutschen Jugend (FDJ) beteiligten sich an dem beispiellosen Prestigeprojekt. Sie kamen aus Rostock nach Mukran, um dort „Pionierarbeit“ zu leisten.

Reichsbahner verlegten in Mukran Breit- und Normalspurgleise.

Dennoch herrschte chronischer Arbeitskräftemangel. Gefragt waren nicht nur Spezialisten, sondern vor allem auch Männer für die schweren körperlichen Arbeiten. Die Armee setzte dafür unter anderen mehrere Hundert Bausoldaten ein, die den Wehrdienst an der Waffe verweigert hatten. Die militärischen Einheiten übernahmen neben anspruchsvollen Arbeiten auch schlichte Transportdienste. Die NVA wurde dafür gut bezahlt: 487.756,50 Mark überwies das Verkehrsministerium beispielsweise für den Transport von 50.000 Kubikmetern Erde. Auch die Bausoldaten waren billige Arbeitskräfte.

Auch 1987 war der Mangel an Arbeitskräften in Mukran so groß, dass Verkehrsminister Arndt im Verteidigungsministerium um Unterstützung bat. Durch schlechtes Wetter war es zu Verzögerungen gekommen, die den Zeitplan ins Wanken gebracht hatten. Doch aus dem Ministerium in Strausberg kam ein Nein. Mehr Soldaten könne man nicht zur Verfügung stellen.

Zwischen 1986 und 1989 erhielt die NVA jährlich zwischen zwölf und 13 Millionen Mark für den Einsatz ihrer Soldaten in Mukran. Trotz dieser Kosten rechnete sich der Einsatz von Wehrpflichtigen auf der Baustelle: Die Soldaten waren eine preisgünstige Alternative zu den teureren Facharbeitern, die zudem leistungsabhängige Prämien erhielten. Für den Auftraggeber in Mukran erwies sich der Einsatz der NVA als unverzichtbar, weil nur mit der Unterstützung der militärischen Baueinheiten die Einhaltung der Planvorgaben gewährleistet werden konnte.

Die Hilfe des Militärs war auch über den Eröffnungstermin hinaus gesichert. Am 17. Februar 1986 garantierte der Chef des Pionierwesens im Verteidigungsministerium dem stellvertretenden Verkehrsminister Heinz Rentner, dass die Bereitstellung von Soldaten als Arbeiter bis zur letzten Ausbaustufe im Jahr 1989 fortgesetzt würde. Bis dahin fehlte es aber nicht nur an Bauarbeitern, sondern auch an zivilem Personal für die Arbeit im Hafen und auf dem Güterbahnhof. Im November 1985 berichtete die Reichsbahndirektion von „erheblichen Problemen", insbesondere beim Umschlag. Noch im Mai 1986, vier Monate vor der offiziellen

Eröffnung, waren 305 Stellen offen. Besonders gesucht wurden jetzt vor allem Rangierer und Experten für die Rechnerstationen. Mit Hilfe von Presseberichten und Plakataktionen in Reichsbahndienststellen sollten neue Mitarbeiter angeworben werden.

Um Arbeiter zur Baustelle zu locken, zahlte die IAG Prämien. Arbeiter, die nicht nach Hause pendeln konnten, erhielten 50 Pfennige zusätzlich pro Stunde. Angestellte bekamen 80 Mark extra pro Monat. Dennoch galt ein Job in Mukran nicht grundsätzlich als attraktiv, die Fluktuation war enorm. Zwischen 1983 und 1987 verließen 890 Arbeitskräfte den Fährhafen und mussten ersetzt werden

Als Hauptgründe vermutete die Projektleitung die langen Wege zur Arbeit, Wohnungsmangel und die geringeren Prämien im Vergleich zu Arbeitsstellen in Berlin und auf der Baustelle des Atomkraftwerks Lubmin bei Greifswald.

Charakteristisch für das Bauprojekt in Mukran war die Zusammenarbeit der DDR-Arbeiter und Ingenieure mit ihren sowjetischen Kollegen. Ihr gemeinsamer Einsatz sollte exemplarisch die gute Beziehung der Bruderstaaten symbolisieren und wurde entsprechend propagandistisch genutzt. So waren für die Konstruktion und die Montage der jeweils 45 Meter langen, patentierten, zweistöckigen Fährbrücken vom Volkseigenen Betrieb (VEB) Stahlbau Dessau, über die später die Züge auf die Schiffe rollen sollten, Experten aus der DDR sowohl auf Rügen als auch in Klaipėda zuständig.

Die Waggons rollten auf Betonbrücken mit Breitspurgleisen zu den Schiffen.

Die staatliche Fluggesellschaft der DDR „Interflug“ setzte für den Transport von Lampenmasten und Molensteinen Hubschrauber ein (oben und Mitte).

Der Hafen wurde am 2. Oktober 1986 mit viel Prominenz eröffnet.

Beim Bau der Fährbrücken traten 1984 unerwartete Schwierigkeiten auf. In der Konstruktion waren unerwartet hohe Spannungen aufgetreten. Die Technische Universität Dresden hatte bestätigt, dass diese Spannungen den zulässigen Wert um das Zehnfache überschritten. Die Folge: Die Bauarbeiten mussten unterbrochen werden. Um das Problem zu lösen, berief der Verkehrsminister die Sonderkommission Fährbrücke Mukran ein, die von seinem Vertreter Heinz Rentner geleitet wurde. Der DR-Stahlbau Dessau lieferte 1990 auch die Segmente für die Sanierung der Rügendammbrücke. Vor dem Einbau im Mai 1990 wurden die Teile im Hafen Mukran vormontiert.

Die Herstellung der Breitspurgleise im Hafen erfolgte mit Hilfe von Spezialmaschinen, die die UdSSR geliefert hatte. Erwartungsgemäß lobten die Funktionäre die engen Kontakte „der Bauschaffenden in Mukran und Klaipėda“. Im August 1984 unterzeichneten die örtliche Kreisleitung der SED und das Stadtkomitee der Kommunistischen Partei Klaipėdas außerdem ein Abkommen, das den „internationalen sozialistischen Wettbewerb“ und einen „freundschaftlichen Erfahrungsaustausch“ als Ziel benannte. Zum 40. Jahrestag des Endes des Zweiten Weltkriegs zeichnete Verkehrsminister Otto Arndt das Kollektiv der Baustelle Mukran mit dem Ehrentitel „Großbaustelle der deutsch-sowjetischen Freundschaft“ aus.

Die Arbeiten an dem Großprojekt selbst verliefen bei weitem nicht reibungslos. Die Transportkapazitäten waren knapp. Die NVA erhielt Ausnahmegenehmigungen für Fahrten ihrer Fahrzeuge mit zivilen Arbeitern. Vor allem die Bodenverhältnisse machten den Bauarbeitern zu schaffen und stellten sie vor unangenehme Überraschungen. Ganze Baugruben liefen zeitweise voll, ohne dass das Wasser wieder abfließen konnte. Bei Grabungen für die Fundamente war man auf unerwartet mächtige Kreideschichten gestoßen, die aufwendig ausgebaggert und mit Kies verfüllt werden mussten, den man aus dem nahen Dörfchen Dubnitz heranschaffte, wo ein großer Abbaubetrieb entstanden war. Um die gewaltigen Mengen transportieren zu können, forderte die Baustellenleitung Tatra-Lastwagen in der gesamten DDR an. Doch selbst für den vorhandenen Bestand fehlte Material. Die Bauleitung beklagte beispielsweise den Mangel von 200 Lkw-Reifen für den Baustellenbetrieb. „Auf weichem Grund droht dem Fährhafen Mukran ein Debakel", schrieb die westdeutsche Tageszeitung „*Die Welt*" im Juli 1984. Zeitzeugen berichten von einer riesigen Schlammwüste, die an der Küste entstanden sei.

Bei Dubnitz wurde der für Mukran dringend benötigte Kies abgebaut (oben). Am 27 Mai 1989 traf der erste von einer E-Lok gezogene Güterzug in Mukran ein

Trotz dieser Probleme begannen die ersten Erprobungen des Fährschiffes „Mukran", der Hafenanlagen und der Vorrichtungen für die Umspurung am 1. Juni 1986 unter der Leitung des „Zentralen Anfahrstabes", der von diesem Zeitpunkt ständig auf der Baustelle präsent war.

Bei der Ankunft des Eisenbahnfährschiffs „Mukran" wurden die Eröffnungsfeiern in Klaipėda fortgesetzt.

Am 1. bis zum 25. September folgten die ersten Testfahrten auf der Linie von Rügen nach Klaipėda und zurück.

In den Monaten vor der Eröffnung des Fährhafens brachten Lieferschwierigkeiten den geplanten Termin in Gefahr. Verkehrsminister Otto Arndt beschwerte sich im August beim Minister für Elektronik und Elektrotechnik, Felix Meier, dass sein Haus Vereinbarungen mehrfach nicht eingehalten habe. Wegen fehlender Teile habe der Probebetrieb in Klaipėda unterbrochen werden müssen; die sowjetische Seite habe sich beschwert. Der VEB Geräte- und Reglerwerk Teltow war mit seinen Lieferungen immer wieder in Rückstand geraten.

Politbüromitglied Werner Krolikowski schaltete sich in den Streit ein, schrieb Meier einen Brief und bezeichnete die Erfüllung der Verträge mit der UdSSR als „ernsthaft gefährdet". Krolikowski wählte unmissverständliche Worte: „Ich weise Sie deshalb an, durch Ihre persönliche Einflußnahme zu sichern, daß die Montage und Erprobung der Meß- und Regeltechnik so durchgeführt werden, daß eine erfolgreiche Aufnahme des Probebetriebs für die Fährverbindung im September 1986 gewährleistet ist."

Die Gleisanlagen hatten eine Länge von mehr als 100 Kilometern.

Um im Terminplan zu bleiben, nahm die Projektleitung außerdem hohe Kosten in Kauf: Hubschrauber der Fluggesellschaft Interflug setzten im September 1986 zwischen die Gleisanlage 145 Stahlmasten für die Licht- und Elektroversorgung ein.

Dass zur Eröffnung nur ein Teil der Anlagen fertiggestellt war, entsprach zwar dem Plan, erschwerte aber dennoch die reibungslose Aufnahme des Fährbetriebes in vielen Bereichen. Zwei große Umladehallen konnten noch nicht in voller Länge genutzt werden, die Beleuchtung für Wege und Gleise war nicht komplett. Ein Mitarbeiter aus der Führung der Fährlinie schrieb am 9. Oktober 1986, also kurz nach der Eröffnung, ernüchtert: „Gegenwärtig wird nur ein Drittel der erforderlichen Leistung erbracht." Das Verkehrsministerium bemängelte wenige Tage später zudem, dass die Krananlagen ihren Betrieb noch nicht vollständig aufgenommen hätten. Auch der „Anfahrstab", der die Inbetriebnahme kritisch unter die Lupe nehmen sollte, entdeckte diverse Startschwierigkeiten. Dabei ging es nur in zweiter Linie um technische Probleme. Der Stabsleiter stellte in seinem Bericht fest: „Hauptansatzpunkt für die Verbesserung der Arbeit bilden Durchsetzung von Ordnung und Disziplin in den verschiedenen Leitungsebenen gegenüber gegebenen Weisungen."

„Die Inbetriebsetzung des Fährkomplexes war schon eine gewaltige Herausforderung, wenn man bedenkt, dass der Betrieb ohne Probeläufe mit völlig neuen Kollektiven (heute heißt das Teams) von Leuten, die sich nicht kannten, nach einer kurzen Bauzeit ab 1982 und mit völlig frischer Infra- und Suprastruktur startete", berichtete der damalige Präsident der Reichsbahndirektion Greifswald, Wolfhard Noack. Bereits in den ersten Tagen sei es zu Problemen gekommen: Für das Schiff fehlte Ladung. Die Hoffnung auf spürbare Entlastung der Bahnrelation Berlin-Frankfurt (Oder) - Polen – Brest (UdSSR) erfüllte sich zunächst nicht. Die Züge standen dort weiterhin im Rückstau. Nach der Inbetriebnahme wurde unter der Losung „Fahren und Bauen" weiter gebaut. Noack: „Es zeigte sich schon ganz am Anfang, dass eine durchgehende Überkapazität im Seebereich existierte und mit jedem weiteren Schiffszugang neue Probleme entstanden."

Mukran blieb auch nach der Eröffnung des Hafens eine Baustelle mit Problemen, die ungelöst blieben. Zu den größten Schwachpunkten zählte der Fuhrpark. In einem Brief an den stellvertretenden Verkehrsminister Heinz Rentner beklagten sich die Projektleiter des Mukraner VEB Industrie- und Hafenbau über Fahrzeuge und Baumaschinen „mit nur noch geringer Brauchbarkeitsquote". Die Reparaturzeit dauere in der Regel länger als die Einsatzzeit. Zuständig für die Instandhaltung von Robur, Skoda und anderen Fahrzeugen war der VEB Kraftfahrzeuginstandsetzungsbetrieb Rostock. Doch dort war man offensichtlich nicht an allen Aufträgen aus Mukran interessiert. In dem Brief an Rentner hieß es: „Leider ist festzustellen, daß dieser Betrieb des Verkehrswesens keine Ersatzteilversorgung und Grundinstandsetzungen für den VEB Industrie- und Hafenbau durchführt." Rentner möge seinen Einfluss geltend machen, damit mehr Nutzfahrzeuge zur Verfügung stünden, schrieben die Projektleiter.

1987 stellte der Leiter der Stasi-Bezirksverwaltung Rostock zudem fest, dass die Kapazitäten des Rügendamms nicht ausreichten. Die einzige feste Zufahrt zur

In Staphel bei Mukran entstand ein Arbeiterwohnheim mit Versorgungseinrichtungen (oben).
Arbeiter und Eisenbahner konnten sich in der Betriebsambulanz des Fährkomplexes behandeln lassen (Mitte).
Auch für die Verpflegung war rund um die Uhr auf dem Gelände gesorgt (unten).

Insel müsse zweigleisig für die Bahn und vierspurig für den Straßenverkehr ausgebaut werden. Außerdem sollte die Eisenbahnstrecke bis 1989 elektrifiziert sein. Die Engpässe waren gravierend: Im Dezember 1986 waren, wegen zunehmender technischer Mängel, deutlich weniger Zugfahrten auf der Strelasundbrücke möglich, während gleichzeitig die Fährverbindung stetig ausgebaut wurde. Im Oktober 1987 fasste der DDR-Ministerrat den Beschluss die Brücke zu reparieren und die volle Leistungsfähigkeit bis 1990 wiederherzustellen. Die Erneuerung der Ziegelgrabenbrücke sollte folgen.

Tatsächlich begann im Mai 1989 das Zeitalter der elektrifizierten Bahn auf Rügen. Die 67 Kilometer Gleise zwischen dem Rügendamm, Binz, Sassnitz und Mukran waren mit Oberleitungen ausgerüstet. Zur selben Zeit begann die Rekonstruktion der Strelasundbrücke für den Straßen- und Schienenverkehr.

Die Idee, die Kapazität der Rügenzufahrt zu erhöhen, war nicht neu: Die Forderung, den Damm zweigleisig auszubauen, hatte der Rat des Bezirks Rostock schon zu Beginn der Bauarbeiten im Jahr 1982 erhoben. Auch das Verbindungsgleis von Mukran zum Stadthafen Sassnitz wurde geplant.

Bereits 1937 war für diesen Abschnitt mit Trassierungen zur Streckenverlegung an die Steilküste unterhalb des Sassnitzer Stadtteils Dwasieden begonnen worden. Um die Probleme an der Sassnitzer Steilrampe oberhalb des Stadthafens zu lösen, war ein neues Gleis mit Abzweigung bei der Gaststätte „Hülsenkrug“ in Neu-Mukran an die Linie Binz-Lietzow geplant. Gebaut wurde die Strecke zwischen dem Stadthafen und Mukran jedoch nie. Es blieb bei der 1939 fertiggestellten 12,1 Kilometer langen Strecke von Lietzow zum geplanten Seebad Prora/Binz. Die Strecke Binz-Lietzow wurde 1947 auf Anordnung der sowjetischen Besatzer demontiert und 1952 erneut gebaut.

Am 1. Juli 1987 ging mit der Indienststellung der ersten sowjetischen Fähre die zweite Ausbaustufe der Fährverbindung in Betrieb. Die Kapazitäten in den Häfen mussten nun verdoppelt werden. In Mukran wurden zwei weitere Freikrananlagen, eine neue Umladehalle und zusätzliche Gleise in Betrieb genommen.

Im Juli 1988 vergrößerten Baggerschiffe im Hafenbecken die sogenannte Wendeplatte, auf der die Fähren drehten, um rückwärts einzulaufen. Damit wurden die Voraussetzungen geschaffen, dass auch der zweite Anlegeplatz genutzt werden konnte. Drei Fähren waren auf der Linie bereits im Einsatz, demnächst sollte die „Greifswald“ den Betrieb aufnehmen. Im selben Jahr wurde die zweite Fährbrücke in Mukran in Betrieb genommen.

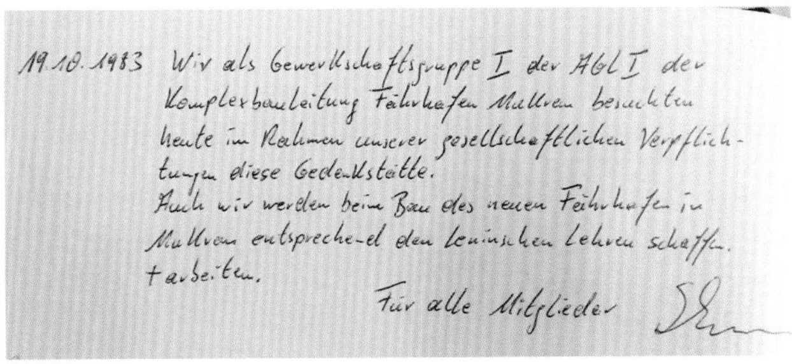

19.10.1983 Wir als Gewerkschaftsgruppe I der AGL I der Komplexbauleitung Fährhafen Mukran besuchten heute im Rahmen unserer gesellschaftlichen Verpflichtungen diese Gedenkstätte.
Auch wir werden beim Bau des neuen Fährhafen in Mukran entsprechend den leninschen Lehren schaffen + arbeiten.
Für alle Mitglieder

In diesem Waggon gedachten Besucher von Sassnitz der Reise von Lenin, der von hier zur Revolution nach Russland aufbrach (oben). Für Arbeiter aus Mukran gehörte der Besuch zum Pflichtprogramm, sie trugen sich ins Gästebuch ein (unten).

Für Schiffe und Hafen war die DDR-Staatsreederei, die Deutsche Seereederei Rostock (DSR), verantwortlich. Sie übernahm die Kosten für den Bau und die Unterhaltung, nachdem das Verkehrsministerium die Trägerschaft abgegeben hatte. Auf dem Bahngelände war die Deutsche Reichsbahn zuständig.

Der Streit um die Kommandantur

Versteckt am Ende einer Sackgasse lagen die Wache und die anderen Gebäude der sowjetischen Truppen.

Dass die Staaten des Warschauer Vertrages keine strategischen Entscheidungen ohne den Segen der sowjetischen Regierung in Moskau treffen konnten, ist unter Historikern unbestritten. Dennoch war nicht jedes Wort der UdSSR bei Detailfragen gleich Gesetz. Der Streit über die Einrichtung einer Umschlagbasis für die UdSSR und eine Kommandantur für die Gruppe der Sowjetischen Streitkräfte in Deutschland (GSSD) in Mukran belegt exemplarisch, dass sich die sozialistischen Staaten nicht immer brüderlich gesonnen waren.

Bereits vor der Einweihung des Fährhafens in Mukran hatte die UdSSR auf unterer Regierungsebene und bei bilateralen Gesprächen der Militärs mehrmals entsprechende Ansprüche geltend gemacht – ohne Erfolg. Die DDR pochte in ihrer Zurückweisung der sowjetischen Forderungen auf die bisher getroffenen Vereinbarungen, in denen weder planmäßige Militärtransporte noch die Einrichtung einer sowjetischen Umschlagbasis und einer Kommandantur auf dem Gelände des Fährkomplexes festgelegt worden seien. Ein seltener Vorgang, wie die Historiker Ilko-Sascha Kowalczuk und Stefan Wolle feststellten: „Es geschah das Unmögliche", schrieben sie. „Das Politbüro, die NVA, das MfS, der örtliche Rat und die staatliche Plankommission verweigerten die Umsetzung und beriefen sich auf den Vertrag." Vermutlich habe sich die DDR quergestellt, um die Regie über den Hafen nicht aus der Hand zu geben.

Offiziell argumentierte die DDR auf der Grundlage des Abkommens vom Juni 1986 und ignorierte dabei, dass zuvor durchaus Vereinbarungen über Transporte von Armeetechnik und Soldaten getroffen worden waren. Am 1. Juni 1982 hatte das Politbüro selbst beschlossen, dass die Fähren auch zu solchen Zwecken genutzt werden sollten. Die „Beförderung von schwerer Ketten- und Radtechnik sowie von gefährlichen Gütern" mit Eisenbahnwagen war ausdrücklich vorgesehen. Zwei Jahre später hatten beide Seiten eine Vereinbarung über „Abgestimmte Regelungen zur Durchführung von Militärgüter- und Mannschaftstransporten" unterzeichnet, in der die Beförderung von „Spezialgütern" der höchsten Gefahrgutklasse und „Mannschaftstransporte" festgehalten waren. Die DDR befand sich in der Zwickmühle: Sie hatte den Grundlagen für die Transporte zugestimmt, wollte ihre Realisierung jedoch verhindern.

Grundsätzlich signalisierte die DDR-Führung jedoch ihre Bereitschaft, den Sowjets „einige Räume" für eine Transportkommandantur zur Verfügung zu stellen. Von einer eigenen Umladebasis wollte man in Ost-Berlin jedoch nichts wissen. Ein Offizier und sieben Zivilangestellte müssten ausreichen. Die Arbeit könnten sie am 1. September 1986 aufnehmen, hieß es.

Doch die Sowjets blieben hartnäckig. Als der Oberkommandierende der GSSD, Armeegeneral Pjotr Luschew, am 17. Februar 1986 schriftlich mitteilte, jährlich 22.000 Eisenbahnwagen mit 650.000 bis 700.000 Tonnen Militärgütern über Mukran transportieren zu wollen, kündigte er ungeachtet des DDR-Vetos erneut den Bau einer eigenen Umladebasis an. Um eine entsprechende

Genehmigung bat er nicht. 20 Mitarbeiter sollten 1986 den Anfang machen, schrieb der Oberkommandierende. Bis 1990 sollte das Personal auf 180 Personen aufgestockt werden, für deren Unterbringung, falls nötig, ein eigenes Gebäude errichtet werden sollte.

Die DDR blieb ebenfalls hart. Der mächtige Chef der Staatlichen Plankommission, Gerhard Schürer, schrieb zwei Wochen später an den Vorsitzenden des Ministerrats, Willi Stoph: „In Übereinstimmung mit dem Minister für Verkehrswesen und dem Minister für Außenhandel schlage ich Ihnen vor, der Bitte des Oberkommandierenden der Gruppe der sowjetischen Streitkräfte in Deutschland zur Unterbringung einer Umladebasis für Militärtransporte nicht zu entsprechen." Begründung: Es fehle der nötige Platz für weitere Anlagen. Ein Argument, das die Sowjets angesichts der Größe von Mukran kaum überzeugte

Bei einem Besuch am 10. Juli 1986 in Mukran legte der Oberkommandierende mit leicht reduzierten Forderungen nach: 120 Mitarbeiter werde er für die Umladebasis einsetzen, davon 70 Zivilisten. Die Kosten für das erforderliche Gebäude veranschlagte der General auf 18 bis 20 Millionen Mark. Am 20. August teilte Luschews Nachfolger, Waleri Belikow, dem Ministerratsvorsitzenden Stoph in einem Brief mit, das sowjetische Verteidigungsministerium habe bereits 70 Planstellen für die Basis genehmigt. Der Bau eines Gebäudes sei „erforderlich", die GSSD übernehme dafür die Kosten.

Weil die DDR auf diese Ankündigung offenbar noch immer nicht reagierte, konkretisierte Belikow seine Forderungen am 23. September während eines Gesprächs bei Verteidigungsminister Heinz Keßler erneut. Diesmal war wieder von 180 Leuten die Rede, die auf einer Fläche von fünf bis sechs Hektar 48 Wohnungen, ein Dienstgebäude sowie eine Kaserne für 100 Mann mit mehreren Nebengebäuden benötigten.

Jetzt reagierte die DDR-Führung. Stoph schrieb am 14. Oktober 1986, also wenige Tage nach der Eröffnung der Fährverbindung, einen leicht gereizten Brief an das Kommando der sowjetischen Streitkräfte in der DDR („Werter Genosse Oberkommandierender!") und wies darauf hin, dass beide Staaten keine Vereinbarungen über „regelmäßige Transporte von Militärgütern" getroffen hätten. Mukran sei außerdem ohne eine militärische Umschlagbasis konzipiert worden. Sechs Diensträume bot Stoph in dem Brief an Belikow an, den er sich am Tag zuvor von Honecker hatte absegnen lassen. Dazu offerierte er 21 Wohnungen für sowjetische Offiziere in Sassnitz.

Noch während beide Seiten Gespräche führten und Briefe schrieben, schuf die sowjetische Armee Tatsachen. Ohne entsprechende Einigung schickten die Sowjets 20 Soldaten nach Mukran, die sich handstreichartig nach der Eröffnung der Fährlinie im Ferienheim „Völkerfreundschaft" (heute „Hotel Königslinie") an der damals gesperrten Landstraße von Neu-Mukran nach Prora einquartierten.

Die Zustände in Mukran beschäftigten schließlich auch SED-Chef Erich Honecker, der weder Präsenz noch Aktivitäten sowjetischer Einheiten in Mukran wünschte. Am 30. Oktober 1987 bestätigte er einen Auftrag an die Führung der NVA, der Gruppe der sowjetischen Streitkräfte folgende „Festlegungen" auf diplomatische Weise nahezubringen:

„1. Auf dem Fährkomplex in Mukran sind alle Aktivitäten der Freunde einzufrieren.
2. Die z. Z. anwesenden Angehörigen (20 Personen) sind nicht weiter aufzustocken.
3. Die Unterkunft im Ferienheim Völkerfreundschaft wird weiter gesichert."

Es bleibe dabei, „daß den Freunden kein Territorium auf dem Fährkomplex Mukran zur Verfügung gestellt wird".

Die Probleme mit den „Freunden" im Fährhafen sollten Beratungen des Verkehrsministeriums mit der GSSD am 6. Juli 1988 beheben. Beide Seiten einigten sich darauf

- die Militärtransporte von 700.000 auf 250.000 Tonnen zu reduzieren, um die Umschlagmöglichkeiten nicht zu überlasten
- die Aktivitäten des sowjetischen Militärs im Hafen auf ein Mindestmaß zu beschränken und Zivilangestellte einzusetzen
- Unterbringung und Versorgung der Soldaten ist möglichst außerhalb des Fährkomplexes zu gewährleisten.

Die Staatssicherheit beobachtete misstrauisch, wie sich die „Freunde" auf Rügen aufführten. In zahlreichen Berichten ist von Reibereien zwischen Eisenbahnern und sowjetischen Soldaten die Rede, die als Begleitkommandos für Militärtransporte eingesetzt waren. Auf dem Hafengelände hätte es Unmut und „negative Diskussionen" gegeben. Ein Umschlagarbeiter wird mit den Worten zitiert: „Wir wollen nicht mit der MPi im Rücken arbeiten." Die Volkspolizei registrierte Beschwerden von Arbeitern, die sich über die Verschmutzung der Sanitäreinrichtungen durch die „Freunde" beklagten. Wenn sich ein Transport verzögerte, hielten sich die Soldaten manchmal tagelang auf dem Hafengelände auf, ohne dass es zunächst genug Unterbringungsräume und Sanitäreinrichtungen für sie gegeben hätte. Als provisorische Lösung stellte man im März 1988 für die Begleitkommandos drei Waggons als Unterkunft bereit. Auch andere Zwischenfälle, die von der Volkspolizei registriert wurden, sorgten für ein gespanntes Verhältnis zu den Soldaten. In den Truppenunterkünften stellten Ermittler Autozubehör sicher, das auf dem Hafengelände aus Fahrzeugen gestohlen worden war, die für den Export bestimmt waren. Die Ermittlungen übernahm die Militärstaatsanwaltschaft. Dokumentiert wurde außerdem ein Zwischenfall vom 13. November 1988, als sowjetische Soldaten drei Meter neben einem Waffen- und Munitionstransport ein offenes Feuer zum Aufwärmen entzündet hatten.

Beobachtungen der Transportpolizei wirkten im Vergleich zu diesen Vorkommnissen geradezu harmlos: „Viele Angehörige der GSSD halten sich nicht an die vorgeschriebenen Dienstwege und überqueren vorschriftswidrig die Gleisanlagen." Zufrieden war hingegen die Volkspolizei mit der Arbeit der Soldaten, die die Transporte überwachten. "Es kann eingeschätzt werden, dass sie ihre Aufgabe gewissenhaft erfüllen", schrieb die Transportpolizei im April 1989.

Diese Einschätzung änderte sich jedoch wenige Monate später. Im August kam es zu gefährlichen Zwischenfällen auf dem Güterbahnhof, als sich dort Soldaten der Westgruppe der sowjetischen Streitkräfte (WGSS oder WGT) aufhielten. Vormals hieß die Westgruppe „Gruppe der sowjetischen Streitkräfte in Deutschland" (GSSD). Die Staatssicherheit dokumentierte den „Schusswaffengebrauch durch Angehörige der WGSS im Bereich des Fährkomplexes Mukran" und informierte auch das sowjetische Hauptquartier in Wünsdorf. Am 3. August hatte laut Stasi der Soldat Wladimir B., damals 19 Jahre alt, um 1.20 Uhr und 2.35 Uhr im Bereich der Gleise 411/412 drei Schüsse abgegeben, als er zur Sicherung eines Militärzuges eingesetzt war. Zur Begründung erklärte der Soldat der Transportpolizei, dass er am Zug Personen gesehen habe.

In der folgenden Nacht soll ein anderer Soldat an den Gleisen 125/126 einmal gefeuert haben. Auch er sollte einen Zug mit Militärgütern bewachen. Angeblich habe er mit dem Schuss seinem Vorgesetzten signalisieren wollen, dass der Zug abfahrbereit sei, sagte der Soldat.

„Die beiden Vorkommnisse stellen keine Einzelbeispiele dar", hieß es in einem Bericht der Staatssicherheit vom 28. August 1989. „Es kam in der Vergangenheit wiederholt zum Schusswaffengebrauch durch Angehörige im Bereich der Umladung/Umachsung." Außerdem sei bekannt, dass sowjetischen Soldaten wiederholt gegen Sicherheitsvorschriften verstießen. So blieben sie trotz eines Verbots während der Hubvorgänge beim Umachsen in den Wagen. Außerdem wurde der unsachgemäße Umgang mit Waffen dokumentiert. Soldaten hätten Waffen auf Beschäftigte gerichtet oder das Bajonett aufgepflanzt.

Das Gelände des sowjetischen Militärs verfiel nach dem Abzug und wurde später abgerissen.

„Die genannten Vorkommnisse und Verhaltensweisen einiger Angehöriger der WGSS im Fährkomplex Mukran haben insbesondere unter den Beschäftigten der Umachsung Unruhe hervorgerufen", schrieb Stasi-Oberstleutnant Stolle in seinem Bericht. Weiter hieß es darin: „Die Beschäftigten fühlen sich teilweise bedroht und arbeiten nur mit Widerwillen im Bereich der Drehgestelllager, die sich im Freien befinden."

In Ost-Berlin schien man sich damit abzufinden, dass die sowjetischen Soldaten nicht von Mukran fernzuhalten waren. Ein Mitarbeiter des Bereichs „Spezielle Transport- und Bauaufgaben" des Verkehrsministeriums erinnerte die politische Führung in einem Schreiben schließlich an die Vereinbarung beider Staaten, dass mit den Schiffen bis zu 300 Soldaten transportiert werden sollten und schlug vor, ein zusätzliches Gleis für zwölf Mannschaftswaggons zur Lösung der Unterkunftsprobleme zu bauen. Auch das Sanitäranlagenproblem müsse angegangen werden. Nötig sei dafür „in unmittelbarer Nähe des Abstellorts ein massiver Sanitärkomplex mit zehn Toiletten, einer Pissoirrinne und vier Handwaschrinnen (ein Wasserhahn für 25 Mann)".

Am Ende rückten auch die Sowjets von ihren Maximalforderungen ab. Nicht mehr 180, sondern lediglich 42 Militärangehörige, davon elf Offiziere, durften sich in Mukran einrichten und erhielten ein eigenes Gebäude am Ende einer Sackgasse in der Nähe des Kraftwerks. Das Gebäude entstand an der Fernstraße 96, die am Güterbahnhof vorbeiführte, war aber durch einen aufgeschütteten Wall von dort aus kaum zu sehen. „Vertretung für Militärtransportwesen" nannten sie das Haus am Westrand des Fährkomplexes, das zuvor als Baustellenküche genutzt worden war und auch nach dem Ende der DDR noch für einige Zeit in sowjetischer beziehungsweise russischer Hand blieb: Nach 1990 waren hier jene Wachmannschaften untergebracht, die beim Abzug der sowjetischen Armee die Militärtransporte sicherten.

Zeitzeuge Lutz Langenhan: Der Projektleiter

Lutz Langenhan lebte nach seiner Pensionierung in Magdeburg.

Als Lutz Langenhan (Jahrgang 1937) zum ersten Mal von dem geplanten Hafenprojekt auf Rügen erfuhr, steckte der Bauingenieur der Reichsbahn und Spezialist für Fährhäfen noch mitten in der Arbeit an einem anderen Großprojekt. Er war mit dem Bau des dritten Hafenbeckens in Rostock beschäftigt, als es im Juli 1981 in der großen Runde der Hafenplaner hieß: „Wir fahren nach Odessa!". „Eine streng geheime Reise", erinnerte sich Langenhan. Eine Gruppe von Fachleuten der Bereiche Bau, Schifffahrt und Eisenbahn machte sich auf dem Weg ans Schwarze Meer, um herauszufinden ob die Eisenbahnfähren vom sowjetischen Iljitschowsk, dem heutigen Chornomorsk, bei Odessa nach Varna in Bulgarien Vorbild für die neue Linie über die Ostsee sein könnten. Den Grund der Reise erfuhr Langenhan erst kurz vor dem Abflug.

Das Verkehrsministerium bestimmte Langenhan dazu, den Aufbau des Fährhafens Mukran zu leiten. Offiziell wurde er zum Direktor des Investitionsauftraggebers (IAG) ernannt, der als Bauherr des „Sonderbauvorhabens" auftrat und auch für die Konstruktion der Fähren und die Projektierung der Landanlagen in Klaipėda verantwortlich zeichnete.

Die Gruppe kam kopfschüttelnd von dem geheimen Trip zurück und war sich einig, dass die Schwarzmeer-Linie mit den Schiffen vom Typ „Geroi Schipka" nur bedingt als Vorbild für das eigene Projekt dienen konnte: Wenn alles glattlief, dauerte es dort 38 Stunden, bis eine Fähre mit Eisenbahnwagen beladen war. Für die neue Verbindung von der DDR zur UdSSR wurde eine Umlaufzeit von insgesamt 48 Stunden avisiert – inklusive Fahrt, sodass die Be- und Entladung der Schiffe sehr schnell erfolgen musste.

„Am Anfang hatten wir noch keine rechte Vorstellung von der Dauer des Unternehmens", erinnerte sich Langenhan. Doch nach der Rückkehr wurde die ehrgeizige Zeitvorgabe diktiert: Ein Jahr hatten er und seine Kollegen für die Planungen Zeit, dann sollten die ersten Bagger rollen. Das Gelände in Mukran war gut gewählt. Nur drei bis vier Häuser standen im Weg. Langenhan: „Dann haben wir den Strand okkupiert."

Für die Entscheidung der Planer, auf der neuen Linie Schiffe mit beladenen Eisenbahnwagen einzusetzen, anstatt den Güterverkehr mit den schon damals weit verbreiteten Containern abzuwickeln, gab es plausible Gründe: Die Infrastruktur für Containerabfertigungen war in der Sowjetunion nicht vorhanden. „Außerdem hatten wir die Sorge, dass die Container in Sibirien verschwinden", sagte Langenhan. Die genormten Blechkisten seien damals in der UdSSR besonders als Garagen, Jagdhütten oder Datschen (Wochenendhäuschen) beliebt gewesen. Die DDR hätte – so die allgemeine Befürchtung – die Container nach dem Transport in Richtung Osten nie wieder gesehen.

Grundsätzlich hätten seine Pläne nicht der Geheimhaltung unterlegen, berichtete Langenhan. Einige Details waren jedoch nicht für die Öffentlichkeit bestimmt. Dazu zählten die veranschlagten Investitionen von rund zwei Milliarden

DDR-Mark und technische Details, die das Militär den Reichsbahnern vorgeschrieben hatten. Dazu zählte beispielsweise die Konstruktion der Gleisanlagen auf den Schiffen, die Platz für die Auslegung mit Bohlen lassen sollte, um im Kriegsfalle auch Lastwagen oder Panzer transportieren zu können. „Die Bohlen hätten wir uns dann besorgen müssen", sagte der Kapitän der „Greifswald", Peter Sädtler.

Von militärischer Bedeutung und somit geheim waren auch die Informationen darüber, in welchem Winkel die Rampen an Land zu den Schiffsdecks führten. Gefordert waren möglichst flache Winkel, sodass auch Raketentransporte mit extrem langen Fahrzeugen die Rampen befahren konnten, ohne an den Steigungen mit dem Heck aufzusetzen.

Die Prüfung sogenannter „Sondertransporte" erfolgte streng vertraulich. Die Planer der Fährverbindung sollten herausfinden, ob sich per Eisenbahnfähre auch Atommüll des DDR-Atomkraftwerks Lubmin bei Greifswald in die Sowjetunion transportieren ließe. Bis dahin hatte die DDR die abgebrannten Elemente aus dem Reaktor per Eisenbahn auf dem Landweg fortgeschafft. Mukran sei als Alternative ins Auge gefasst worden, berichtete Langenhan, der sich um sichere Stellplätze für die DDR-Castoren im Fährhafen kümmern sollte.

Doch Monate bevor die erste Fähre in See stach, kam das Aus für die nuklearen „Sondertransporte". Langenhan sagte, die Behörden der sowjetischen Republik Litauen hätten sich in Moskau massiv dagegen gewehrt, Klaipėda als Durchgangsstation für Atommülllieferungen zu nutzen. „In der Vereinbarung zwischen der DDR und der UdSSR zur Errichtung der Fährverbindung ist der Transport von Atommüll nicht vorgesehen", hieß es dazu in einem Geheimdienstbericht.

Bereits bei einer der ersten Probefahrten machte Langenhan Bekanntschaft mit der westdeutschen Bundesmarine. Der Zerstörer „Bayern" kam von achtern auf die „Mukran" zu, ging Steuerbord längsseits und wechselte nach Backbord. Nachdem das Schiff wieder verschwunden war, sagte der Kapitän der neu gebauten „Mukran" zu Langenhan: „Jetzt haben sie alles aufgenommen." Vermutlich hatte die Besatzung der „Bayern" die Maschinen- und Schraubengeräusche der Eisenbahnfähre und damit gleichsam ihren „Fingerabdruck" dokumentiert. Der Klang jedes Schiffes ist unverwechselbar und wird unter anderem von U-Boot-Crews genutzt, um mit Hilfe des Sonars herauszufinden, wer über ihnen unterwegs ist und wie schnell das Schiff fährt.

Auch nach der Einweihung der Fährverbindung blieb Langenhan für den Fährkomplex mit dem Eisenbahnbetrieb und den Güterumschlag verantwortlich. Als 1986 die Reichsbahn die Verantwortung für den Bahnkomplex übernahm, wurde Langenhan zum Vizepräsidenten für den Fährverkehr der Reichsbahn-Direktion Greifswald ernannt.

Allerdings erfuhr er auch in dieser Position bei militärischen Transporten keine Einzelheiten – dafür sei die Leitstelle der Nationalen Volksarmee zuständig gewesen, die ebenfalls im Hafen residierte. Langenhan: „Der Ansprechpartner für die sowjetischen Offiziere war der Chef der NVA-Transportkommandantur."

Hafenchef Langenhan verfügte für die damalige Zeit über einen modernen kurzen Draht zu seinem Kollegen in Klaipėda. „Ich hatte in meinem Büro eine Wechselsprechanlage", berichtete er. „Wenn ich auf den Knopf gedrückt habe, war Aljoscha dran", ein leitender Mitarbeiter des Hafens auf sowjetischer Seite. Die direkte Verbindung hatte schon zu DDR-Zeiten Anlass für Spekulationen gegeben, ob dafür ein geheimes Seekabel genutzt wurde, das bereits in der NS-Zeit Rügen mit dem damaligen deutschen Memel verbunden haben soll. Langenhan widerspracht jedoch: „Das war einfach eine gesonderte Schaltung für uns."

Eine Frage beschäftigte den ehemaligen Hafenchef auch Jahrzehnte später: Warum hat Staats- und Parteichef Erich Honecker Mukran nie besucht? Sowohl in der Bauphase als auch danach hätten er und seine Kollegen sich immer wieder gefragt: „Wann kommt er denn nun?" Nicht einmal zur Eröffnung habe er sich blicken lassen. Dass Honecker die Gelegenheit verstreichen ließ, sich vor Ort für das Renommierprojekt feiern zu lassen, sei für ihn überraschend gewesen, sagte Langenhan. Er vermutete, dass die Sowjets an der Abwesenheit Honeckers schuld gewesen seien. In der UdSSR war die Ebene unterhalb des Politbüros für die Fährverbindung zuständig. Möglicherweise habe sich deshalb daraufhin die DDR-Führung entschlossen, das Projekt nicht mit der eigenen Präsenz aufzuwerten

Eine andere Vermutung äußern andere Zeitzeugen: Honecker habe einen Auftritt im Fährhafen vermieden, um mit seiner Präsenz die polnische Führung nicht weiter zu verärgern. In Warschau herrschte wegen der durch den Fährenbetrieb entgangenen Bahn-Transitgebühren noch Jahre nach der Eröffnung von Mukran Wut und Empörung. Honeckers Frau Margot ließ es sich hingegen bei einem Ferienaufenthalt auf Rügen nicht entgehen, die „Mukran" zu besichtigen. Am 17. Februar 1988 war sie mit ihren Enkeln und dem Schwiegersohn an Bord zu Gast. Auch andere Politprominenz ließ sich mehrfach an Bord blicken: Verkehrsminister Otto Arndt, die Politbüromitglieder Erich Mückenberger, ZK-Mitglied Günter Schabowski, FdJ-Chef Eberhard Aurich und bei einem offiziellen Besuch Bundesverkehrsminister Jürgen Warnke.

Langenhan wurde 1986 für seine Leistungen mit dem Orden „Held der Arbeit" ausgezeichnet. Er verließ Mukran 1988, er lebte bis zu seinem Tod mit seiner Familie in Magdeburg.

Eine unterwasserarchäologische Sensation

Die Strömung während der Bauarbeiten spülte das historische Wrack frei.

Tauchgänge gehörten zu den Routineübungen der NVA-Pioniertaucher, in regelmäßigen Abständen mussten sie den Einsatz unter Wasser trainieren. Doch im Sommer 1985 wollten die Männer um Kapitänleutnant Peter Wilfert nicht wie gewohnt an ihrem Stützpunkt im Sassnitzer Ortsteil Dwasieden ins trübe Wasser der Ostsee steigen. Vor Mukran fuhren sie mit einem Schlauchboot aufs Meer hinaus und begannen ihren Tauchgang 100 Meter vom Strand entfernt. Diesmal sahen sie nicht nur Seegras und Fische. „Wir haben einen Steinhaufen entdeckt, der eine ungewöhnliche, längliche Form hatte", erinnerte sich der ehemalige Offizier der NVA. Den Männern war bald klar, dass sie auf ein Schiffswrack gestoßen waren. Dass sie es mit einem unterwasserarchäologischen Sensationsfund zu tun hatten, ahnten sie jedoch nicht. Unter einer Sandschicht verborgen fanden die Männer eine altertümlich anmutende Kanone, das Bronzestück war noch bestens erhalten. Einige Kugeln lagen verstreut daneben.

Wilfert ist überzeugt: „Ohne die Bauarbeiten in Mukran hätten wir das Wrack nie gefunden." Neu entstandene Strömungen hatten das Schiff freigespült. Die Bronzekanone kam zum Vorschein, als die Taucher an mehreren Stellen den Sand vom Wrack fegten. Beim nächsten Tauchgang holten die Taucher – den strengen Dienstvorschriften zum Trotz – den Fotografen Uwe Lippek hinzu, der über eine Unterwasserausrüstung verfügte und das Wrack samt Kanone ablichtete.

Nachdem die Soldaten sie mit Muskelkraft gehoben hatten, legten sie den Schriftzug auf der Kanone frei, stellten sie zunächst im „Club" ihrer Unterkunft aus und übergaben sie schließlich dem Schifffahrtsmuseum Rostock, wo das Fundstück bis heute besichtigt werden kann.

Spezialisten dort gelang es später, mit Sandstrahlgeräten die hervorragend erhaltene Inschrift auf dem Rohr intensiv zu reinigen. Die gut lesbaren Wörter weisen auf die Herkunft der Kanone hin: „Christian von Gotes Genad Konich ch tho Denemarkcken Nordwegen und der Goten anno domini 1551. Das Rohr war in diesem Jahr für Christian III., von Gottes Gnaden König über Dänemark, Norwegen und die Goten", gegossen worden. Neben dem Namen zierte das Fundstück eine Gravur des dänischen Königswappens mit den drei Löwen und neun Herzen. Von dem Schiff selbst, das in nur 2,5 Meter Tiefe in der Brandungszone lag, waren noch Reste des Bodens erhalten.

Die Taucher der Volksmarine entdeckten die Wrackteile und die Kanone zufällig.

Vermutlich handelte es sich um ein Kriegsschiff von etwa 30 Meter Länge, möglicherweise auch um ein Handelsschiff, das erst später für den Seekampf aufgerüstet worden war.

Historiker gehen davon aus, dass es während des Nordischen Siebenjährigen Krieges (1563-1570) bei einer Schlacht am 21. Mai 1565 vor Mukran gesunken war. In jener Zeit kämpften die Dänen gemeinsam mit Polen und der Hansestadt Lübeck gegen Schweden, das im Baltikum den Russlandhandel mit einer Blockade des Hafens von Narva behinderte. Den Auseinandersetzungen, die auch als Dreikronenkrieg bekannt sind, waren lange Kämpfe zwischen Dänemark und Schweden um die Vormachtstellung im Ostseeraum vorausgegangen. Der Krieg zog sich über Jahre ohne entscheidende Wendungen hin und endete am 13. Dezember 1570 mit dem Frieden von Stettin, ohne dass territoriale Veränderungen eingetreten waren.

Vor der Schlacht von Mukran, deren Verlauf nur teilweise geklärt ist, sollen sich 50 schwedische Schiffe auf dem Weg zur Insel Bornholm befunden haben, an deren südlicher Küste neun Schiffe der Dänen und Lübecker vor Anker lagen.

Die Inschriften sind auf der Bronzekanone noch gut zu lesen und stammen aus der Zeit des Nordischen Siebenjährigen Krieges (1563-1570).

Angesichts der feindlichen Übermacht versuchten diese daraufhin, in Richtung Rügen zu entkommen, wurden aber von den Schweden bis zur Prorer Wiek verfolgt – dorthin, wo Jahrhunderte später der Fährhafen Mukran entstehen sollte. Fünf Schiffe der Dänen und Lübecker segelten auf ihrer Flucht weiter in Richtung Süden, vier gingen bei Mukran vor Anker. Als die Schweden näherkamen, sollen 400 Mann von Bord gegangen sein, um sich an Land mit ihren Waffen in Stellung zu bringen. Am Morgen des 21. Mai 1565 entdeckten die Schweden die kleine Flotte und nahmen sie unter Beschuss. Vermutlich setzten die Dänen und Lübecker daraufhin ihre Schiffe selbst in Brand, um sie nicht dem Gegner zu überlassen.

Berichten von Arbeitern zufolge soll beim Bau des Fährhafens ein weiteres Wrack entdeckt worden sein. Sie berichten, es sei beim Baggern zerstört worden. In dem Baggergut sollen sich Holzreste und Bronzegefäße befunden haben. Keines der Fundstücke wurde gesichert.

„Bauen unter gefechtsmäßigen Bedingungen“: Die Spatensoldaten von Prora

Bausoldaten und zivile Beschäftigte arbeiteten in einem Caisson unter der Wasseroberfläche.

Mukran – der Name steht nicht nur für das seinerzeit größte Verkehrsbauprojekt der DDR. Er ist auch eng verbunden mit der Geschichte der Verweigerer des Wehrdienstes mit der Waffe, die aus Sicht des sozialistischen „Friedensstaates" dem imperialistischen Feind in die Hände spielten und daher mit Repressionen zu rechnen hatten. Die jungen Männer hießen im DDR-Jargon Bau- oder Spatensoldaten. Hunderte von ihnen mussten auf der Baustelle in Mukran schuften. Genaue Zahlen gibt es nicht, sicher ist jedoch, dass die DDR zuvor noch nie so viele Waffendienstverweigerer für ein einzelnes Projekt eingesetzt hatte. Untergebracht waren sie zunächst in Zelten, später im Block V des nie fertiggestellten Seebades der Nazis in Prora, das wegen seiner Ausmaße von mehr als vier Kilometern Länge nicht umsonst „Koloss von Rügen" genannt wurde. Zeitweise sprachen die gleichgeschalteten Medien der Nazi-Zeit auch vom KdF-Seebad Bad Neu-Mukran. 1982 lebten dort 150 Bausoldaten, 1985 waren es vier Kompanien mit 354. In den Jahren danach lag die Zahl bei durchschnittlich 300 Waffenverweigerern.

Bausoldaten gab es in der DDR ab 1964. Die Volkskammer hatte am 24. Januar 1962 das Wehrpflichtgesetz offiziell verabschiedet, zum 4. April desselben Jahres wurden die ersten Soldaten in die NVA-Kasernen einberufen. Die DDR war das einzige Land in den Staaten des Warschauer Vertrages, das den waffenlosen Dienst in der Armee gestattete. In der Bevölkerung und selbst innerhalb der SED war die Einführung der Wehrpflicht umstritten. Die Kritiker waren besorgt über die fortschreitende Militarisierung der DDR-Gesellschaft nach dem Bau der Mauer und der Schließung der Grenzen. Sie befürchteten, dass im Kriegsfall Deutsche auf Deutsche würden schießen müssen.

Die Kirchen verwiesen außerdem auf die Glaubens- und Gewissenskonflikte, die sich für die Christen beim Eid auf die DDR-Fahne und die darin enthaltene Forderung nach „unbedingtem Gehorsam" gegenüber militärischen Vorgesetzten ergeben mussten. Sie forderten eine Regelung auch für jene jungen Männer, die eine bewaffnete Austragung des Klassenkampfes ablehnten. Der Konflikt mit der Regierung, die sich in den Jahren zuvor noch um ein Arrangement mit den Kirchen bemüht hatte, war vorprogrammiert, da die Verweigerer aus marxistisch-leninistischer Perspektive per se als Feinde des SED-Staates erscheinen mussten.

Eine Wehrdienstverweigerung konnte laut Gesetz mit bis zu fünf Jahren Gefängnis geahndet werden. Dass die Gerichte in der Regel niedrigere Strafen verhängten oder die Verweigerer gar nicht behelligt wurden, löste das Problem nicht, sodass schon im Mai 1963 in dem Bericht eines NVA-Obersts erstmals eine Alternative zum Dienst an der Waffe gefordert wurde: die Gründung von Bau- und Arbeitsbataillonen innerhalb der NVA. Ein Vorschlag, dessen gesetzliche Ausarbeitung bald vom Nationalen Verteidigungsrat bestätigt wurde. Die Regierung hatte vermutlich darauf gehofft, auf diesem Wege nicht nur die Kritiker der Wehrpflicht zum Schweigen zu bringen; sie konnte nun auch für ihre Bauprojekte und in der Produktion mit einer großen Zahl billiger Arbeitskräfte kalkulieren.

Schließlich löste die neue Regelung auch die Probleme, die sich im Umgang mit den Verweigerern offenbart hatten: Während harte Strafen die Kritiker auf den Plan riefen, hätte eine lockere Handhabung leicht als Anreiz zur Verweigerung aufgefasst werden können.

Die „Bausoldaten", wie die offizielle Bezeichnung nun lautete, sollten dem Gesetz zufolge für zivile und militärische Baumaßnahmen eingesetzt werden, staatspolitische Schulungen erhalten und an einer Exerzierausbildung ohne Waffe teilnehmen. Anstelle eines Eides mussten sie ein Gelöbnis ablegen, das weiterhin den umstrittenen Passus des „unbedingten Gehorsams" enthielt.

Auch den zweiten Absatz der zu sprechenden Formel konnten viele Verweigerer kaum mit ihrem Gewissen in Einklang bringen. Darin hieß es: „Ich gelobe: Als Angehöriger der Baueinheiten durch gute Arbeitsleistungen aktiv dazu beizutragen, daß die Nationale Volksarmee an der Seite der Sowjetarmee und der Armeen der mit uns verbündeten sozialistischen Länder den sozialistischen Staat gegen alle Feinde verteidigen und den Sieg erringen kann."

Im November 1964 zog die NVA die ersten 220 Bausoldaten ein. Bis zum Frühjahr desselben Jahres hatten 1550 Wehrpflichtige den Dienst in der NVA verweigert. Nun sollten auch sie für jeweils 18 Monate ihren Beitrag leisten, den sozialistischen Staat „gegen alle Feinde" zu verteidigen, wie es das Gelöbnis verlangte. Übrig blieben die sogenannten „Totalverweigerer", die auch den Bausoldatendienst ablehnten – etwa 7500 zwischen Einführung der Wehrpflicht und Herbst 1989. Sie mussten lange Zeit mit Haftstrafen rechnen. Die Zahl jener, die den Bausoldatendienst antreten mussten, veränderte sich von Jahr zu Jahr und stieg vor allem mit Beginn der achtziger Jahre stark an. In den Archiven finden sich dazu unterschiedliche Statistiken, deren Angaben zwischen 12 000 und 16 785 Bausoldaten variieren.

Während die Wehrdienstverweigerer in der Bundesrepublik bis Anfang der achtziger Jahre ihre Gründe in einer persönlichen Anhörung darlegen mussten, fand eine ähnliche Prozedur in der DDR nicht statt. Hier wussten die Verweigerer jedoch, dass sie mit erheblichen Schikanen durch staatliche Behörden, mit beruflicher Diskriminierung und persönlicher Diffamierung rechnen mussten. Häufig blieben ihnen die gewünschten Studienplätze und ein selbstbestimmter Weg ins Arbeitsleben im Anschluss an ihre Bausoldatenzeit verwehrt. Die Entscheidung den Wehrdienst an der Waffe zu verweigern, sollte den jungen Männern möglichst schwer gemacht werden.

In ihrer Uniform, auf deren Schulterklappen die symbolische Darstellung eines Spatens appliziert war, unterschieden sich die Bausoldaten schon rein äußerlich von ihren Waffen tragenden Kollegen. In der Truppe fielen viele von ihnen darüber hinaus durch ihr unangepasstes Verhalten auf. Selbstbewusst und kontinuierlich bestanden sie auf Wahrung ihrer Rechte und schrieben Beschwerden oder Eingaben. Einige galten als überdurchschnittlich gebildet und auch den

Offizieren intellektuell überlegen. Viele der jungen Vorgesetzten erwiesen sich im Umgang mit den fast gleichaltrigen Bausoldaten als überfordert. Das Ministerium für Nationale Verteidigung zog daraus Konsequenzen: Offiziere von Einheiten mit Bausoldaten wurden in der Regel bereits nach einem Jahr ausgetauscht. In einem Schreiben der Staatssicherheit an das Kommando der Landstreitkräfte vom 19. Mai 1983 hieß es: „Es ist zu gewährleisten, daß nur befähigte, politisch zuverlässige und gegenüber den Problemen des MfS aufgeschlossene Offiziere zum Einsatz kommen."

Mit der hohen Zahl der nach Mukran kommandierten „Spatis", wie sich die Bausoldaten untereinander bezeichneten, folgte die NVA einem Ministerbefehl vom 16. Juni 1982, über den „Einsatz von Bausoldaten zur Erfüllung von Schwerpunktaufgaben in der Volkswirtschaft". Dafür waren DDR-weit 820 Planstellen unter dem Befehl des Chefs für Pionierbauwesen vorgesehen. Die größte Gruppe stellten die 180 Bausoldaten, die in Prora auf Rügen stationiert und von denen die meisten im Fährhafen eingesetzt wurden. Die Kasernen von Prora im ehemaligen KdF-Bad waren bereits seit 1964 Standort für Bausoldaten gewesen. 3.300 Waffenverweigerer waren dort bis 1989 untergebracht.

Der Präsident der Reichsbahndirektion Greifswald, Wolfhard Noack (links), meldet 1989 Reichsbahnchef Herbert Keddi die Elektrifizierung der Strecke bis nach Mukran.

Der Befehl bedeutete einen Wandel beim Einsatz der Bausoldaten, die seit Mitte der siebziger Jahre überwiegend sogenannte Sicherstellungsaufgaben bei den Rückwärtigen Diensten der NVA in Erholungsheimen, Lehreinrichtungen oder im Verteidigungsministerium übernommen hatten. Zumeist wurden die Männer im Einzeldienst eingesetzt, zum Beispiel als Hausmeister oder Heizer. Im Kollegium des Verteidigungsministeriums, das dem Minister beratend zur Seite stand, wurde jedoch kritisiert, dass die Erledigung von Sicherstellungsaufgaben weitaus komfortabler war als den Pflichten eines normalen Grundwehrdienstleistenden nachzukommen. Das Gremium forderte, die Verweigerer in Baueinheiten zusammenzuführen, sie durch einen Militärangehörigen befehligen zu lassen und ihnen körperlich schwere

Arbeit zu übertragen. Die leichteren Sicherstellungsaufgaben hingegen sollten Soldaten übernehmen, die wegen gesundheitlicher Probleme nicht mehr für den aktiven Armeedienst geeignet waren.

Das in Prenzlau stationierte Pionierbaubataillon 32 erhielt am 16. Juni 1982 den Befehl des Verteidigungsministers, ein gesondertes „Pionierbaubataillon Mukran" aufzustellen. Im November 1982 und Mai 1984, so hieß es, seien „jeweils 150 Bausoldaten (...) zur Durchführung des Bauvorhabens Fährhafen/Fährbahnhof Mukran einzuberufen". Insgesamt schickte die NVA 1982 800 Soldaten auf die Baustelle, inklusive der Verweigerer. In den darauffolgenden Jahren sollte die Zahl der Bausoldaten kontinuierlich ansteigen: Für den Rügener Standort Prora waren 1985 offiziell 354 Bausoldaten registriert, von denen jedoch nicht alle kontinuierlich auf der Baustelle Mukran eingesetzt waren. Kontakte zu Ausländern, insbesondere aus dem Westen, hatten zu unterbleiben. Zu Beginn der Dienstzeit sollten eine zehntägige „militärische Grundausbildung" sowie vier Stunden politischer Unterricht zur Vorbereitung auf das Gelöbnis erfolgen.

Mukran, das bedeutete „harte Vorgaben, Bauen unter gefechtsmäßigen Bedingungen", wie es 1987 in einer Beratung der Politischen Hauptverwaltung mit Kommandeuren und Politoffizieren von Baueinheiten von einem Beteiligten formuliert wurde. Die Bausoldaten mussten schwere körperliche Tätigkeiten verrichten, darunter Erdarbeiten mit Schaufel und Spaten. Die Bauleitung sprach von „Hilfs- und Nebenprozessen im manuellen Tiefbau einschließlich Rohrverlegung und Betonarbeiten". Die Schichten dauerten bis zu zwölf Stunden, gearbeitet wurde teilweise rund um die Uhr. Das Essen hatte einen miserablen Ruf, Ausgang gab es nur selten. Zeitzeugen berichten von extremen physischen und psychischen Belastungen. „Wir empfanden das als Sklavenarbeit", sagte der einstige Bausoldat Friedrich Kramer.

Besonders berüchtigt waren die Bauarbeiten in den Caissons (Senkkästen), die sich glockenartig in einer Tiefe von elf bis 20 Metern unter Wasser befanden. Dort erledigten die Bausoldaten, die zuvor medizinisch untersucht worden waren, unter der Anleitung von Zivilbeschäftigten mit Schaufel, Hacke und Kübel Schachtarbeiten für die 13 Meter hohen sogenannten Seepfeiler, auf denen die Pier entstehen sollte. Aufgabe der Bausoldaten und Arbeiter war es, einen ebenen Meeresuntergrund zu schaffen.

Die Glocken aus Beton waren über Leitern und Schleusen zugänglich und wurden druckbelüftet. Die Druckluft sorgte außerdem dafür, dass kein Wasser eindrang. Stets bestand die Gefahr, die Taucherkrankheit (Dekompressionskrankheit) zu bekommen, weil häufig die Zeiten in den Druckluftschleusen nicht eingehalten wurden. „Die Zivilarbeiter hatten scheinbar einen Leistungsdruck, und das führte dazu, dass diese vorgesehenen Schleuszeiten nicht mehr eingehalten wurden. Die waren wahrscheinlich schon Jahre lang auf ähnlichen Baustellen und das gewohnt", berichtete der Bausoldat Andreas Ilse, der in einem Caisson eingesetzt wurde.

Immer wenn die Männer in der Glocke etwa einen Meter Meeresgrund abgetragen und per Ketteneimer nach oben befördert hatten, wurde die Druckluft heruntergeregelt, sodass die Glocke sich weiter nach unten senkte. Dann wurde die Druckluft wieder hochgefahren. Dabei machte sich unter den Männern im Caisson immer wieder die Sorge vor Nachlässigkeit oder einem technischen Defekt breit: Wenn nach dem Absenken die Druckluft nicht wieder eingeschaltet wird, könnte der Caisson weiter nach unten sinken und die Arbeiter unter sich begraben

Als Bausoldat erhielt Andreas Ilse für die Arbeit unter der Wasserlinie eine Extraportion Milch.

Die Luftverhältnisse und die schwere körperliche Arbeit bei etwa zwölf Grad bedeuteten eine hohe Belastung für den Organismus. Für die Bauarbeiten standen unten heiße Getränke und Milch bereit. Bausoldaten sprachen von einem feuchten Dunst, einer unheimlichen Stille hinter dickem Beton und dem Geruch von Moder und Salz auf dem steinigen Meeresboden in einem Raum, der 30 Meter lang, 15 Meter breit, aber nur zwei Meter hoch war. „In der Glocke wurde geraucht, wurde gepisst, gekotzt und geschissen", schrieb Ilse. Auch hier dauerten die Schichten bis zu zwölf Stunden, Nachtschichten gehörten dazu. Als Ausgleich für die schweren Arbeiten hatten die Bausoldaten aus den Caissons Anspruch auf Extraurlaub und bekamen einen Zuschlag von fünf Mark pro Tag. Bei Disziplinarverstößen wurden zusätzliche Arbeiten angeordnet. Offiziere habe er unten nie gesehen, erinnert sich Ilse.

Von den Caissons sind kaum Außenaufnahmen erhalten. Im Landesarchiv Greifswald befindet sich ein Foto mit schwacher Auflösung. Im Film „Seeweg der Zukunft" des DDR-Fernsehens aus dem Jahr 1986 ist bei einem Schwenk ein Caisson zu sehen, ohne dass der Zuschauer erfährt, worum es sich dabei handelt. Die in Prora stationierten Bausoldaten wurden nicht nur in Mukran, sondern auch für Arbeiten in der Kläranlage sowie beim Wohnungsbau in Sassnitz und in Binz in der Energieversorgung eingesetzt. Unter den Betroffenen vor Ort kursierte der Spruch: „Drei Worte genügen: Nie wieder Rügen." Dennoch stellte die Bauleitung fest: „Auf der Baustelle zeigen diese Soldaten gute Arbeitsleistungen."

Die Bausoldaten waren billige Arbeitskräfte. Die NVA stellte für jeden einzelnen einen Stundenlohn von 15 bis zu 23 Mark in Rechnung - bei einem Monatssold des Soldaten in Höhe von 150 Mark. In Mukran zahlten die Zivilbetriebe 19,50 Mark pro Stunde. 90 Prozent flossen in den Wehretat. Mit dem Rest finanzierte die NVA Sold, Unterkunft und Verpflegung.

„Dies zu erfahren, war für viele von uns schockierend oder doch zumindest desillusionierend“, schrieb ein Bausoldat in seinen Erinnerungen. „Denn das hieß ja, dass der Bausoldat in gewisser Hinsicht für die Volksarmee weit produktiver und wertvoller war als der waffentragende Soldat.“ Die Integration ins militärische System sei damit perfekter als je geahnt erfolgt.

Ähnlich bewertet Andreas Ilse seinen damaligen Einsatz: „Uns war ziemlich bald klar: Wir subventionieren eigentlich das Militär damit. Und selbst wenn wir unser eigenes Gewissen vielleicht ganz ruhigstellen können, indem wir da nichts Militärisches tun, bringen wir hier indirekt beste Leistung für das Militär - nämlich das Geld, womit die wieder neue Waffen kaufen können. (...) Es war ganz klar: Das ist ein fauler Kompromiss. Diese Waffendienstverweigerung ist sozusagen nichts Antimilitaristisches, sondern wir haben damit uns voll in das System begeben und haben dem System genutzt. Für uns gab es immer die Überlegung: Müsstest du nicht eigentlich total verweigern mit der Folge, dass du in den Knast gehst?“

Die Caissons wurden auf den Meeresgrund abgesenkt. Dort trugen Bausoldaten und Arbeiter den Boden ab.

Somit trugen die Bausoldaten mehr als vier Jahre nicht nur dazu bei, ein Projekt zu realisieren, das volkswirtschaftlich, vor allem aber militärstrategisch bedeutsam war. Sie sorgten darüber hinaus als billige Arbeitskräfte für beträchtliche Einnahmen im Militärhaushalt. Damit waren sie sogar in doppelter Hinsicht „wertvoll“. Bernd Eisenfeld und Peter Schicketanz schrieben in ihrem Standardwerk „Bausoldaten in der DDR - Die ‚Zusammenführung feindlich-negativer Kräfte‘ in der NVA“: „Die Bausoldaten vermehrten den Wehr- bzw. Rüstungsetat des SED-Staates und stützten auf diesem Wege mehr denn je und im erheblichen Maße eine Politik, die sie eigentlich ablehnten.“ Die Autoren gehen davon aus, dass die NVA allein im ersten Halbjahr 1989 106,5 Millionen Mark mit der Arbeit von Bausoldaten in Betrieben verdient hat. Andererseits sorgte der Einsatz außerhalb klassischer militärischer Objekte bei vielen Bausoldaten für eine gewisse Erleichterung in Gewissensfragen.

„Prora lieferte das Anzeichen für die Umorientierung auf einen konzentrierten und auf wirtschaftliche Großprojekte orientierten Einsatz der Bausoldaten", schrieben Eisenfeld und Schicketanz. Das Ziel, Bausoldaten verstärkt in Betrieben und auf zivilen Baustellen arbeiten zu lassen, führte auch dazu, dass die NVA nicht mehr - wie bislang üblich - Bausoldaten erst einberief, wenn sie ein höheres Alter erreicht hatten. Diese Praxis verfolgte offenbar das Ziel, den Verweigerern die Lebensplanung für Beruf und Familie durch einen 18-monatigen Wehrdienst im Alter von 27 Jahren zu erschweren. Ab 1986 erfolgten die Einberufungen im typischen Wehrpflichtalter. Insgesamt nahm die Zahl der Bausoldaten, die eingezogen wurden, deutlich zu: Waren es 1985 noch 1244, so stieg die Zahl ein Jahr später auf 2.100.

Aus staatlicher und militärischer Perspektive waren die Bausoldaten gesellschaftliche Außenseiter, Staatsfeinde oder galten sogar als Konterrevolutionäre. Bei ihren Einheiten handele es sich folglich um eine „negative Konzentration feindlich negativer Kräfte", die es operativ zu sichern gelte, wie es im Oktober 1984 in der Diplomarbeit des Stasi-Majors Heinz Mäder zum Thema hieß.

In seiner 107 Seiten starken Arbeit mit dem sperrigen Titel „Ausgewählte Orientierungen zur operativen Sicherung des konzentrierten Einsatzes von Bausoldaten auf der Grundlage einer Sicherungskonzeption" befasste sich Mäder zunächst mit der Rolle der Kirchen in der DDR. Sie seien bestrebt, „junge Menschen zur Ablehnung des Wehrdienstes mit Waffe anzuregen und zu motivieren". Der waffenlose Dienst werde genutzt, um gesellschaftliche Normen zu unterlaufen. Dabei ging Mäder davon aus, dass auch ausländische Mächte im Spiel sind: „In diesem Bestreben werden die feindlich-negativen Kräfte im Inneren der DDR von Anfang an nicht nur von feindlichen Kräften außerhalb der DDR inspiriert, sondern unterstützt." In seinem Fazit kam Mäder zu einer - aus Sicht der Stasi - noch dramatischeren Bewertung des waffenlosen Dienstes. Die Erfahrungen in den Baueinheiten auf Mukran führe zu dem Schluss, dass die Waffendienstverweigerung aus religiösen Gründen als ein feindliches Vorgehen „zur Inspirierung und Organisierung einer politischen Untergrundtätigkeit und der Schaffung einer sogenannten inneren Opposition" einzuordnen sei.

Zu den bekannten Beispielen für die Aufsässigkeit der Bausoldaten zählt ein für DDR-Verhältnisse unerhörter Vorgang nach den Kommunalwahlen 1984, als einige gegen das offensichtlich gefälschte Ergebnis protestierten. Ihnen war aufgefallen, dass allein in ihrer Baueinheit mehr Gegenstimmen abgegeben worden waren als später für den gesamten Kreis Rügen veröffentlicht wurden. Die Konsequenz: Sie durften künftig nicht mehr in ihren Kasernen wählen, sondern mussten Sonderwahllokale in ihren Heimatorten nutzen.

Das Dilemma war offenkundig: Das Militär setzte auf einer strategisch bedeutsamen Baustelle Hunderte Männer ein, die dem Staat und seiner Ideologie kritisch gegenüberstanden und mit der Verweigerung des Wehrdienstes diese Haltung trotz der zu erwartenden Schikanen bekräftigt hatten. In einem Bericht der Staatssicherheit über Mukran aus dem Februar 1984 hieß es dazu: „Sonst lassen wir keine Personen in unsere Dienststellen rein und jetzt laufen die Staatsfeinde in allen Bereichen des Objekts herum."

Die eigene Statistik bestätigt diese Einschätzung der Staatssicherheit: Von den 160 Proraer Bausoldaten der ersten Einberufungswelle des Jahres 1984 waren 44 bereits zuvor von der Abteilung XII („Zentrale Auskunft, Speicher") beobachtet worden, darunter einer mit „positiver Erfassung". Insgesamt hielt die Stasi acht Prozent der Einberufenen für „operativ bedeutsam".

Entsprechend misstrauisch wurden die „Spatis" während ihres Einsatzes beäugt, ihre Überwachung erwies sich jedoch als schwierig. Der Stasi gelang es nur mit größter Mühe, Inoffizielle Mitarbeiter (IM) aus ihren Reihen als Spitzel zu gewinnen. Gesichert ist die Arbeit von mindestens drei „Inoffiziellen Mitarbeitern im besonderen Einsatz" (IME) seit 1983. Sie hatten eine Spezialausbildung des Ministeriums hinter sich, sickerten in kirchliche Gruppen in den Gemeinden ein, kamen nach Prora und gaben gegenüber den Kameraden an, ebenfalls einberufen worden zu sein. Die Kommunikation mit ihren Führungsoffizieren erfolgte gelegentlich mittels Briefe, die in Geheimschrift abgefasst worden waren. Zu lesen waren nur unverfängliche Texte – erst nach einer chemischen Behandlung wurden die Informationen sichtbar, die für den Empfänger gedacht waren.

Bekannt sind außerdem die Namen von sechs hauptamtlichen Mitarbeitern, die NVA-Uniformen trugen, eine militärische Ausbildung absolviert hatten und danach zur Hochschule des Ministeriums für Staatssicherheit in Potsdam gegangen waren. Die Mehrheit der einfachen IM in Prora und auf der Baustelle waren Berufssoldaten und zivile Mitarbeiter.

Der Geheimdienst konzentrierte sich außerdem darauf, den Briefverkehr zu überwachen und die Unterkünfte in Prora mit Abhörtechnik zu versehen. Allerdings gehen Zeitzeugen davon aus, dass es der Stasi zu keinem Zeitpunkt gelungen sei, den Block V in Prora, in dem die Bausoldaten wohnten, komplett zu kontrollieren: Die Anlage war schlicht zu groß. Außerdem gingen viele Soldaten ohnehin davon aus, dass sie abgehört wurden, und unterhielten sich daher oft nur im Flüsterton, während das Radio lief oder jemand auf der Gitarre spielte. „Das MfS arbeitete mit dem üblichen Spektrum an Mitteln und Methoden, das trotz des begrenzten Bewegungsraums der Bausoldaten fortwährend an seine Grenzen stieß und sich als ungeeignet erwies," erinnert sich der ehemalige Bausoldat Stephan Wolf.

Auch der Stasi-Major Heinz Mäder bemängelte in seiner Diplomarbeit, dass die „zielgerichtete operative Durchdringung" in Prora und Mukran nicht befriedige. Ein IM unter 160 bis 200 Bausoldaten könne allein nicht die gewünschten

Informationen liefern. Zum Einsatz sollten möglichst IM kommen, die bereits vor ihrer Einberufung inoffiziell für die Stasi tätig gewesen seien und sich in der „staatsunabhängigen Friedensbewegung“ auskennen. Ein weiteres Problem: Ein IM konnte sich kaum von den Bausoldaten absetzen, um seinem Vorgesetzten Bericht zu erstatten, ohne Verdacht zu erregen.

Der konzentrierte Einsatz der Bausoldaten hatte zu einem Effekt geführt, den der Staatsapparat nicht bedacht hatte: Hier trafen viele junge Männer mit ähnlicher Gesinnung aufeinander, solidarisierten sich und bildeten gut organisierte Gruppen, die zum Teil über den Wehrdienst hinaus fortbestanden und beispielsweise Beratungen für künftige Wehrdienstverweigerer anboten. In der NVA waren gleichsam Oppositionsgruppen entstanden.

Strenge Winter brachten den Zeitplan der Bauarbeiten in Mukran immer wieder durcheinander.

Der Autor einer weiteren Abschlussarbeit der Hochschule des Ministeriums für Staatssicherheit beschrieb im Mai 1986 diese Entwicklung folgendermaßen: „Es kann eingeschätzt werden, daß in der Baueinheit Mukran im Verlaufe ihres Bestehens das organisierte feindlich-negative Zusammenwirken von Bausoldaten schrittweise entwickelt und gegenwärtig sowohl kompanieübergreifend als auch über den Wechsel der Diensthalbjahre hinaus vorhanden ist. Als die Angehörigen des Literaturkreises und der Philosophierstunde ihren Wehrdienst beendeten, hatten die zum Kern zählenden Bausoldaten bereits dafür gesorgt, daß sich nahtlos eine neue Gruppierung formierte.“

Zu den IM im Umfeld der Bausoldaten gehörte auch der Rechtsanwalt Wolfgang Schnur, der sich in der Wendezeit als Politiker profilierte und enttarnt wurde. Als IM „Dr. Ralf Schirmer“ und IM „Torsten“ mit Kanzlei in Binz hatte er enge Kontakte zu den Waffenverweigerern in Prora aufgebaut. Als engagiertes Mitglied im evangelischen Jungmännerwerk und als erster Sprecher des DDR-Arbeitskreises für die Bausoldatenarbeit konnte er engste Beziehungen zu den „verdächtigen Kreisen“ pflegen. Doch trotz der aus Sicht der Staatssicherheit unzureichenden Durchdringung der Bausoldaten in Prora mit IM lag die Quote mit sechs Offizieren und damit hauptamtlichen Mitarbeitern immer noch vergleichsweise hoch.

Trotz Stasi-Überwachung und hartem Drill gelang es den Männern immer wieder, sich kleine Freiräume zu verschaffen. Sie nutzten eine 15 Quadratmeter große Kleiderkammer als Kulturraum, in dem heimlich musiziert wurde. Nachts trafen sich dort Bausoldaten, um unbeobachtet Gespräche führen zu können und zu diskutieren. Musik-, Literatur- und Bastelgruppen, selbst Bibel- und Gebetskreise waren in den späteren Jahren geduldet, nachdem die Regeln zunächst streng waren. Im Dezember 1983 schrieb der Bausoldat Stefan Gehrt in einem Bericht über die „Glaubensfreiheit im Objekt": „Erlaubt ist auch das Bibellesen und Beten in der Freizeit, sofern es jeder für sich privat und still tut. Verboten sind: gemeinsame Andacht, gemeinsames Bilbellesen, gemeinsamen Beten, gemeinsames Singen religiöser Lieder."

Viele Bausoldaten erzählen, dass sie sich wie Gefangene gefühlt hätten. „Wir sind der letzte Dreck", berichteten zwei Männer mit den Pseudonymen Jürgen und Werner 1983 der Zeitschrift *Stern*. Der Journalist Dieter Bub hatte die Männer heimlich befragt und mehrere Wochen mit der Veröffentlichung seines Berichtes gewartet, um seine Gesprächspartner nicht zu gefährden. Sein Beitrag war einer der ersten in einem westdeutschen Medium, der sich ausführlich mit den Bausoldaten der DDR beschäftigte. Trotz aller Bemühungen gelang es der Staatssicherheit nicht, diejenigen ausfindig zu machen, die geplaudert hatten. Ihren Verdacht, dass die Bausoldaten auch Einzelheiten des Hafenprojektes an die West-Presse verraten hatten, konnten die Geheimdienstler trotz umfassender Nachforschungen nicht erhärten.

Die Männer hatten gegenüber dem *Stern* ausführlich ihren Tagesablauf in Prora und Mukran geschildert: Um 4.30 Uhr erfolge in der Unterkunft in Prora das Wecken. Gearbeitet werde von 6.00 bis 17.30 Uhr. Um 18.30 Uhr folge das Abendessen. Danach stehe Appell und Stubenreinigung auf dem Programm. Ab 21 Uhr werde Nachtruhe vorgeschrieben. Urlaub könnten sie nicht beantragen, allenfalls ein freies verlängertes Wochenende pro Monat.

In den DDR-Medien fielen Berichte über Wehrdienstverweigerung und die Arbeit der Bausoldaten fast immer unter die Zensur. Zu den wenigen Ausnahmen gehört die Berichterstattung über einen Besuch des Verteidigungsministers Heinz Hoffmann am 11. Juli 1984 auf der Baustelle in Mukran. In der Wochenzeitung *Volksarmee* ist von „herzlichen Gesprächen" mit den Pionierbausoldaten aus Aschendorf die Rede, zu denen auch zahlreiche Bausoldaten zählten. Einer von ihnen wird in dem Bericht, allen bisherigen Gepflogenheiten zum Trotz, zitiert: „Dabei berichtete beispielsweise Bausoldat Winfried Müller, dass sein 20-köpfiges Kollektiv täglich 90 Kubikmeter Erdreich in rund 300 Kübeln aus gegenwärtig neun Meter Tiefe ans Tageslicht befördert."

Hoffmann wusste die harte Arbeit offenbar zu würdigen, denn er erwähnte Müller und seine Kollegen ausdrücklich in seinen Dankesworten. Zeitzeugen berichteten später, der damals 73 Jahre alte Hoffmann habe freundlich „wie ein Opa“ mit den jungen Bausoldaten gesprochen. Er habe gesagt, dass Bausoldaten nicht besser oder schlechter als andere Genossen seien.

Das *Neue Deutschland* berichtete ebenfalls über den ungewöhnlichen Besuch des Ministers, an dessen Seite auch sein Stellvertreter und späterer Nachfolger Heinz Keßler auf der Baustelle erschienen war. Das Blatt würdigte wie die *Volksarmee* die Bausoldaten in bislang unbekannterweise: „Das besondere Interesse des Ministers galt den Leistungen des hier eingesetzten Pionierbaubataillons der NVA und den Bausoldaten, die den Werktätigen aus volkseigenen Betrieben sozialistische Hilfe leisten.“ Weiter hieß es: „An der Seite der Bauarbeiter erweisen sich die Pioniere und Bausoldaten der NVA als Wegbereiter bei der Errichtung dieser Brücke der Freundschaft zum Lande Lenins und tragen dazu bei, dass beide Bruderländer noch enger zusammenrücken.“ Es ist die Rede von „anregenden Gesprächen“ auf der Baustelle.

Vor dem Besuch Hoffmanns hatten die Bausoldaten Stefan Gehrt aus Dresden und Andreas Ilse aus Halle einen Brief an den Minister geschrieben und sich beschwert – über die harte Arbeit und die schlechte Verpflegung. Besonders den Bausoldaten, die in Caissons und beim Anschlagen von Beton beschäftigt waren, fehlten Regenerationsmöglichkeiten. Die Gewährung freier Tage werde von Arbeitsleistung auf der Baustelle und Disziplin abhängig gemacht. Außerdem beklagen sie sich über die Einschränkungen bei der Ausübung des Glaubens.

Sie wiesen darauf hin, dass die Bausoldaten beim Bau der „Brücke der Freundschaft“ Leistungen im Wert von mehreren Millionen Euro erbracht hätten und äußerten sich tief besorgt über die politische Lage. Gehrt und Ilse riefen die Staats- und Parteiführung auf, jede Chance zum Abbau der militärischen Konfrontation zu nutzen und ein „nukleares Inferno“ zu verhindern. Die Autoren fragen den Minister ausdrücklich, ob der Hafen überwiegend militärisch oder zivil genutzt werden soll. „Ich bin davon ausgegangen, das wird er nie lesen, aber wir haben es gemacht“, erinnerte sich Ilse.

Die Autoren des Briefes waren zunächst nicht für das Treffen mit dem Minister in Mukran vorgesehen gewesen und an diesem Tag zu einer unbekannten Baustelle geschickt worden, weil die Truppenführung nur linientreue Soldaten in Hoffmanns Nähe zulassen wollte. Beide Männer wurden jedoch auf Wunsch des hohen Gastes und zur Verwunderung der Offiziere hinzugezogen. Zwei Stunden musste Hoffmann auf Gehrt und Ilse warten, bis sie ausfindig gemacht worden waren, sich gesäubert und umgezogen hatten. Eine halbe Stunde nahm sich der Minister Zeit, um mit den jungen Männern über ihren Brief und über die Waffenverweigerung zu sprechen. Er toleriere die Entscheidung, habe Hoffmann nach Angaben von Zeitzeugen gesagt. „Wir haben uns nicht als Gegner erlebt –

das war wichtig", erinnerte sich Gehrt 1994 in einem Interview an das Gespräch mit dem Minister.

Zu sehen waren die Bausoldaten auch im Westfernsehen. Als der ARD-Korrespondent Peter Merseburger in den „Tagesthemen" über die Eröffnung der Fährlinie berichtete, wurden in dem Beitrag auch Bausoldaten gezeigt und als solche bezeichnet, als sie an einem Zaun arbeiteten.

Selbst im Westen lobte das offizielle Ost-Berlin die Bausoldaten. Im Interview mit der Wochenzeitung *Die Zeit* berichtete 1988 der neue Verteidigungsminister Heinz Keßler von den „vorbildlichen Leistungen" der Bausoldaten in Mukran. Warum ihr Einsatz nach Jahrzehnten der Tabuisierung plötzlich besonders hervorgehoben wurde, ist bis heute offen.

Für die meisten „Spatis" änderte die unerwartete Anerkennung ihrer Leistung jedoch nichts. Einige berichten sogar von noch härterem Drill als zuvor. Als besonders belastend empfanden viele Bausoldaten die nächtlichen Alarmübungen, die nach dem Ministerbesuch eingeführt wurden. Andere erinnern sich hingegen an gewisse Erleichterungen, zum Beispiel die Einführung eines geregelten Ausgangs, bessere Verpflegung und freie Sonnabende für Adventisten.

Filmisch dokumentiert wurde die Arbeit der Bausoldaten nie. Lediglich in einem Schulungsfilm der Nationalen Volksarmee erkennt der Betrachter in zwei Szenen bei genauem Hinsehen vage das Spatenabzeichen auf den Schulterstücken junger Männer, die auf der Baustelle beschäftigt sind. Aus Sicht des Militärhistorikers Matthias Rogg handelt es sich dabei mit hoher Wahrscheinlichkeit „um die einzigen Filmaufnahmen, auf denen Bausoldaten zu sehen sind". Er geht davon aus, dass die Bilder aus Unachtsamkeit nicht herausgeschnitten wurden. Alle anderen Filmaufnahmen, die es von Bausoldaten heute noch gibt, stammen aus der Zeit nach der Wende.

In der zweiten Dezemberhälfte des Jahres 1989 begann infolge des Zerfalls der staatlichen Strukturen in der DDR auch die Auflösung der Bausoldateneinheiten, ohne dass sich dafür ein genaues Datum festlegen lässt. Vor diesem Hintergrund erscheint der Befehl 28/90 des DDR-Verteidigungsministers Theodor Hoffmann vom 6. März 1990 außerordentlich realitätsfern. Er befahl die „Auflösung der ausschließlich für den Einsatz in der Volkswirtschaft geschaffenen Struktureinheiten (Pionierbaubataillone)". Aufgelistet sind sechs Bataillone, darunter auch das in Prora stationierte, das laut Befehl bis zum 1. Dezember 1993 (!) aufzulösen sei.

Nur zwölf Tage nach Ausgabe des Befehls, am 18. März 1990, fanden in der DDR die ersten freien Wahlen statt, aus denen das CDU-geführte Wahlbündnis „Allianz für Deutschland" als klarer Sieger hervorging. Als neuer Verteidigungs- und Abrüstungsminister wurde Rainer Eppelmann vereidigt – ein ehemaliger Bausoldat.

Die schwere Arbeit und die Schikanen haben viele Männer für ihr Leben gezeichnet. Obwohl die Geschichte der Bausoldaten auch eng mit der Entstehung oppositioneller Gruppen in der DDR verbunden ist, geriet ihr Schicksal nach der Wende weitgehend in Vergessenheit. Um sich für eine Aufarbeitung der doppelten Vergangenheit Proras als geplantes NS-Seebad und Bausoldaten-Kaserne einzusetzen, gründete eine Gruppe ehemaliger Verweigerer 2008 den Verein „Denk-MAL Prora", der jedoch bereits 2010 seine Auflösung bekanntgab und dies mit der „selektiven und unglaubwürdigen Erinnerungskultur in Mecklenburg-Vorpommern" begründete. Die Initiatoren kritisierten besonders die „Umgestaltung des Ortes Prora zur Party-, Wohn- und Wellness-Oase". Sie beklagten, dass jener Block V, in dem sie und ihre Kollegen zwischen 1982 und 1989 kaserniert waren, heute als Jugendherberge genutzt wird, ohne dass sich das Land um eine ausgewogene Erinnerungskultur bemühe.

„Denk-MAL Prora" existiert auch nach Auflösung des Vereins weiter, heute als Initiative bürgerschaftlichen Engagements. Am Gebäude selbst durften die ehemaligen Bausoldaten im November 2010 eine Gedenktafel anbringen, deren Inschrift an die Bewohner von einst erinnert. Der Text verweist auf das erzwungene Gelöbnis, das jeder Einzelne von ihnen bei Dienstantritt abzulegen hatte: „Wir sollten nachsprechen ... alle 240 Mann schwiegen."

Der tiefe Eindruck, den die Bausoldaten bei Verteidigungsminister Heinz Keßler hinterlassen hatten, beschäftigte ihn auch nach der Friedlichen Revolution nachhaltig. 1996 schrieb Keßler in seinen Memoiren erneut über den „vorbildlichen" Einsatz der jungen Männer in Mukran. "... so hatten sie großen Anteil beim Bau des für unsere Republik ungeheuer wichtigen Fährhafens Mukran an der Ostsee", hieß es im Buch des Ruheständlers.

Keßler bezeichnete die Wehrdienstverweigerung als „ein Problem der modernen Zeit" und glaubte, auch über die Motive der Mehrheit der Spatensoldaten Bescheid zu wissen. 50 Prozent der Wehrpflichtigen hätten sich aus „ernster innerer Überzeugung" für den waffenlosen Dienst entschieden. Der Ex-Militär schrieb: „Es waren klassische Pazifisten." Bei weiteren 40 Prozent seien politische Gründe ausschlaggebend gewesen. Für Keßler bestand an ihrem Beweggrund kein Zweifel: „Aus Gegnerschaft".

Zum zweiten konzentrierten Einsatz von Bausoldaten kam es nach den Erfahrungen in Mukran Ende der 1980er-Jahre in der Chemieindustrie. Ähnlich wie in den Caissons von Mukran mussten sie Arbeiten erledigen, für die kaum ein Zivilbeschäftigter zu finden war. Zuweilen lagen die Temperaturen am Arbeitsplatz bei bis zu 80 Grad. Die jungen Männer waren hohen Belastungen durch austretende Chemikalien ausgesetzt und nur unzureichend geschützt. In einigen Fällen werden die Bedingungen als lebensgefährlich eingestuft, beispielsweise beim Verarbeiten von flüssigem Aluminium. „Vor allem der Einsatz in den besonders gefährlichen Bereichen geschah mit Wissen und auf zentrale Anweisung aus dem innersten Machtzirkel der DDR", schrieb Justus Vesting in seinem Buch „Zwangsarbeit im Chemiedreieck - Strafgefangene und Bausoldaten in der Industrie der DDR".

Soldaten waren dort bereits seit 1974 im Einsatz gewesen, allerdings zumeist bei Bau- und Abbrucharbeiten. Die Bausoldaten wurden ab 1988 gezielt in die Produktion geschickt. „Für die Chemiebetriebe waren die Bausoldaten ein Arbeitskräftesegen", schrieb Justus Vesting.

1989 wollte der Nationale Verteidigungsrat bis zu 1600 Waffenverweigerer in den Chemiekombinaten beschäftigen. Doch der Plan scheiterte mit dem Beginn der Friedlichen Revolution.

Im Block V plant das Land Mecklenburg-Vorpommern ein Bildungszentrum, in dem die Geschichte des historischen Ortes von der Nazizeit bis zur Friedlichen Revolution thematisiert werden soll.

Mukraner Halbzeit-Rapport

Werktätige und Soldaten schreiben in enger Verbundenheit ein neues Kapitel deutsch-sowjetischer Freundschaft

Verteidigungsminister Armeegeneral Heinz Hoffmann würdigte Leistungen beim Bau des Eisenbahnfährhafens

Herzliche Gespräche führte der Verteidigungsminister an den Bauabschnitten mit Soldaten des Pionierbaubataillons Aschendorff

Generaldirektor Günter Hempelt (v. r.) und Baustellenleiter Wolfgang Fiedler (l.) erläutern den weiteren Bauablauf

Mit Rosen begrüßt wurde am 11. Juli 1984 das Mitglied des Politbüros des ZK der SED und Minister für Nationale Verteidigung, Armeegeneral Heinz Hoffmann, auf der Baustelle des künftigen Eisenbahnfährhafens Mukran/Rügen. Gemeinsam mit seinem Stellvertreter und Chef der Politischen Hauptverwaltung, Generaloberst Heinz Keßler, informierte er sich über den Stand der Arbeiten am bisher größten Integrationsobjekt zwischen der DDR und der UdSSR auf dem Gebiet des Verkehrswesens. Sein besonderes Interesse galt dabei den Leistungen der Angehörigen des Pionierbaubataillons Aschendorff, die den Werktätigen sozialistische Hilfe leisten.

Günter Hempelt, Generaldirektor des Bau- und Montagekombinates Industrie- und Hafenbau Stralsund, bilanzierte vor dem Minister die außerordentlichen Leistungen, die bislang erbracht wurden, um die Brücke der Freundschaft zwischen Mukran und Klaipeda (Litauische SSR) im Herbst 1986 planmäßig in Betrieb zu nehmen. „Ohne die tatkräftige Unterstützung der Soldaten wäre die termin- und qualitätsgerechte Realisierung der bisherigen Bauarbeiten nicht möglich gewesen", führte er aus und bedankte sich dafür im Namen der Werktätigen aus neun Kombinatsbetrieben herzlich beim Verteidigungsminister.

Der Kommandeur des Pionierbaubataillons, Oberstleutnant Peter Aschendorff, meldete dem Minister eine Planerfüllung von 116 Prozent. An zwölf Einzelprojekten hätten Baupioniere und Soldaten bisher einen Planvorsprung von 1,2 Millionen Mark erarbeitet. Das sei eine gute Ausgangsposition, um ihre Verpflichtung – zu Ehren des 35. Jahrestages drei Tagesproduktionen über den Plan zu leisten – in Ehren einzulösen. Darüber hinaus könnten die Pioniere auch auf gute Ergebnisse in der politischen und Gefechtsausbildung verweisen.

Bei der anschließenden Besichtigung führten Armeegeneral Hoffmann und Generaloberst Keßler angeregte Gespräche mit Arbeitern, Ingenieuren und Armeeangehörigen. Dabei berichtete beispielsweise Bausoldat Winfried Müller, daß sein 20köpfiges Kollektiv täglich 90 Kubikmeter Erdreich in rund 300 Kübeln aus gegenwärtig neun Metern Tiefe ans Tageslicht befördert. 16 Meter unter der Erdoberfläche werden die Caisson-(Druckluft)arbeiter an der Nord- und der Südschleuse erreichen.

Die Matrosen der Einheit Buchholz konnten ebenfalls auf ausgezeichnete Ergebnisse verweisen, auf Bauleistungen im Werte von 500 000 Mark. An ihrem Jugendobjekt, einem Versorgungsgebäude für ein Arbeiterwohnheim, so informierte der 24jährige Matrose Heimo Koch, werde nach der Devise „Jeder Jeden Tag mit guter Bilanz!" gearbeitet. Die erste Ausbaustufe konnten sie mit der Qualitätsnote 1,8 fertigstellen. Außerdem haben die FDJler seit Jahresbeginn zusätzlich Arbeiten im Wert von 80 000 Mark an der Fährbrücke geleistet, berichtete Matrose Manfred Peblow, eines von zehn Parteimitgliedern in der Jugendbrigade. Das Kollektiv um Meister Hartmut Herrgott wolle den Versorgungstrakt – ebenso wie zwei weitere Objekte, an denen die Einheit arbeitet – bis zum Republikgeburtstag übergeben. Drei Monate vorfristig! Fünf Tonnen Zement, 10 000 Mauersteine und 20 Kubikmeter Beton sollen dabei eingespart werden.

Armeegeneral Heinz Hoffmann dankte den Armeeangehörigen für ihre hohe Einsatzbereitschaft und die beispielhaften Leistungen zur Stärkung und zum Schutz des sozialistischen Vaterlandes. Damit dokumentierten sie an diesem bedeutsamen volkswirtschaftlichen Vorhaben – immerhin sollen hier jährlich 5,3 Millionen Tonnen Güter umgeschlagen werden – einmal mehr die feste Verbundenheit zwischen Volk und Armee. Mit dem Bau des Fährhafens am Prorer Wiek schreiben die Arbeiter und Soldaten ein neues Kapitel deutsch-sowjetischer Freundschaft, stellte der Verteidigungsminister fest, erweisen sich die Pioniere, Matrosen und Bausoldaten an der Seite der Bauarbeiter als Wegbereiter bei der Errichtung dieser Brücke der Freundschaft zum Lande Lenins.

Manchmal auch ein bißchen Feuerwehr

Was Bauarbeiter an ihren Mitstreitern in Uniform schätzen, darüber sprach VA mit Genossen Günter Kümmel, stellvertretender Baustellendirektor

Auf der Großbaustelle ist Halbzeit. Wie haben sich die Soldaten bisher geschlagen?
Gut. Und ich bin sicher, auch in der zweiten Hälfte – bei uns geht es ja ohne Pause weiter – wird das nicht anders sein. Zu dieser Aussage ermutigen mich die Ergebnisse, die von den Genossen der NVA bis jetzt vorgelegt wurden.

An welchen Projekten arbeiten die Armeeangehörigen?
Die Soldaten sind vom ersten Tag an auf der Baustelle. Unsere gemeinsame Arbeit begann mit der Baulanderschließung, dem Anlegen von Baustraßen, dem Errichten von Unterkünften. So ist es geblieben: Die Soldaten arbeiten an allen wichtigen Bauabschnitten mit, z. B. beim Bau der Süd- und der Nordmole, letztere ragt bereits mehr als 500 Meter ins Meer, beim Absenken der Seepfeiler für die Fährbrücke, eine schwere und verantwortungsvolle Aufgabe, bei mehreren Versorgungseinrichtungen und, und, und.

Wie schätzen Sie die Zusammenarbeit mit den Bauarbeitern in Uniform ein?
Wir sind hier auf einer Großbaustelle. Da geht's nicht ohne Probleme und zuweilen auch Meinungsverschiedenheiten ab. Nur: Was unsere gemeinsame Arbeit auszeichnet, ist, daß wir alle Probleme gemeinsam anpacken und lösen. Das gilt für die Planung und den Einsatz der Soldaten und der Technik genauso wie für die praktische Ausführung der anstehenden Arbeiten. Die Arbeiter hier wissen, daß sie auf ihre Kollegen in Uniform bauen können. Und das trägt maßgeblich zu der guten Atmosphäre bei, die bei uns auf der Baustelle herrscht. Für mich ist das ein weiteres überzeugendes Beispiel für die feste Einheit von Volk und Armee.

Was schätzen Sie an den Soldaten besonders?
Manchmal sind die Soldaten die Feuerwehr der Baustelle. Doch nicht nur wenn es brenzlig wird, wenn Termine drücken, kann man sich auf sie verlassen. Jederzeit ist das so.
Mich beeindruckt ihre unermüdliche und hohe Einsatzbereitschaft, ihre bedingungslose Zuverlässigkeit und ihre beispielhafte Plantreue. Das kann man, meine ich, gar nicht hoch genug würdigen, denn neben ihrer Arbeit auf der Großbaustelle haben sie ja auch noch militärische Aufgaben zu erfüllen, die Gefechtsbereitschaft zu gewährleisten. Darin liegt das Besondere.

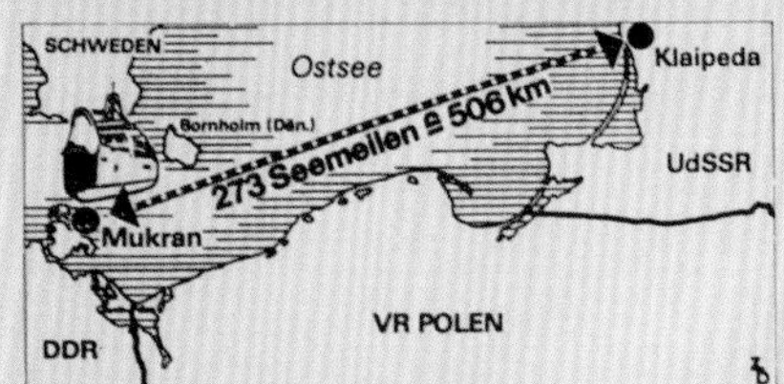

Brücke der Freundschaft über die Ostsee

Eisenbahnfährlinie DDR – UdSSR

● Die Errichtung einer Eisenbahnfährverbindung von Mukran auf Rügen nach Klaipeda in der Litauischen SSR (273 Seemeilen = rund 506 km) ist das größte Integrationsvorhaben zwischen der DDR und der UdSSR auf dem Gebiet des Verkehrswesens. Jährlich sollen auf diesem Wege 5,3 Millionen Tonnen Güter umgeschlagen werden.

● Die sechs Fährschiffe werden auf der Mathias-Thesen-Werft in Wismar gebaut. Drei fahren unter sowjetischer, drei unter DDR-Flagge. Ein Schiff ist etwa 185 m lang, nimmt in zwei Etagen auf je fünf Gleisen 103 sowjetische Breitspurwaggons auf und benötigt nur ein Sechstel der Fahrzeit, die ein Zug auf dem Landwege brauchen würde. Es legt die 506 Kilometer in 20 Stunden zurück.

● Ein Teil der Waggons wird in Mukran von sowjetischer Breitspur auf Normalspur umgeachst, bei dem anderen Teil werden die Güter in Normalspurwaggons umgeladen.

● Dem Bau waren eingehende Studien vorausgegangen. So wurden bei der Schwarzmeerfährlinie Warna–Iljitschowsk die Erfahrungen der Konstrukteure und Besatzungen der Schiffe ausgewertet und daraus die Schlußfolgerungen gezogen, ein Zweideckfährschiff zu bauen, eine zweite Brücke in Betrieb zu nehmen und so die Hafenaufenthaltszeit von zwölf auf vier Stunden zu drücken. Das dadurch erzielte Verhältnis von Fahrzeit des Schiffes und Liegezeit stellt absolutes Spitzenniveau dar.

... zigtausend Kubikmeter Erdmassen mußten bewegt werden, bevor die Nordmole 500 Meter ins Meer wuchs

»Knuppi« ist Spitze

Auf der Suche nach einem, der trotz seiner 1,60 Meter mitunter als der größte bezeichnet wird – Unteroffizier Steffen Wielsch

„Den Knuppi suchst du? Nicht zu verfehlen: 500 Meter quer rüber, Mischanlage Süd", gab mir ein Bauarbeiter Auskunft. „Brauchst bloß den größten, gelben Autokran suchen. Mit dem ist Knuppi im Gange."

Vieles hatte ich schon über den Unteroffizier im 5. Diensthalbjahr gehört: Keine Uhr brauche er, denn er schaue ohnehin nicht darauf; täglich sei er von viertel fünf bis mindestens zwanzig Uhr auf Achse – erst kürzlich habe er wieder bis gegen 22.00 Uhr gewühlt, um einen Kran zu bergen, der in den Graben gerutscht war.

Als absolut zuverlässig, stets hilfsbereit und genau, wenn es um die Pflege und Wartung seines Autodrehkranes AD-20 geht, charakterisierte Major Dieter Schurig, der Chef der Technischen Kompanie, Unteroffizier Steffen Wielsch. Doch unter seinem eigentlichen Namen kenne ihn wohl kaum einer. Da er nur 1,60 m groß sei, riefen ihn alle Knuppi, und manch einer füge anerkennend hinzu, er sei der größte. Als z. B. die Seebrücke gebaut wurde – ohne die die 240 Meter lange Spundwand nicht hätte gerammt werden können, die beim Bau der Anlegekais vor Wellen und Strömung schützt – da war er ein gefragter Mann. Denn keiner beherrscht so meisterhaft wie er den 23 Tonnen schweren Autodrehkran mit zusätzlichen 20 Tonnen am Haken. Und nicht nur den, ergänzte Leutnant Uwe Klemm, der für die Technik verantwortlich zeichnet. Der Unteroffizier besitze den Paß als Hebezeugführer, beherrsche Raupen-, mobile und Autodrehkrane, verfüge über Baggerlizenzen, fahre jeden Tatra, und bei etwas Einarbeitungszeit sei er auch auf dem ADK 125 einsetzbar. Und nicht nur das! „Wir haben anhand der Tarife, der geleisteten Motorstunden und Krankilometer errechnet", fügte der Leutnant an, „daß Unteroffizier Wielsch seit dem 1. Januar 1984 einen Wert von 100 000 Mark erarbeitet hat. Das ist absolute Spitze!" Aber nicht nur bei der Arbeit, sondern auch in der Politschulung sei der Unteroffizier bester, hatte mir Major Schurig noch verraten, bevor ich mich auf die Suche nach dem großen gelben AD-20 machte.

Da war er schon. „Knuppi" machte gerade den Kranhaken – fast so groß wie er – einsatzklar. Und stellvertretend für die Bausoldaten der Kompanie Porath, die hier als Anschläger arbeiten, weihte mich Christoph Seele inzwischen ein: „Das geht ruck-zuck, wenn Knuppi im Kran sitzt, und die Betonteile sind von den Waggons. Bei ihm müssen wir ganz schön ranklotzen, um mitzuhalten!"

„Kurze Pause für ein paar Worte?", fragte ich den Einmetersechzigmann. „Wenn's sein muß", antwortete der 22jährige und gab mir Auskunft. Baumaschinist habe er in Bischofswerda gelernt, wie sein Vater. „Am Anfang hatte ich elend zu tun mit dem Gerät", erzählte mir Unteroffizier Wielsch und zeigte auf den großen gelben Kran. Jetzt aber habe er ihn „voll im Griff", wolle demnächst sogar die Klassifizierung erlangen. Er freue sich, „wenn die Kumpels auch dann sagen: Mensch Knuppi, das hast du gut gemacht!"

Das etwa 10 t schwere und über 20 m lange Element am Kranhaken balanciert Unteroffizier Wielsch gekonnt, schnell und millimetergenau aus

Diese niveauvolle Bibliothek erfreut sich – ebenso wie die acht sehenswerten Kompanieklubs, die sich die Soldaten des Pionierbaubataillons Aschendorff seit November vergangenen Jahres selbst geschaffen haben – regen Zuspruchs. Die Leiterin, Kollegin Astrid Günther, sorgt für die ständige Vervollkommnung des Buchbestandes und berät die Pioniere bei der Auswahl der Literatur

Vom Besuch des Verteidigungsministers, Armeegeneral Heinz Hoffmann, und des Chefs der Politischen Hauptverwaltung, Generaloberst Heinz Keßler, bei Arbeitern und Soldaten auf der Baustelle Eisenbahnfährhafen Mukran an der Prorer Wiek berichteten Major Manfred Vogt und Unteroffizier d. R. Thomas Schrecker (Texte) sowie Olaf Striepling (Fotos)

Die Zeitung „Volksarmee" berichtete ausführlich über den Bau von Mukran und den Besuch von Verteidigungsminister Heinz Hoffmann.

Zeitzeuge Stephan Schack: Der Bausoldat

Die NVA nutzte das nie fertiggestellte KdF-Seebad in Prora als Kaserne.

„Menschenfeindlich, entwürdigend, demokratiefeindlich – Prora hat mich radikal verändert.“ Stephan Schack war gerade mal 19 Jahre alt, als er im Mai 1984 zu den Bausoldaten eingezogen wurde und zum ersten Mal den Block V in Prora betrat. Ein junger Mann, der sich entschieden hatte, nie eine Waffe in die Hand zu nehmen. Für ihn gab es nur eine Alternative, als die Einberufung in die Nationale Volksarmee bevorstand: die Ableistung des Wehrdienstes als Bausoldat. Auf harte Arbeit hatte ihn die kirchliche Wehrdienstberatung halbwegs vorbereitet, auf Schikanen, Einsamkeit und den Kasernenalltag nicht. „In der Konsequenz war die Armeeerfahrung ausschlaggebend dafür, dass ich fortan in der Opposition gearbeitet habe – daran ist die DDR selbst schuld. Bis ich nach Prora kam, habe ich ein anderes Bild von diesem Land gehabt, das ich hier und da auch mitgestalten wollte“, sagte Schack rückblickend.

Der sozialistische Staat, vor allem das Schulsystem, die Kirche und ein Erlebnis während der Ausbildung bei der staatlichen paramilitärischen Gesellschaft für Sport und Technik (GST) hatten seine Jugend in Jena geprägt. Schacks Vater war evangelischer Pfarrer, „DDR-freundlich orientiert“, wie sein Sohn sagte, aber auch immer am Dialog mit dem Staat interessiert, um auf diesem Wege Veränderungen bewirken zu können. „Kirche im Sozialismus bedeutete für viele in der Kirche, den Sozialismus aus christlicher Verantwortung heraus lebenswerter zu machen“, erklärte Schack.

Der Junge wurde pazifistisch, aber nicht antikommunistisch erzogen, war aktives Mitglied bei den Jungen Pionieren und der Freien Deutschen Jugend und hatte schon als 13-Jähriger an paramilitärischen Pioniermanövern teilgenommen. Mit 17 Jahren erhielt er einen der begehrten Ausbildungsplätze in einem Interhotel. Er wollte Kellner werden.

Die Lehrlinge in der DDR mussten an vormilitärischen Übungen teilnehmen, die von der GST organisiert wurden. Als die Schießausbildung auf dem Programm stand, nahm Schack zunächst wie selbstverständlich das Gewehr zur Hand, legte es aber nach dem ersten abgefeuerten Schuss wieder zur Seite. „In diesem Moment beschloss ich, nie wieder eine Waffe anzufassen“, sagte er. „Ich verweigerte die Schießausbildung.“ Eine Entscheidung, die ihn die Lehrstelle im Interhotel hätte kosten können, doch er durfte bleiben.

„Sehr viel später habe ich erfahren, dass es einzelne Menschen in meinem Umfeld gab, die Verantwortung für meine Ausbildung hatten, die meine Entscheidung geachtet und mich vor Konsequenzen geschützt haben.“ Auch auf die Ankündigung bei der Musterung, aus religiösen Gründen den Wehrdienst an der Waffe verweigern und Theologie studieren zu wollen, reagierte der Staat nicht, wie oftmals üblich, mit Drangsalierungen. „Ich wurde nicht einmal zusammengebrüllt. Als Pfarrerssohn war ich vermutlich an dieser Stelle privilegiert“, meint Schack. Eine Totalverweigerung hatte er nicht erwogen: „Ich hatte Angst vor dem Knast.“

Stephan Schack war in Prora der Jüngste in seiner Kompanie, die aus 90 Bausoldaten bestand.

Schack war in Prora der Jüngste in seiner Kompanie, die aus 90 Bausoldaten bestand und die von nun an für 18 Monate sein komplettes Leben bestimmte. Katastrophale hygienische Bedingungen, schlechte Verpflegung, Drill und harte Arbeit auf der Baustelle Mukran – junge Männer wie er wurden aus ihren Elternhäusern in eine Welt katapultiert, deren Härten und Zwänge sie bis an die Belastungsgrenze forderten. „Viele sind an dieser Erfahrung zerbrochen, mit jahrelangen Traumata als Folgen", sagte Schack.

Der Wehrdienst in Prora begann mit einer zehntägigen militärischen Grundausbildung ohne Waffen- und Gefechtsübungen. Dann ging es zum ersten Mal per Lastwagen ins wenige Kilometer entfernte Mukran. „Eine unglaubliche Dreck- und Schlammwüste war das damals", erinnerte sich Schack. Das gewaltige Gelände war noch kaum mit Straßen erschlossen. Tausende Arbeiter waren im Einsatz.

Schack hatte in Mukran unterschiedliche Jobs: Küchenhelfer, Schachtarbeiter, Materialverwalter. Die berüchtigten Arbeiten in den Caissons (Senkkästen) unter Wasser oder bei der gefährlichen Verladung großer Betonbauteile blieben ihm erspart.

Der Tag begann um 4.30 Uhr mit Wecken, um 5.30 Uhr gab es Frühstück. Um 6 Uhr fuhren die Lastwagen mit den Bausoldaten von Prora nach Mukran. Gegen 17 Uhr kehrten sie zurück. Die Sanitäranlagen in Prora waren miserabel ausgestattet: 30 Männer mussten mit zehn Waschbecken auskommen. Warmes Wasser gab es lediglich an einem Hahn pro Waschraum.

Schack: „Einige Männer hatten sich Schläuche besorgt, deren Einsatz als Duschschlauch bei Strafe verboten war." Trotzdem wurden sie benutzt. Vor dem befohlenen Gemeinschaftsduschen in einem großen Raum, an dem die ganze Kompanie mit bis zu 90 Männern teilnehmen musste, versuchten sich viele zu drücken. Nach dem Duschen marschierte die Kompanie zum Abendessen. An vielen Tagen gestand die NVA den Männern nur 30 Minuten Freizeit zu. Um 21 Uhr wurde die Nachtruhe befohlen. Mehr Freiraum genossen die Bausoldaten nur, wenn Kasernendienst statt Baustellenarbeit auf dem Tagesprogramm stand.

Ausgang war zu Beginn von Schacks Dienstzeit nicht erlaubt. Später, nach dem Besuch von Verteidigungsminister Hoffmann im Juli 1984, gestatteten die Offiziere einen Ausgang pro Woche und monatlich einen verlängerten Wochenendurlaub. „Wichtig war, dass wir für jeden Tag, den wir hinter uns hatten, einen Strich im Kalender machen konnten", berichtete Schack. Der enge Briefkontakt mit Freunden und der Familie, die Lektüre zahlloser Bücher und die Kontakte zu anderen Bausoldaten haben ihm die Kraft gegeben, den Dienst durchzustehen. „Das waren Maßnahmen, um zu überleben."

Die Soldaten waren zu sechst in einem kleinen Raum untergebracht, der mit drei Doppelstockbetten, sechs Spinden, einem Tisch und sechs Hockern eingerichtet war. „Damit war das Zimmer voll." Erlaubt waren pro Zimmer ein privates Bild an der Wand, ein Radio und eine Topfpflanze. Die Spinde wurden täglich kontrolliert.

Es herrschten Enge und auch Misstrauen. „Wir haben uns gefragt: Wer gehört zu denen?" Die Bausoldaten waren sich sicher, dass sie von der Staatssicherheit überwacht wurden. Doch wer von „denen" tatsächlich in der Uniform eines Kameraden steckte, wusste niemand. Die Männer ahnten auch, dass einige Räume verwanzt waren. Nach der Friedlichen Revolution im Herbst 1989 erfuhr Schack aus den Unterlagen des Stasi-Unterlagenarchivs, dass der Geheimdienst eine „Operative Personenkontrolle" (OPK) mit dem Ziel eingeleitet hatte, Hinweise auf Straftaten und seine „feindlich-negative Haltung" zu gewinnen. Der junge Bausoldat aus Jena trug in den Akten den Decknamen „Wühlmaus".

Die Bausoldaten lebten in Prora auf engstem Raum zusammen und wussten, dass sie von der Staatssicherheit überwacht wurden.

Trotz des Verdachts, dass sie überwacht würden, trafen sich kritische Bausoldaten zu geheimen Diskussionen in den kleinen Kammern des Blocks. Schack: „Wir haben über die Weltpolitik diskutiert und über die Situation in Prora." Zum Kern der Gruppe zählte er sechs bis acht Bausoldaten, zum Umfeld bis zu 20.

Heimlich schrieben die Männer Texte, die im September 1984 als offene Briefe bei dem Treffen „20 Jahre Bausoldaten" und im November zur traditionellen zehntägigen Friedensdekade der Kirchen verlesen wurden. Darin wandten sie sich vor allem gegen die zunehmende Militarisierung der Gesellschaft. Die Texte hatten sie aus Angst vor Repressalien nicht mit ihren Namen, sondern als „eine Gruppe Proraer Bausoldaten" unterschrieben. Erst zum Ende der Dienstzeit schickten sie Eingaben an mehrere evangelische Synoden, die sie mit vollem Namen unterzeichneten. „Im Rückblick und im Wissen, wie sehr die Stasi uns unter Kontrolle hatte, bin ich überrascht, dass das alles so ging – die Treffen, die Briefe", meint Schack heute.

Die NVA setzte die Bausoldaten für schwere körperliche Arbeit ein.

Dass der Staat nicht, wie befürchtet, autoritär reagierte, ermutigte die Bausoldaten zu weiteren Aktionen: Zwei von ihnen schrieben – wie bereits berichtet – einen Brief an Verteidigungsminister Heinz Hoffmann und beklagten sich über die Lebens- und Arbeitsbedingungen in Prora und Mukran. Ein Jahr nach Hoffmanns Besuch in Mukran schrieb auch Schack einen Brief ans Ministerium, in dem er eine durchwachsene Bilanz des Ministerbesuches und den Anordnungen Hoffmanns zog – ein unerhörter Schritt eines Verweigerers in der strengen militärischen Hierarchie der NVA, der erneut ohne Reaktion blieb und den jungen Schack bestärkte, sich auch nach dem Wehrdienst politisch zu engagieren.

Im Oktober 1985 wurde Schack aus der NVA entlassen, kehrte in seinen Beruf als Kellner zurück und arbeitete ehrenamtlich in der Wehrdienstverweigererberatung. Sein Ziel: Künftig sollten keine Spatensoldaten mehr so unvorbereitet wie er in Mukran oder auf anderen Baustellen ankommen. Schack und seine Mitstreiter boten DDR-weit Seminare an und waren sich stets bewusst, dass die Staatssicherheit sie penibel beobachtete. Seine Arbeit in der kirchlichen „Wehrdienstberatung" mündete im Herbst 1989 in die Gründung des „Neuen Forums" im ostthüringischen Bezirk Gera. „Ich wollte die DDR nie verlassen, ich wollte sie verändern."

Stephan Schack lebt heute in Naumburg (Saale), hat drei erwachsene Kinder und arbeitet freiberuflich als Trainer, Berater und Coach für Demokratie- und Menschenrechtspädagogik, interkulturelle Verständigung, Partizipation sowie kognitive Neurowissenschaften. Ehrenamtlich ist er außerdem im Fachbeirat des Prora-Zentrums tätig. Dieser Verein ist seit mehr als 20 Jahren im Umfeld von Block V, dem Bausoldatenstandort in den 1980er-Jahren, in den Bereichen Bildung, Dokumentation und Forschung aktiv.

„Früher haben wir Schwerter zu Pflugscharen gefordert, warum nicht auch Kasernen zu Jugendherbergen?", so Schack bei der Eröffnung der im Block V mit anderen Einrichtungen gegründeten Jugendherberge Prora – der längsten der Welt, wie sie sich selbst bezeichnet. Blickt Stephan Schack auf seinen waffenlosen Grundwehrdienst als Bausoldat in Prora und Mukran zurück, fällt seine Bilanz bis heute zwiespältig aus: „Es war ganz eindeutig die schlimmste Zeit meines Lebens. Damals hatte ich mir als persönliche Verpflichtung aus Prora mitgenommen: Sollte ich jemals einen Sohn haben, muss ihm das erspart bleiben! Mit meiner Mitwirkung an der Friedlichen Revolution in der DDR 1989/90 haben ich dieses ‚Lebensziel' erreicht. Im Angesicht des Krieges gegen die Ukraine und die damit verbundenen neu aufkeimenden Diskussionen um die Wiedereinsetzung der Wehr- oder der Einführung einer allgemeinen Dienstpflicht mache ich mir nun vor allem um meine jüngste Tochter Sorgen, die noch einige Zeit davon betroffen wäre. Bis heute daran mitzuarbeiten, dass ein Ort, an dem über Jahrzehnte die Demokratie und die Menschenrechte mit Armeestiefeln getreten wurde, zu einem Lernort für Demokratie werden kann, betrachte ich als eine große Herausforderung und tue das sehr gerne."

Dass sich das menschenverachtende System der NVA nicht habe durchsetzen können, empfindet Schack als große Genugtuung. Das sei auch ein Verdienst von etwa 18.000 Waffendienstverweigern, die im Laufe der etwa 25-jährigen Geschichte der Baueinheiten ihren Dienst in der NVA ableisten mussten und sich auf vielfältige Weise für Menschenrechte, Demokratie und Freiheit eingesetzt haben.

Die größten Eisenbahnfähren der Welt

Nach einer Drehung vor der Pier legten die Fähren mit dem Heck voran in Mukran (Foto) und Klaipėda an.

Die Planungen für den Einsatz der neuen Fähren stellten die Konstrukteure vor große Herausforderungen. Der Transport der Eisenbahnwaggons auf den Schiffen sollte sicher und vor allem schnell erfolgen. Vier Stunden Liegezeit in einem Hafen für das Be- und Entladen – das war das ehrgeizige Ziel. Der Volkseigene Betrieb (VEB) Mathias-Thesen-Werft (MTW) in Wismar erhielt den Auftrag für alle sechs geplanten Schiffe der Linie. Für den Bau jener Fähren, die später unter sowjetischer Flagge unterwegs sein sollten, hatten sich auch andere Werften interessiert. Der UdSSR, die selbst keine Produktionskapazitäten frei hatte, lagen Angebote aus Jugoslawien sowie der westdeutschen Flender-Werft vor. Die Konzepte ähnelten sich auffällig: „Die Analyse der Konkurrenzdokumentation ergab eine verblüffende Ähnlichkeit mit der DDR-Fähre", meldete im Januar 1986 ein DDR-Geheimdienstler aus Moskau. Dass Wismar den Zuschlag für den Großauftrag erhielt, hatte mehrere Gründe: Die Werft hatte in den siebziger Jahren bereits mehrere Kreuzfahrtschiffe an die Sowjetunion geliefert und daher Erfahrung mit dem Bau von großen Fahrzeugen. Viele technische Anlagen waren vorhanden, eine neue Helling mit 90 Meter hohen Portalkränen sowie eine hochmoderne Schweißanlage mussten noch gebaut werden. Die neuartigen Portalkräne konnten bis zu 300 Tonnen heben und waren damit deutlich leistungsfähiger als herkömmliche Kräne, die nur für Lasten bis zu 50 Tonnen ausgelegt waren. 150 Millionen Mark kostete die Erweiterung der Werft, mit der der Bau der neuartigen Schiffe ermöglicht wurde.

Die Volkswerft in Stralsund beispielsweise wäre zu klein gewesen und war außerdem mit dem Bau von Fischereibooten weitgehend ausgelastet. Auch in den Rostocker Werften waren die Kapazitäten knapp.

Die fünf Schiffe mit den werftinternen Objektbezeichnungen 321 bis 325, die die MTW zwischen 1986 und 1989 auslieferte, waren weitgehend baugleich und mit rund 190 Metern Länge und 28 Metern Breite die größten, die je in der DDR gebaut wurden. Dass selbst die Schiffstechnik den internationalen Vergleich trotz der chronischen Versorgungsmängel in diesem Sektor nicht scheuen musste, hatte in erster Linie politische Gründe: „Das Projekt hatte höchste Priorität, da der Bau der Schiffe auf einen Beschluss des Politbüros zurückging", erinnerte sich der damalige Chefprojektant Fred Cravaack. Die Beschaffung des Materials für die Mukran-Fähren sei daher – im Gegensatz zu vielen anderen Projekten – völlig problemlos verlaufen. In dem Film „Seeweg der Zukunft" sagte er 1985: „Wissenschaftlich-technische Weltspitzenleistung wurde gefordert, und das mit einem sehr kurzen Termin."

Volker Höffer, Chef des Stasi-Unterlagenarchivs in Rostock, geht davon aus, dass in der Mathias-Thesen-Werft wie in den anderen Schiffbaubetrieben der DDR auch 100 bis 120 inoffizielle Mitarbeiter der Staatssicherheit im Einsatz waren. Mit von der Partie waren auch Offiziere im besonderen Einsatz (OibE), also Stasi-Mitarbeiter, die als Sicherheitsinspektoren oder andere Führungskräfte eingesetzt wurden. Höffer spricht von einer „massiven Absicherung" der Werften.

Noch im April 1982, als die Bauarbeiten in Mukran schon begonnen hatten, unterlagen auf der Werft in Wismar selbst bei Parteimitgliedern Informationen über die geplante Fährverbindung der Geheimhaltung. 173,5 Millionen Mark kostete jedes Schiff, damit waren die Neubauten die teuersten, die jemals in Wismar gebaut wurden. Am 2. Oktober 1984 begann der Bau der „Mukran", für den 27. August 1985 war der Stapellauf geplant. In Rostock hatte sich der Termin längt herumgesprochen. Wer daran teilnahm, durfte später darüber nicht berichten.

Dass die Geheimhaltung in der Praxis kaum durchzuhalten war, schilderte Werftdirektor Müller am 3. Dezember 1985 in einem Brief an das Generaldirektorat des Kombinats Schiffbau. Modelle seien bereits in der Öffentlichkeit ausgestellt worden. Außerdem berichtete Müller vom genehmigten Besuch eines ZDF-Teams mit dem Redakteur Bruno Funk am 28. November auf der Werft, das sofort Fragen zu den Eisenbahngüterfähren gestellt habe. Bei einer Hafenrundfahrt hatte er zuvor deutlich die im Bau befindliche Fähre gesehen. Die Werftvertreter schwiegen jedoch - wenn man ihren Behauptungen glauben darf - eisern. Die Werftdirektor setzte sich nach dem Vorfall dafür ein, die Route der Hafenrundfahrten zu verlegen. Als der Stapellauf bevorstand, ordnete sein Sekretariat an, darüber nicht die Medien zu informieren.

Werftarbeiter in Wismar betrachten das Modell der neuartigen Doppelstockfähre.

Im Frühjahr 1986 folgten die ersten Probefahrten: Vom 15. April bis zum 2. Mai war die „Mukran" zwischen den Reeden Wismar und Warnemünde unterwegs. Die künftige Besatzung wohnte in Schlafwagen, die auf dem Ladedeck standen. Die Kabinen wurden von Technikern und der Bauleitung belegt. Erst am 9. August 1986 zeigte das DDR-Fernsehen erstmals das neue Schiff. Als erste Fähre lieferte die Werft nach mehreren Probefahrten und Reisen nach Klaipėda am 27. August 1986 die „Mukran" ab. Die ersten Kapitäne waren im Wechsel Gerhard Gumprecht und Gerhard Thiemann, der 25 Jahre auf dem Kreuzfahrtschiff „Völkerfreundschaft" gefahren war.

Die ersten nautischen Erprobungen waren bereits im April pünktlich zum elften Parteitag der SED erfolgt. Die „Klaipėda", die „Kaunas", die „Vilnius" und die „Greifswald" folgten in den Jahren darauf. Die „Mukran" und die „Greifswald" fuhren unter DDR-Flagge, am Heck der „Klaipėda", „Kaunas" und „Vilnius" wehte die Fahne der UdSSR. Nummer sechs, die „Wismar“, wurde nicht mehr gebaut. Der Betrieb könne mit fünf Schiffen bewältigt werden, entschieden im Juni 1988 die Mitglieder des SED-Politbüros und anschließend der Ministerrat der DDR. Die „Wismar“ wäre nicht ausgelastet gewesen.

Ihr Bau hätte ohnehin die angeschlagene DDR-Wirtschaft überfordert: Zusätzliche Investitionen von 400 Millionen Mark für das Schiff und den weiteren Ausbau von Mukran wären notwendig gewesen, so hatte es das Verkehrsministerium errechnet. Ursprünglich sollen die Pläne für die Fährverbindung sogar noch größer gewesen sein: Zeitzeugen berichten von einer geplanten siebten Fähre mit dem Namen „Deutsch-Sowjetische Freundschaft“, die als Ersatz dienen sollte, wenn die sechs bereits fahrenden Schiffe vollständig ausgelastet gewesen wären oder ein Schwesterschiff ausfallen sollte. Die „Deutsch-Sowjetische Freundschaft“ sollte von deutscher und sowjetischer Seite mit gemischten Mannschaften betrieben werden.

Der Hinweis auf dieses Schiff geht auf Angaben des Reichsbahn-Dispatchers Rudi Buchweitz zurück, der von diesem Projekt im März 1987 bei der Rede eines Politfunktionärs vor Jugendlichen in Mukran erfahren hatte. Die Idee wurde jedoch verworfen – die Projektplaner seien sich einig gewesen, dass das vorgesehene Güteraufkommen auch dann zu bewältigen gewesen wäre, wenn eine der Fähren wegen eines Werftaufenthalts ausgefallen wäre. In den Archiven konnte der Autor keine Hinweise finden, dass der Bau einer siebten Fähre geplant war.

In der Werft in Wismar waren für den Bau der Fähren umfangreiche Investitionen erforderlich.

Mit dem Auftrag zum Bau von Fährschiffen, die ausschließlich Eisenbahnwaggons transportieren sollten, war bereits in der frühen Planungsphase ein Sonderwunsch der Sowjetunion vom Tisch. Die UdSSR hatte gefordert, auf den Schiffen auch Räume für den Transport von Lkw-Trailern zu schaffen. Die DDR lehnte mit Blick auf die hohen zusätzlichen Kosten jedoch ab. Drei Millionen Mark hätte dieser Plan zusätzlich pro Fähre gekostet. Sieben Millionen wären im Hafen dazugekommen. Auch der Vorschlag, die Schienen in den Boden einzulassen und die Schiffe auf diese Weise zugleich für Straßenfahrzeuge befahrbar zu machen, sei wegen der hohen Zusatzkosten verworfen worden.

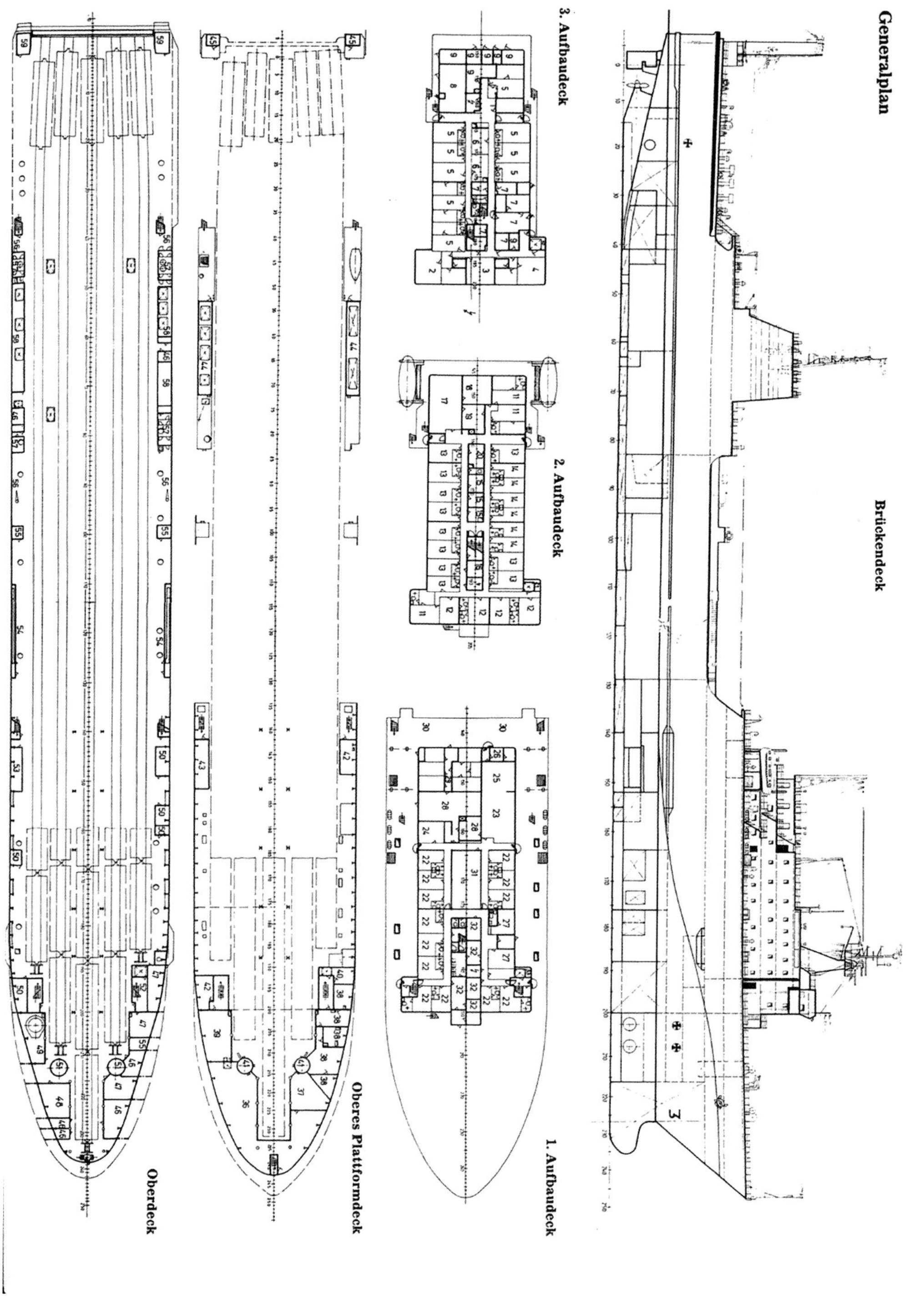

Generalplan
Brückendeck
3. Aufbaudeck
2. Aufbaudeck
1. Aufbaudeck
Oberes Plattformdeck
Oberdeck

Die Schiffsplaner hatten sich für eine bis dahin weltweit einmalige Doppelstockfährenkonstruktion entschieden. Auf zwei Decks konnten insgesamt 103 Breitspurwagen von durchschnittlich je 84 Tonnen transportiert werden. Das Oberdeck bot Platz für 54 Wagen, unten waren es 49. Das Unterdeck war für Wagen mit einem Gewicht bis zu 170 Tonnen ausgelegt. Bei den Planungen waren die Ingenieure der Werft in Wismar von sowjetischen Standardwagen mit 14,73 Meter Länge, 3,4 Meter Breite und 5,3 Meter Höhe ausgegangen.

Mit der Verwendung von Breitspurgleisen anstelle der Normalspur lag die Auslastung der Schiffe um 35 Prozent höher. Das Prinzip dieser Doppelstockfähren war patentrechtlich geschützt und galt seinerzeit als ingenieurtechnische Spitzenleistung. 1987 wurde dieser Schiffstyp auf der Leipziger Messe mit der Goldmedaille ausgezeichnet.

Drei Fähren unter sowjetischer Flagge pendelten zwischen Mukran (Foto) und Klaipėda.

Zwei Bug- und Heckstrahlruder sorgten für eine außergewöhnliche Wendigkeit. Der hintere Teil des offenen Oberdecks war für Wagen mit gefährlichen oder explosiven Stoffen vorgesehen. Wurden im geschlossenen Unterdeck Militärfahrzeuge transportiert, schaltete die Schiffsbesatzung die Belüftungsanlage ein, um die Brand- und Explosionsgefahr durch Benzin oder Diesel zu minimieren. Elf Querschotts teilten das Schiff in zwölf wasserdichte Abschnitte.

Die „Greifswald" gehörte zu den beiden Fähren der Deutschen Seereederei.

Die Be- und Entladung erfolgte zeitgleich mit jeweils zwei Zügen – einer backbord, einer steuerbord –, um die Stabilität nicht zu gefährden. Beim Entladen zogen zwei Dieselloks zunächst die 54 Wagen über eine bewegliche Laderampe vom Oberdeck. Danach wurde die Rampe nach oben geneigt. Erst dann stand unten genug Platz zur Verfügung, und die Entladung der 49 Wagen vom Hauptdeck konnte beginnen.

Sobald die Wagen dort verschwunden waren, ging es mit der Beladung weiter: erst unten, dann oben. Die Züge wurden mit 824 Ketten und 412 Stützböcken gesichert, die verhindern sollten, dass sich die Waggons bei Seegang aufschaukelten oder in eine gefährliche Schieflage gerieten.

Beim Löschen und Laden musste vorsichtig agiert werden. Die Wagen durften sich nur mit einer Geschwindigkeit von einem Meter pro Sekunde bewegen, was 3,6 km/h entspricht. Wegen der großen Lasten konnten die Fähren leicht in Schieflage (Krängung) geraten, besonders bei Seegang und stürmischem Wetter. Registrierten die Messgeräte einen kritischen Krängungswinkel von mehr als drei Grad, sorgte eine eigens entwickelte Krängungsausgleichsanlage für eine Stabilisierung der Schiffe.

Der Knickwinkel zwischen dem Ladedeck des Schiffes und der beweglichen Rampe an Land durfte maximal zwei Grad betragen. Bei Tests auf einer

Versuchsanlage der Deutschen Reichsbahn hatten die Konstrukteure der Werft festgestellt, dass sich die Kupplungen der russischen Breitspur bei einem größeren Winkel leicht lösten – die Wagen wären ins Rollen und außer Kontrolle geraten. „Das wäre ein Desaster gewesen", sagte Fred Cravaack, „der Neigungswinkel war unser größtes Problem." An der Pier sorgten riesige ausfahrbare Fender (Puffer) dafür, dass sich das Schiff beim Laden und Löschen nicht zur Seite neigte. Alle Fähren waren so ausgerüstet, dass sie Güter der höchsten Gefahrgutklasse befördern konnten. Wichtig war auch, den Abstand zwischen den Schienen auf der Fährbrücke und auf Deck so gering wie möglich zu halten. Eine Streichholzschachtel durfte maximal in die Lücke hineinpassen - das war das Maß.

Betankt wurden die Schiffe in Klaipėda - wegen der günstigen Treibstoffpreise. Eine Anlage stand in Mukran bereit, wurde aber nie genutzt. Dort standen Tanks für die Versorgung mit Schmierstoff. Die Sowjets verpflichteten sich außerdem, auf ihren Werften die Wartungen der Schiffe zu übernehmen. Dafür stand ein Dock in Riga zur Verfügung. Vergleichbare Anlagen für so große Schiffe waren in der DDR zunächst nicht vorhanden. Zeitweise war die „Mukran" auch in Stettin im Dock, später in einem Neubau in Rostock-Warnemünde.

Für die Technik der Ver- und Entsorgungseinrichtungen hatte die Werft Patente angemeldet. Die Schiffe waren mit eigenen Trinkwasseraufbereitungs- und Müllverbrennungsanlagen ausgerüstet. „Schon damals mussten wir die Belange der Umwelt berücksichtigen", sagte Cravaack. „Es durfte nichts in die Ostsee abgelassen werden." 325 Tage pro Jahr sollte jedes Schiff pro Jahr unterwegs sein und dabei 159 Rundfahrten bewältigen. Ihre Lebensdauer war bei dieser Belastung mit 20 Jahren berechnet worden.

Mit ihrer damals vollkommen neuartigen Konstruktion hatten sich die Ingenieure in Wismar gegen das Konzept der vier Eisenbahnfähren entschieden, die seit dem 13. November 1978 auf dem Schwarzen Meer zwischen dem damaligen Iljitschowsk in der UdSSR und Varna in Bulgarien verkehrten. Bevor das Hafenbauprojekt Mukran abgesegnet worden war, hatten der stellvertretende DDR-Verkehrsminister Heinz Rentner und eine Delegation von Experten, zu denen auch Fred Cravaack gehörte, die Schwarzmeerschiffe besucht und waren dort zu dem Ergebnis gekommen, dass die Verbindung Iljitschowsk –Varna nur bedingt ein Vorbild für den Verkehr zwischen der DDR und der UdSSR sein konnte.

Der Grund für die Skepsis der Experten lag vor allem bei der aufwendigen und störanfälligen Konstruktion der Schiffe: Auf den damals größten Eisenbahnfähren der Welt wurden die Wagen zeitraubend mit Fahrstühlen von einem der drei Decks zu einem anderen transportiert. Als technisches Vorbild hatten Railship-I-Schiffe gedient, die in den siebziger Jahren zwischen Lübeck-Travemünde und Hanko in Finnland unterwegs waren. Die Fähren Varna-Iljitschowsk fuhren im Gegensatz zu den Mukran-Fähren ohne festen Fahrplan. Eine weitere Dreideckfähre mit

Aufzügen und bordeigenen Rangierloks fuhr zwischen Civitavecchia und Golfo Aranci in Italien. Zehn Stunden dauerte der Ladevorgang auf den mit 9.610 Bruttoregistertonnen vermessenen Schwarzmeerfähren – ein reibungsloses Funktionieren des gewaltigen, aus dem Westen gelieferten Fahrstuhles vorausgesetzt. Die Umlaufzeit der vier Fähren betrug zunächst 72, später 60 Stunden und war damit deutlich länger als im Konzept Mukran-Klaipėda vorgesehen.

Zeitweise waren die Schwarzmeerfähren wegen der Liftprobleme nur zu 50 Prozent ausgelastet. 1979 lag die Transportleistung bei zwei Millionen Tonnen, 1983 waren es 3,4 Millionen. Organisatorische Eigenheiten bei der Anmeldung der Schiffe in den Häfen sorgten für weitere Probleme. So wurden beispielsweise Pass- und Zollformalitäten zeitraubend erst an Bord abgewickelt. Dafür musste sich die Crew vollständig versammeln, während das Schiff stundenlang nach Personen durchsucht wurde, die sich möglicherweise versteckt hatten. Ein Vorgang, der bis zu sechs Stunden dauern konnte. Üblicherweise werden in den Häfen die Personen kontrolliert, wenn sie das Schiff betreten oder verlassen.

In einigen Punkten sind die Ähnlichkeiten zwischen den Fähren auf der Linie Mukran-Klaipėda und Iljitschowsk –Varna jedoch nicht zu übersehen. Dort waren die Dreideckschiffe für 108 Breitspur-Eisenbahnwaggons ausgelegt, auf der Ostsee waren es 103. Mit 185,40 Metern waren auch die Längen nahezu gleich. Außerdem hatten die Schiffe fast identische Distanzen zu bewältigen: Der Seeweg auf dem Schwarzen Meer betrug 250 Seemeilen bei einer Fahrzeit von etwa 17 Stunden. 20 Stunden waren es auf der Ostsee bei einer Entfernung von 273 Seemeilen.

Dass es auch technisch einige Übereinstimmungen gab, gehörte zum Konzept. „Unsere Schiffe sollten auch die Schwarzmeer-Linie bedienen können", berichtete „Mukran"-Kapitän Gerhard Thiemann. Allerdings wären Transporte mit den Ostseefähren wegen der abweichenden Be- und Entlademöglichkeiten in Varna und Iljitschowsk nur auf einem Deck realisierbar gewesen. Auch an die umgekehrte Variante hatten die Planer gedacht: Die Fährbrücken in Mukran und Klaipėda waren so konzipiert worden, dass auch die Schwarzmeer-Fähren dort anlegen konnten. Die Planer der Reichsbahndirektion Greifswald schrieben am 31. August 1982: „Für den Fährhafen Mukran sind entsprechend den vorgesehenen Fährschiffen 2-Etagen-Fährbrücken vorgesehen, wobei zu sichern ist, daß auch Schwarzmeerfähren zum Einsatz kommen können (3-Deck-Fähren von Land über ein Deck bedienbar)." Die Fährbrücken galten in beiden Häfen als die kompliziertesten technischen Bauwerke. In der Reichsbahndirektion arbeitete ähnlich wie im Verkehrsministerium eine Arbeitsgruppe an dem Fährprojekt.

Die UdSSR stellte auf dem Schwarzen Meer die auf der Werft Uljanik im jugoslawischen Pula gebauten Fähren „Geroi Shipki" und „Geroi Plevny". Bulgarien schickte die in Norwegen hergestellten und 19 Knoten schnellen Schiffe „Geroite na Odessa" und „Geroite na Sewastopol" auf die Fährlinie. Die Schiffsnamen in den jeweiligen Landessprachen sind zusammengesetzt aus dem Wort „Helden" und den Orten berühmter Schlachten. Auch auf dieser Strecke mussten die Eisenbahnwagen von Breit- auf Normalspur umgerüstet werden. Auf den Schiffen standen 45 Einzelkabinen für die Besatzung bereit, sechs Doppelkabinen waren für Passagiere vorgesehen.

Bei der Planung der Schwarzmeerlinie hatten – wie bei der Ostseeverbindung – strategische Überlegungen und die Umfahrung eines vermeintlich unzuverlässigen Partners eine große Rolle gespielt: Die Schiffe fuhren auf dem Weg von der Sowjetunion bis nach Bulgarien am großen Hafen von Constanza in Rumänien vorbei. Das Land des Diktators Nicolae Ceausescu galt im kommunistischen Lager als schwer berechenbar und gehörte damit wie Polen zu den Partnern, die in Moskau und Ost-Berlin misstrauisch beobachtet und als unzuverlässige Bruderstaaten eingeordnet wurden. Westliche Experten vermuteten daher, dass auch die Einrichtung der Schwarzmeerverbindung vor allem militärische Gründe gehabt habe.

Die Grafik zeigt im vereinfachten Querschnitt den Aufbau der baugleichen Fähren.

Das Konzept für die Schiffe der Fährlinie Mukran-Klaipėda und die Eignung der Schiffe für militärische Transporte waren westdeutschen Militärs schon früh bekannt. Bereits 1983 konnte die in Westdeutschland erscheinende Fachzeitschrift *Europäische Wehrkunde* präzise über Größe, Leistung und Fahrzeiten berichten. Bei der Konstruktion handele es sich um „große Allzweckschiffe mit zwei Eisenbahndecks, die jeweils 103 vierachsige Güterwaggons aufnehmen. Dazu das Begleitpersonal und, falls erforderlich, auch einige hundert Soldaten mit ihrem schweren Gerät", hieß es in dem Bericht. Die Fähren „mit Eisklasse" seien zudem „besonders stabil". Die Schiffe hatten die Klasse DSRK KM I Eis 2 der DDR-Schiffs-Revision und -Klassifikation (DSRK) erhalten, die sowjetischen die entsprechende Klasse der UdSSR.

Der Transport von militärischen Gütern und Mannschaften war schon früh fester Bestandteil der Planungen. Im September 1984 legte Verkehrsminister Otto

Arndt Verteidigungsminister Heinz Hoffmann ein Konzept vor. Offiziell hatten sich die DDR und die UdSSR im April 1984 darauf geeinigt, die Fähren auch für Militärtransporte („M-Transporte") zu nutzen. Der zusätzliche Aufwand für die Truppeneinrichtungen an Bord sei minimal, hieß es in einer Vorlage von Arndt für das SED-Politbüro. Da die Schiffe nur 20 Stunden unterwegs sein sollten, reichte eine spartanische Ausstattung. In einem belüfteten Laderaum, einem sogenannten Freiraum, unter der Wasserlinie zwischen den Spanten 95 bis 152 wurden die Soldaten untergebracht und während der Überfahrt mit kalter Verpflegung versorgt. Die Installation von zehn Toiletten, vier Handwaschrinnen und einer Pissoirrinne fiel bei den Investitionen nicht sonderlich ins Gewicht. „Bei der Konstruktion waren diese Räume nicht speziell vorgesehen", sagte der Chefprojektant der Schiffe, Fred Cravaack. „Unter Deck war aber genügend Platz vorhanden. Diese Planungen haben sich die Militärs vorbehalten."

Bei den ersten Fahrten mit Truppen an Bord hatte die NVA noch Campingliegen aufgestellt, die jedoch bei Seegang gefährlich ins Rutschen geraten konnten und außerdem zu viel Platz benötigten. Das Schiff bot bei dieser Variante nur Raum für 200 Soldaten, 300 sollten es jedoch sein. Später wurden in dem geheimen Raum fixierte Fünferliegen und Doppelstockliegen angebracht. Zehn Minuten dauerte es im Schnitt für 100 Mann, bis sie den Weg von der Pier bis zum Transportraum zurückgelegt hatten. Der Transportleiter der NVA und ein Offizier des Schiffes hatten die Männer über die militärischen und nautischen Sicherheitsvorschriften an Bord zu belehren, bevor eine Überfahrt begann. Erst wenn die Soldaten in einem „Belehrungsbuch" unterschrieben hatten, dass sie in die Regeln eingewiesen worden waren, durfte das Schiff ablegen. Kontakte gab es nur zwischen Schiffsführung und Offizieren.

Auf der Mathias-Thesen-Werft in Wismar entstanden die Bauteile der Schiffe und wurden dort montiert.

Zeitzeugen berichten immer wieder von Gerüchten und Spekulationen, dass ursprünglich bis zu 600 Soldaten auf den Schiffen transportiert werden sollten. Ehemalige Crewmitglieder halten diese Zahl jedoch für unrealistisch. Bereits bei einer Belegung mit 300 Personen mussten die Männer in Schichten schlafen. Die NVA war bei ihren Transporten im Durchschnitt sogar nur mit 60 Soldaten unterwegs. Politoffiziere überprüften streng die Einhaltung der Geheimnisschutzvorschriften. Auf den Schiffen der Deutschen Seereederei fuhr der Politoffizier stets mit, auf den Fähren Mukran-Klaipėda jedoch nicht immer - vermutlich, weil die überwiegend als linientreu eingestuften Crews und die Verbindung „zum großen Bruder“ Sowjetunion eine stetige Kontrolle überflüssig machten. Der Politoffizier für die beiden deutschen Eisenbahnfähren war in einem Büro der Deutschen Seereederei (DSR) im Hafen von Mukran untergebracht. Er musste nicht zwingend als Seemann ausgebildet sein, war aber dennoch Vertreter des Kapitäns. Außerdem ging mit den Soldaten ein Militärarzt für die medizinische Versorgung an Bord.

Die Schiffe bestanden aus einzelnen Segmenten, die in Präzisionsarbeit zusammengesetzt wurden.

Während der gesamten Überfahrt hatten die Mannschaften unter Deck zu bleiben. Nur die Offiziere durften die dunklen Räume verlassen. „Es war ein komisches Gefühl sich vorzustellen, dass in einer Höhe von circa drei Metern die Wasserlinie ist“, erinnerte sich Thomas Hahn, der 1989 als 26 Jahre alter Führungszugführer einer Flugabwehr-Raketenbatterie auf der Ostsee unterwegs war. „Und dann fällt einem ein, dass immer noch Tausende Minen und Bomben und Granaten aus dem Zweiten Weltkrieg da draußen liegen. Der einzige Weg nach oben geht über die Niedergänge – für ein paar hundert Mann.“

Nicht jeder Soldat hielt sich an die strengen Regeln auf dem Schiff, manche ließen Ausrüstungsgegenstände mitgehen. Nach einem Militärtransport im Mai 1989 empfahl einer der Kapitäne der „Mukran“, Gerhard Gumprecht, die Transportleiter der NVA darauf hinzuweisen, dass Diebstähle zu befürchten seien. Um Kontrollen werde man nicht herumkommen. In seinen schriftlichen Empfehlungen bezog er sich auf den zweiten von drei „M-Transporten“ in diesem Monat. Gumprecht schrieb: „Eine derartige Kontrolle erfolgte nach dem 2. Transport und ergab eine Fehlmenge von 14 Stck. Karabinerhaken und 9 Stck. Trillerpfeifen.“ Einige Haken seien bei den Soldaten entdeckt worden.

Bei ihrer ersten Fahrt war die „Mukran“ komplett beladen.

Das Schiffspersonal war deutlich komfortabler als die Soldaten untergebracht: Den jeweils 42 Besatzungsmitgliedern standen Ein-Mann-Kabinen zur Verfügung. Für Gäste waren sechs Doppelkabinen vorgesehen. Im Zweiwochen-Rhythmus wechselte die Crew. Ihr bot das Schiff sogar einen gewissen Luxus, wie die DDR-Fachzeitschrift *Seewirtschaft* 1987 berichtete: „Ein Innenschwimmbad mit Sauna, Sportraum, Hobbyraum und Fotolabor bieten der Besatzung Möglichkeiten der Entspannung und Erholung.“ Waren jedoch Soldaten und ihre Ausrüstung an Bord, war das Fotografieren verboten; das Fotolabor wurde verplombt. Außerdem stellte die Reederei den Seeleuten Videokassetten und „Abspieltechnik“ zur Verfügung. Da der Besatzung für Landgänge kaum Zeit blieb, sollte ihr der Aufenthalt an Bord möglichst angenehm gestaltet werden.

Zur Eröffnungsfahrt luden die Offiziere die Gäste zu einem Besuch auf der Brücke der „Mukran“ ein.

Die Auswahl der Besatzung erfolgte „auf der Grundlage festgelegter kaderpolitischer Grundsätze“. Weil die Schiffe als strategisch bedeutsam eingestuft worden waren, durfte hier nur arbeiten, wer als politisch zuverlässig galt. Zur ersten, damals noch 46-köpfigen Besatzung der „Mukran“ gehörten 19 Mitglieder der Staatspartei SED und 21 der Freien Deutschen Jugend der DDR. Auch bei der zweiten Crew war der geforderte Organisationsgrad von 26 Prozent SED-Mitgliedern an Bord erfüllt. Für die Kapitäne galten die Regeln, die seit den siebziger Jahren auf allen DDR-Schiffen zu erfüllen waren: Sie mussten eine leitende Funktion in der SED als Parteisekretär ausüben oder als politischer Offizier ausgebildet sein. In der Regel war auch die Stasi an Bord. Seit 1980 war es das Ziel des Ministeriums, auf jedem Schiff der Deutschen Seereederei mindestens einen IM unterzubringen. Volker Höffer, Leiter des Stasi-Unterlagenarchivs in Rostock, geht davon aus, dass jedem Besatzungsmitglied klar war, dass mindestens ein oder zwei IM an Bord waren. Wer auf einem der Schiffe arbeitete, musste außerdem in die Massenorganisation Gesellschaft für Deutsch-Sowjetische Freundschaft eintreten.

Für die Besatzungsmitglieder und die anderen Passagiere stand an Bord eine umfangreiche Rettungsausrüstung zur Verfügung, die jedoch nicht ausgereicht hätte, wenn der geheime Transportraum unter Deck voll mit Soldaten belegt gewesen wäre. Auf dem zweiten Aufbaudeck befanden sich zwei geschlossene Motorrettungsboote für je 54 Personen. Hinzu kamen auf dem ersten Aufbaudeck an jeder Bordseite drei Rettungsflöße für je 20 Personen, ein weiteres Floß für acht Personen sowie Schwimmwesten und Rettungsringe. Bei Belegung des Truppenraums unter Deck mit Soldaten wurde das Schiff mit zusätzlichen Rettungsmitteln und einem größeren Frischwasservorrat ausgerüstet.

Die baugleichen Schiffe „Greifswald“ und „Kaunas“ liegen an der Pier in Mukran.

Die Schiffe waren wie die meisten der DSR für eine „Hermetisierung“ ausgerüstet, um Fahrten durch kontaminiertes Gebiet während eines militärischen Konflikts zu ermöglichen. Dazu wurden sämtliche Schotten geschlossen. Die Räume, in denen sich Menschen aufhielten, wurden mit leichtem Überdruck belüftet, sodass verseuchte Luft nicht ins Schiff eindringen konnte.

Etwa einmal pro Monat stand für die Besatzungen die militärisch-maritime Ausbildung (MMA) auf dem Programm. Dazu gehörten neben der Hermetisierung Entgiftungsübungen und Belehrungen. Auf der Brücke übte die Schiffsführung Ausweichmanöver auf See und die Beobachtung des Luftraums. Militärisch-maritime Übungen der Besatzungen gehörten zum Pflichtprogramm auf allen zivilen Schiffen, die bei Krise oder Krieg zu Seetransportabteilungen zusammengefasst und in den Bestand der Volksmarine eingegliedert worden wären. Die NVA hatte Mitte der achtziger Jahre hierfür rund 200 Schiffe eingeplant. Koordiniert wurde der militärische Einsatz der Zivilflotte von der Transportkommandantur See der

Volksmarine. Zu den Besonderheiten zählte dabei, dass die Seeverkehrswirtschaft ihre Transporte und Dienstleistungen vom Militär bezahlt bekommen hätte.

Abgewickelt wurde der Fährverkehr auf deutscher Seite vom Volkseigenen Betrieb Deutfracht Seereederei Rostock (DSR) und auf sowjetischer Seite von der Litauischen Seereederei Klaipėda, die wegen ihrer internationalen Aufgaben schon damals unter der englischen Bezeichnung „Lithuanian Shipping Company“ (Lisco) firmierte. Den Schiffsverkehr in den Häfen von Mukran und Sassnitz überwachte die Verkehrsleitstelle in Sassnitz. „Sassnitz Port“ koordinierte in Spitzenzeiten jährlich 20.500 Schiffsbewegungen.

Zur Eröffnung der Fährverbindung gaben die Post der DDR und der UdSSR Sondermarken heraus.

Am 27. August 1986 wurde mit der „Mukran“ das erste der fünf Schiffe offiziell in Betrieb genommen, die Jungfernfahrt verlief reibungslos. Bei einer der Probefahrten der nagelneuen „Mukran“ war es noch am 16. April 1986 zu einer Havarie gekommen, die einen Schaden von 750.000 DDR-Mark zur Folge hatte. Die Maschine aus dem VEB Maschinenbau Halberstadt hatte die festgelegte Höchstdrehzahl überschritten. Gegen 22.45 Uhr war mit einem explosionsartigen Geräusch Wasserdampf aus der Hauptmaschine 4 ausgetreten. Die Besatzung stellte fest, dass ein Zylinderkopf und mehrere Ventile schwer beschädigt waren.

Eine Verkettung mehrerer Fehler soll zu dem Unfall geführt haben: Der Drehzahlregler der amerikanischen Firma Woodward war nicht eingestellt worden und der mechanische Überdrehzahlschutz aus dem VEB Maschinenbau in Halberstadt, der zum Kombinat Schwermaschinenbau „Karl Liebknecht“ gehörte, funktionierte nicht. Selbst die Notstoppeinrichtung hatte im entscheidenden Moment versagt. Noch während der Probefahrt wurden Ersatzteile zum Schiff transportiert und eingebaut.

Die Staatssicherheit war nach den ersten Meldungen über die Havarie zunächst dem Verdacht nachgegangen, dass es sich um einen weiteren Fall von Sabotage handeln könnte. Zu diesem Zeitpunkt lief unter der Leitung der Bezirksverwaltung Rostock die Aktion „Stahl“, die nach Einschätzung von Mitarbeitern des Stasi-Unterlagenarchivs Rostock zu den größten in der Geschichte der Staatssicherheit im Norden der DDR gehörte.

Anlass für die Aktion war ein Sabotageakt auf der Mathias-Thesen-Werft in Wismar. In der Hauptmaschine des für die Sowjetunion gebauten Schiffes „Kristall“ war am 29. November 1984 Stahlkies (Späne) entdeckt worden. Auf demselben Gelände hatten bereits die Vorbereitungen für den Bau der „Mukran“ begonnen; die Stasi und die Volkspolizei waren alarmiert. Am 10. Dezember 1984 schlug die Kreisdienststelle Wismar der Staatssicherheit vor, den „Operativvorgang Stahl“ anzulegen. Außerdem ordnete die Staatssicherheit eine verstärkte Überwachung der Werft an.

Die Schiffe konnten nur mit Waggons der sowjetischen Breitspur beladen werden.

In der Akte der Staatssicherheit hieß es dazu: „Die durchgeführten Erstmaßnahmen der Untersuchungskommission ergaben, daß der Stahlkies vorsätzlich in das Schmierölsystem der Hauptmaschine... eingebracht wurde, um diese zu zerstören, unbrauchbar zu machen oder zu beschädigen.“ Noch am 5. September war die Hauptmaschine nach einem kleinen Brand mit geringem Schaden komplett zerlegt und überprüft worden. Fremdkörper hatten die Werftmitarbeiter in Wismar dabei nicht entdeckt.

Für die Ermittler bestand kein Zweifel, dass sich der Täter mit der Maschinentechnik und den Abläufen auf der Werft bestens auskannte. Der Stahlkies hatte Schäden im Lager und in der Kurbelwelle angerichtet, die sich auf 200.000 Mark summierten. Die Späne stammten vom Werftgelände und wurden regulär mit Druckluft eingesetzt, um Metall zu entrosten.

Der Leiter der Bezirksverwaltung Rostock ordnete die Gründung einer Arbeitsgruppe namens 2/85 mit 14 Mitarbeitern an. „Das Angriffsobjekt der Straftat ist die sozialistische Staats- und Gesellschaftsordnung“, schrieb die Kreisdienststelle Wismar. Bei dem Schiff handele es sich um ein volkswirtschaftlich bedeutendes Objekt.

Auf der Werft und im Umfeld erhöhte die Staatssicherheit die Zahl der Inoffiziellen Mitarbeiter (IM) auf 27. Binnen weniger Monate zählte die Stasi 320 „Treffs“ mit Informanten und erarbeitete 830 „operative Informationen“. In acht Fällen wurden versteckte Kameras und Mikrofone eingesetzt. Die Zahl der Personen, die aus Datenbanken herausgefiltert und überprüft wurden, lag bei mehr als 2.000. Hunderte weitere Menschen erfasste die Stasi in diversen Vorgängen und legte schließlich eine Datei mit den Namen von 300 Verdächtigen an.

Hinweise auf den Täter fanden sich jedoch trotz der ungewöhnlich groß angelegten Ermittlungen und Überwachungen nicht. Auch eine zunächst heiße Spur hatte zu keinem Ergebnis geführt: Die Ermittler hatten besonders eingehend neun Personen unter die Lupe genommen, darunter einen damals 62-jährigen Schlosser, der Angehöriger der Waffen-SS gewesen war und als nicht linientreu galt. Doch auch gegen diesen Mann ließen sich keine Beweise finden.

Die Ermittlungen dauerten bis zum Jahr 1988, sie blieben jedoch ohne eine erkennbare Verbindung der Havarie bei der Erprobungsfahrt der „Mukran“ mit der Operation „Stahl“. Diesen Zusammenhang hatte die Staatssicherheit bereits am 29. August 1986 nach umfangreichen Recherchen zahlreicher Experten ausgeschlossen.

Ausgerechnet der Mitarbeiter der sowjetischen Bauaufsicht für die Eisenbahnfähren auf der Werft erregte 1987 ebenfalls die Aufmerksamkeit der Staatssicherheit, die erfahren hatte, dass der Mann „intensive persönliche Kontakte“ mit einem Niederländer pflegte. Er war in Wismar als Bauaufsicht der Reederei Joon Shipping Rotterdam beschäftigt. Der Sowjetbürger befinde sich seit der Übergabe der Fähre „Klaipėda“ an Bord und habe dem Niederländer ausführlich von den Qualitätsmängeln des Schiffes berichtet. Die niederländische Bauaufsicht habe daraufhin ihre in Wismar im Bau befindlichen Schiffe gesondert kontrolliert. Der Vorgang wurde auch der Truppenführung der GSSD gemeldet. Welche Konsequenzen für den Sowjetbürger und den Niederländer folgten, ist den Akten nicht zu entnehmen.

Als größte Eisenbahnfähren der Welt gingen die Schiffe ins Guinness-Buch der Rekorde ein.

Zeitzeuge Gerhard Thiemann: Der Kapitän

Am Tag der Eröffnung gaben die Kapitäne Gerhard Gumprecht (rechts) und Gerhard Thiemann Interviews.

Dass neuartige Fähren die DDR mit der Sowjetunion verbinden sollten, hatte Kapitän Gerhard Thiemann (Jahrgang 1935) schon gehört, lange bevor die ersten Bauarbeiter in Mukran anrückten und die Arbeiten in der Mathias-Thesen-Werft in Wismar begannen. „Das erzählte man sich im Küstenklatsch", berichtete der Seemann aus Rostock. Anfang der achtziger Jahre war er selbst noch auf dem Frachtschiff „Altenburg" unterwegs. Als langjähriger Kapitän des DDR-Kreuzfahrtschiffes „Völkerfreundschaft" hatte er zuvor Erfahrungen auf allen Weltmeeren gesammelt.

Die Neuigkeit im Küstenklatsch brachte Thiemann auf eine Idee, die sein Leben verändern sollte: Er wollte mit einer der neuen Fähren die Ostsee befahren. Statt monatelang auf See zu bleiben, wünschte sich Thiemann eine Arbeit im festen Rhythmus mit regelmäßigen Aufenthalten zu Hause. 14 Tage an Bord, dann könnte er nach Rostock fahren, wo seine kranke Frau auf ihn wartete. „Sie war damals zu viel allein", sagte Thiemann, „die Kinder fuhren auch zur See."

Ein weiterer Grund für Thiemanns Entscheidung war Jahre zuvor ein existenziell einschneidendes Erlebnis an Bord eines Schiffes in der Nordsee gewesen. Nur mit knapper Not hatte er einen Blinddarmdurchbruch überlebt. In letzter Minute hatten Rettungsmannschaften den todkranken Seemann vom Schiff in ein Krankenhaus an Land bringen können. Seitdem stand für den Kapitän fest, dass er seine Schiffe nicht allzu fern von den Küsten führen wollte.

Thiemann war in Westfalen aufgewachsen und wegen der Bombenangriffe im Zweiten Weltkrieg mit seiner Familie zur Großmutter ins vermeintlich sicherere Stralsund geflohen. Das Kriegsende erlebte er in Garz auf Rügen. Seine Karriere begann er 1951 als Schiffsjunge auf einer 15-Meter-Barkasse des Seehydrographischen Dienstes in Stralsund. „Seemann war damals ein Beruf mit Perspektive", erinnerte sich Thiemann. Noch war die Flotte der staatlichen Deutschen Seereederei der DDR klein, „aber es gab Aussicht auf viele Schiffe in der Zukunft".

Bevor er das Kommando auf der „Mukran" übernahm, musste auch Thiemann ans Schwarze Meer reisen, um die Arbeit auf der Linie Iljitschowsk – Varna kennenzulernen. Ausführlich beschäftigte er sich mit dem Konzept dieser Eisenbahnfährverbindung und analysierte deren Stärken und Schwächen. Für eine Woche trat er ins zweite Glied zurück und fuhr vom 29. Mai bis zum 11. Oktober 1985 als Assistent des Kapitäns auf der Schwarzmeerfähre „Geroite na Sewastopol". Fünf weitere DDR-Kollegen begleiteten ihn auf der Erkundungsreise.

Im selben Herbst stand Thiemann zum ersten Mal auf der Brücke der „Mukran" auf dem Gelände der Mathias-Thesen-Werft in Wismar. Bis dahin hatte er das Schiff nur von Bauzeichnungen gekannt, nun gehörte der künftige Kapitän zur Bauaufsicht. „Das Konzept des Schiffes war völlig neu", erinnerte sich Thiemann. Auch im Westen gab es keine Vorbilder für die Zweideck-Eisenbahnfähren.

Gerhard Thiemann fuhr Jahre als Kapitän auf dem DDR-Passagierschiff „Völkerfreundschaft", bevor er auf die „Mukran" wechselte.

Wenige Monate später stand fest, dass das Konzept für die Linie Mukran – Klaipėda funktionierte. „Die Probefahrten Anfang 1986 verliefen weitgehend reibungslos", berichtete der Kapitän. Dass eine Maschine bei einer solchen Fahrt ausfällt, sei nicht ungewöhnlich gewesen: „Das kann einen Seemann nicht besonders erschrecken." Auch auf die vielen unbeleuchteten Schiffe vor der polnischen und sowjetischen Küste sei er vorbereitet gewesen – mit moderner Radartechnik. Thiemann hatte darauf bestanden, zusätzlich zum störanfälligen Radar sowjetischer Bauart noch ein weiteres Gerät aus DDR-Produktion auf der Brücke installieren zu lassen. Insgesamt absolvierte die „Mukran" vor dem offiziellen Start fünf Probefahrten, davon eine mit kompletter Beladung. Dabei wurde der gesamte Be- und Entladevorgang inklusive Umladen und Umspuren der Eisenbahnwagen in Mukran geprobt. Aufmerksam verfolgten die Offiziellen, ob die geplante Umlaufzeit von 48 Stunden für die Fahrt Mukran – Klaipėda – Mukran mit diesem Schiff und der Technik an Land eingehalten werden konnte. Die Erprobung gelang in der vorgegebenen Zeit.

Jahrelang fuhren die Fähren an der Hafeneinfahrt von Klaipėda an dem Wrack der „Rudolf Breitscheid" vorbei. Das DDR-Schiff verunglückte am 24. September 1988 bei einem schweren Sturm.

„Militärische Aspekte spielten für unsere Arbeit kaum eine Rolle“, sagte Thiemann. Militärgüter seien in der Regel in verschlossenen Waggons transportiert worden. „Was sich in den Wagen befand, hat uns nicht interessiert.“ Dass die Schiffe im Kriegsfall mit Bohlen ausgelegt werden konnten, um notfalls auch Panzer ohne den Einsatz von Eisenbahnwagen transportieren zu können, habe er erst Anfang der neunziger Jahre erfahren, sagte der Kapitän.

Dennoch war die Art der Güter für den Kapitän von Bedeutung. Vor jeder Reise habe er einen Stauplan erhalten, aus dem die Position einzelner Wagen auf den Decks hervorging. Dabei war stets eine Regel genau zu beachten: Gefahrgut steht hinten auf dem oberen Deck. Als gefährlich galten nicht nur die Munition in den verplombten Wagen des Militärs oder die Sprengstoffe für den Bergbau. Auch die importierte Baumwolle war berüchtigt: Sie konnte sich selbst entzünden.

Allerdings waren die Informationen, die der Kapitän erhielt, nicht immer vollständig. Bei Beratungen des sowjetischen Seeflottenministeriums mit dem Verkehrsministerium der DDR im November 1988 kritisierte die deutsche Seite, dass aus diesem Grund das Einhalten der Stauvorschriften und die Sicherheit des Schiffes nicht gewährleistet sei. Die Verhandlungspartner vereinbarten, die Vorschriften zu überarbeiten. Dass eines Tages auch Nuklearwaffen mit den Schiffen transportiert würden, ahnte zu diesem Zeitpunkt vermutlich niemand. In den umfangreichen Vorschriften zu den Transporten giftiger, explosiver und anderer gefährlicher Güter war zu DDR-Zeiten von radioaktivem Material nicht die Rede.

Thiemann fuhr auch nach dem Ende der DDR auf der „Mukran“. Bis er 1993 in Frührente ging, stand er auf der Brücke des Schiffs. Klaipėda war seine erste Station im Ausland gewesen, als er in den fünfziger Jahren als junger Matrose auf der „Vorwärts“ fuhr. „Nun war es auch mein letzter Hafen.“

Versteckte Truppen und gefährliche Güter: Militärtransporte über die Ostsee

Regelmäßig fuhren Raketeneinheiten der Nationalen Volksarmee zum Übungsschießen nach Kasachstan.

Das Tempo im Hafen Mukran hatte die Militärs bereits beim ersten Test außerordentlich beeindruckt. Als am 26. März 1987 der erste Militärtransport auf die „Mukran" rollte, dauerte es nur wenige Stunden, bis 125 Soldaten und 30 Fahrzeuge auf den Decks verstaut waren. 20 Stunden später traf der Transport, den das DDR-Verteidigungsministerium angeordnet hatte, in Klaipėda ein. Ein Katzensprung für die Einheiten der NVA und der Sowjetstreitkräfte, die bei einem Transit auf dem Landweg über Polen beinahe eine Woche bis zur sowjetischen Grenze unterwegs gewesen wären.

Den Transport hatten Offiziere der NVA und der sowjetischen Truppen im Hauptquartier in Wünsdorf bei Berlin gemeinsam geplant. Bei der Zusammenstellung der Ladung hatten die Militärs darauf geachtet, von den wichtigsten Fahrzeugtypen je einen einzusetzen. Die Reise wurde von einer 22-köpfigen Spezialistengruppe der NVA begleitet. Ein Augenzeuge berichtete von einer „reibungslosen Fahrt".

Allerdings hatten sich auf See auch Schwächen beim Transport der Soldaten gezeigt, weil die Campingliegen in den Truppenräumen bei unruhiger See in Bewegung geraten waren. Bei einer Reise mit 300 Soldaten, die auf dem Schiff unterkommen sollten, mussten daher andere Varianten geprüft werden. Außerdem regte das Spezialistenteam in einer „Vertraulichen Dienstsache" an, sich über die Sicherstellung der Verpflegung und medizinischen Hilfe Gedanken zu machen

„Durch die Garnison Klaipėda der Sowjetarmee wurden die Truppen der NVA am 27. März herzlich begrüßt und zu mehreren Treffen der Waffenbrüderschaft eingeladen", berichtete Oberst Dr. Ing. Horst Zimmermann vom Ministerium für Nationale Verteidigung in einem Beitrag für die Zeitschrift *Militärwesen* über den ersten Test und gab die Marschrichtung vor: „Im Endausbauzustand ist es möglich, daß sich gleichzeitig drei bis vier Truppentransporte in Mukran aufhalten." Am 29. März kehrten die Einheiten nach Rügen zurück.

„*Militärwesen*" war eine Fachzeitschrift der NVA, die nur an Berufsoffiziere und andere autorisierte DDR-Bürger abgegeben wurde. Der Beitrag des Autors Zimmermann erschien in einer der Zusatzausgaben, die als „Vertrauliche Verschlusssache" eingestuft wurden (*Militärwesen VVS*) und damit der Geheimhaltung unterlagen. Die Zeitschrift wurde nur mit der Dienstpost verteilt, war für Kommandeure bestimmt und trug den Vermerk „Nur für den Dienstgebrauch".

Seit den ersten Probefahrten befanden sich nicht nur Ausrüstung und Soldaten der Armeen aus der DDR und der Sowjetunion an Bord, sondern auch Wagen mit Gütern geheimer Außenhandelsorganisationen. Als das Schiff in Mukran zu einem Test ablegte, standen auf den Decks 27 Waggons der NVA, fünf der sowjetischen Streitkräfte in Deutschland und weitere fünf des „Ingenieur-Technischen Außenhandels" (ITA). Der ITA gehörte ebenso wie der Bereich Kommerzielle Koordinierung (KoKo) von Alexander Schalck-Golodkowski zum DDR-Außenhandelsministerium. In der Vorbereitungsphase der ersten Testfahrt war ein Vertreter der Organisation im Frühjahr 1984 nach Odessa gereist, um auf den Eisenbahnfähren des Schwarzen Meers Informationen zu sammeln, die für Militärtransporte auf der Ostsee nützlich sein konnten.

Über den konspirativ arbeitenden ITA, dessen Existenz in der DDR kaum bekannt war, sind nach der Wiedervereinigung nur wenige Unterlagen erhalten geblieben und erst im Ansatz erforscht worden. Der Außenhandelsbetrieb war verantwortlich für Im- und Exporte von Rüstungsgütern innerhalb der Länder des Warschauer Vertrages und damit auch für die militärische Ausrüstung der „bewaffneten Organe" in der DDR. Außerdem lieferte der ITA Waffen an sogenannte Befreiungsorganisationen und Länder, die in Devisen zahlten. Die Transporte wurden in der Regel als „Spezialgüter", „sonstige Güter" oder „spezifische Güter" deklariert. Die ersten regulären ITA-Transporte auf der Linie begannen im August 1987. Schnell stieg die Zahl in die Höhe. Allein im Jahr 1988 plante der ITA mehr als 600 Transporte über Mukran. Die Sicherungsanforderungen bei ITA-Transporten waren grundsätzlich hoch. Die Transportpolizei kontrollierte stündlich die Wagen, im Umachsbereich des Fährhafens standen Posten. In Ausnahmefällen übernahm die NVA die Bewachung. Dass Militärgüter der Gefahrenklasse 1 (Sprengstoff und Munition) in der Regel nicht umgeladen wurden, sondern mit umgespurten Waggons verschifft wurden, hatte zwei Gründe: Militärs und Reichsbahner gingen von einem geringeren Unfallrisiko aus. Außerdem waren die Umgebung der Umspurhalle und die Gleise in diesem Teil des Bahnhofs von außen kaum einzusehen. „Bedeutende" Transporte wurden laut einer seit 1989 bestehenden Regelung hauptsächlich nachts von und zu den Schiffen gefahren.

Die im Nato-Jargon „Scud" genannten Raketen konnten mit nuklearen Sprengköpfen bestückt werden.

Im Hafen von Mukran hatten die „Leitstelle für Auslandstransporte" der Nationalen Volksarmee und die „Transportaußenstelle" des ITA einen eigenen Sitz. Die NVA-Leitstelle wurde am 1. Dezember 1986 in den Mobilmachungsplan der Streitkräfte aufgenommen. Ab dem 1. Juni 1989 bezog der ITA die Büroräume 327 und 328 im Zentralen Dienstgebäude des Fährhafens Mukran. Den Vertrag darüber unterzeichneten der Stellvertreter des ITA-Chefs, Horst Berg, und der Leiter des Fährkomplexes, Rudi Dobbert. Diese Dienststellen sollten gemeinsam mit den Umschlagbetrieben, der Volksmarine und den sowjetischen Streitkräften die landseitige Abwicklung der Transporte übernehmen. Im selben Gebäude waren auch die 27 Transportpolizisten untergebracht, die für Sicherheit der ITA-Transporte verantwortlich waren.

Hafen und Schiffe waren für Ladung mit der höchsten Gefahrgutklasse zugelassen, folglich stand Transporten von Munition oder Raketen nichts im Wege. In der Regel machte die Sowjetarmee von dieser Möglichkeit Gebrauch. Die regelmäßigen Versorgungstransporte für die ihre Truppen in der DDR begannen am 1. Dezember 1987.

Die Nationale Volksarmee war in den ersten Jahren nur selten mit den Schiffen unterwegs. Sie nutzte die Fähren zumeist, um Raketeneinheiten zum Übungsschießen ins mehr als 3.000 Kilometer entfernte Kasachstan zu bringen. 1989 fanden solche Fahrten regelmäßig auf dieser Linie statt. Allein im Mai jenes Jahres soll die „Greifswald" auf fünf Reisen jeweils bis zu 300 Mann der NVA nach Klaipėda gebracht haben. Bis zu 40 Wagen mit Material standen bei jeder Reise auf dem Unterdeck.

Um Informationen über heikle Transporte geheim zu halten, erhielt die Reichsbahndirektion (RBD) Greifswald 1988 drei neue Chiffriergeräte, die ältere Modelle ablösten. Damit konnten die Eisenbahner Informationen mit diversen Dienststellen austauschen, darunter mit dem Verkehrsministerium, den anderen Direktionen und dem Fährkomplex Mukran. Weitere Kontakte mit Chiffriermöglichkeiten bestanden mit dem Militärbezirk V, der Staatssicherheit sowie den Räten in den Bezirken und den Bezirksleitungen der SED. Von Mukran aus konnten auch chiffrierte Nachrichten nach Klaipėda übermittelt werden. Die Qualität der Verbindung wurde jedoch immer wieder beanstandet. Die Bediener der Chiffriergeräte trugen den Status eines Geheimnisträgers.

Im Protokoll der Staatssicherheit über eine „sicherheitspolitische Absprache" mit der Reichsbahndirektion hieß es am 25. April 1988: „Die Aufgaben der CS (Anmerkung: Chiffrierstelle) zur Gewährleistung der gedeckten Nachrichtenübertragung in dem Zusammenhang mit der Vorbereitung, Planung und Realisierung des Militärtransports besteht in der stabilen gedeckten Verbindung zwischen der Reichsbahndirektion der DDR und dem MB V (Anmerkung: Militärbezirk V). Es werden die Zugfahrten bei Militärtransporten grundsätzlich nur an die nächstfolgende RBD gemeldet…". Grundsätzlich solle gewährleistet werden, dass Ausgangs- und Endbahnhof nur den entsprechenden Direktionen bekannt werden.

Im Mai 1989 fanden Beratungen statt, die Anlage zum Austausch von chiffrierten Daten zwischen Mukran und Klaipėda zu modernisieren. Auch Vertreter aus der UdSSR waren anwesend. Die Inbetriebnahme war für Anfang 1990 vorgesehen und sollte im Besonderen für die Abwicklung von Militärverkehr und dem Transport von Spezialausrüstungen genutzt werden.

Am Sitz der Reichbahndirektion (RBD) arbeiteten außerdem die Eisenbahntransportkommandantur (Etkdr) der NVA und das Äquivalent der sowjetischen Armee. Beide Einrichtungen hatten darüber hinaus im Fährhafen Mukran örtliche Dienststellen eingerichtet, um den Militärverkehr zu kontrollieren und zu koordinieren. Außerdem gehörten zu den Reichbahndirektionen der DDR die für den Militärverkehr verantwortlichen Hauptabteilungen für Spezielle Transporte und Bauaufgaben (HA STBA). Dort wurden die Fahrten der Militärzüge festgelegt und überwacht.

In Greifswald war die Hauptabteilung 1989 mit fünf Inoffiziellen Mitarbeitern zur politisch-operativen Durchdringung und Sicherung des Verantwortungsbereiches (IMS) „gesichert". Die STBA in der Reichsbahndirektion arbeitete abgeschottet. Zugang zu den Räumen war nur mit einer speziellen roten Karte möglich, die das Türschloss öffnete. In den Räumen mussten alle Unterlagen über Militärverkehr und andere Themen nach Feierabend oder in den Pausen eingeschlossen werden.

Grundsätzlich gingen die Planungen der Militärs jedoch nicht von Waffentransporten in Richtung Osten aus, sondern umgekehrt. Im Falle einer Eskalation des Kalten Krieges sollte der Hafen in Mukran eine wichtige Rolle spielen und einen Teil der gewaltigen Transporte abwickeln, die das Militär nach Westen in Gang gesetzt hätte. Der Warschauer Vertrag rechnete damit, bei Krise oder Krieg in zwei bis drei Tagen 25 Divisionen durch die DDR bewegen zu müssen. Bei Luftangriffen auf Straßen und Bahnen wären sie sechs bis sieben Tage unterwegs gewesen. Für die „Weiterführung der operativen Vorbereitung des Territoriums der DDR als Teil des Kriegsschauplatzes" stellte Ost-Berlin zwischen 1981 und 1985 knapp 2,3 Milliarden Mark bereit, erfüllte jedoch damit die Forderungen des Oberkommandierenden des Warschauer Vertrages nur zu 70 Prozent. Er hatte zusätzlich mehrere 100 Millionen für Eisenbahnen, Nachrichtenwesen und Luftstreitkräfte gefordert. Angesicht dieser Summen für kriegsvorbereitende Investitionen in der gesamten DDR wird die herausragende Bedeutung der Fährverbindung deutlich, die allein mit Investitionen von mehr als zwei Milliarden zu Buche schlug. Die Fähren eröffneten der Sowjetunion die Chance, sich mit ihrem Militär schnell in Richtung Westen bewegen zu können.

„Es versteht sich von selbst, dass die Fährverbindung die Kapazitäten des Eisenbahntransports in Ost-West-Richtung wesentlich erhöht und damit von erheblicher strategischer Bedeutung ist", analysierte 1987 Oberst Zimmermann vom Ministerium für Nationale Verteidigung in seinem Beitrag für die Zeitschrift *Militärwesen*. Im Falle eines Krieges hätte die Kapazität beim Einsatz von sechs Fährschiffen pro Tag sechs Truppentransporte und drei Versorgungstransporte oder neun Versorgungstransporte betragen.

Zimmermann wies in seinem Artikel aber auch auf die Verwundbarkeit der Fährlinie hin. Bei Zerstörungen in Mukran oder Klaipėda hätte es keine alternative Anlegestelle zum Be- und Entladen der Fähren gegeben. In diesem Falle könnten die Fähren lediglich als RoRo-Schiffe ohne Eisenbahnwagen genutzt werden. Dazu sollten die Räume zwischen den Schienen komplett mit Holzbohlen ausgelegt werden. Jedes Deck, so analysierte Zimmermann in seinem Aufsatz weiter, hätte nach entsprechenden Umbauarbeiten 75 Räder- oder Kettenfahrzeuge aufnehmen können, ohne dass diese vorher auf Eisenbahnwagen hätten verladen werden müssen. In Mukran wäre das wegen der besonderen Anlagen nicht möglich gewesen. In der DDR wäre „aufgrund der gegebenen Wassertiefen und der Bauarten der Piers nur der RoRo-Liegeplatz im Seehafen Rostock dafür geeignet", schrieb der Oberst.

Für Fahrzeuge, die in anderen Häfen direkt auf die Decks fahren sollten, lagen in den Schiffen am vorderen Ende des unteren Ladedecks in Einzelteile zerlegt zwei Behelfsladerampen vom Militärtransportwesen (Typ ZLR60/1) mit einer Tragfähigkeit von je 60 Tonnen bereit, die ein Auf- und Abfahren von Panzern und anderen Fahrzeugen auf die Decks ermöglichen sollten, wenn die Hafenanlagen in Mukran und Klaipėda nicht zur Verfügung standen. Die zerlegbaren Rampen konnten auch dazu dienen, Militärfahrzeugen das Auffahren auf Eisenbahnwaggons zu ermöglichen. Die Anlagen in Mukran und Klaipėda waren ausdrücklich auch für den Transport von Raupenfahrzeugen, zum Beispiel Panzern, ausgelegt. Diese Anforderungen hatten das Verkehrsministerium in Ost-Berlin und das Ministerium für die Seeflotte in Moskau gemeinsam festgelegt.

Schiffe und Häfen waren für war für schwere Militärfahrzeuge mit einem Gewicht von 60 Tonnen zugelassen, was etwa der Last entspricht, die ein schwerer Panzer auf die Waage bringt. In der Praxis wären diese Hilfsmittel jedoch „nicht praktikabel" gewesen, sagte Kapitän Gerhard Thiemann. Bei der Konstruktion habe man nicht bedacht, dass der Höhenunterschied zwischen Ladekai und Ladedeck je nach Wasserstand und Hafen variiert. Außerdem seien die Rampen zu schwer und unpraktisch gewesen. Thiemann: „Im Ernstfall hätte das nicht funktioniert." Den meisten Besatzungsmitgliedern sei der Zweck der Konstruktion ohnehin nicht bekannt gewesen. Der Einsatz der Rampe sei nie geübt worden.

Die Sorge, dass die Fährlinie im Krieg äußerst verwundbar gewesen wäre, hatte bereits in der Planungsphase die Spezialisten des NVA-Militärtransportwesens umgetrieben. Dabei hatten sie weniger den Hafen selbst, sondern die Schienenwege im Blick, die zu dem Gelände führten. In einer Analyse vom 6. Mai 1981 schrieben die Fachleute für Militärtransporte: „Im Verteidigungsfall ist der Fährhafen mit hoher Wahrscheinlichkeit nur bedingt für Militärtransporte nutzbar, besonders auf Grund der zu erwartenden Zerstörung der Rügendamm- und Ziegelgrabenbrücke als Verbindung zum Festland.“ Eine Ersatzbrücke zwischen Rügen und dem Festland zu schaffen (Dublierung), sei sehr aufwendig. Außerdem würde die Technik hierfür im Ernstfall an der Elbe und an Oder und Neiße dringender gebraucht. Als Übergangslösung bei einer Unterbrechung der Verbindung nach Rügen im Krieg schlug der Chef des Militärtransportwesens, Generalmajor Siegfried Gräfe, die Häfen Warnemünde und Świnoujście (ehemals Swinemünde) vor, ohne allerdings darauf einzugehen, wie die komplizierte Be- und Entladung der Fähren dort hätte vonstattengehen können.

Trotz dieser Bedenken gab es bei den Militärs bereits vor der Eröffnung der Fährlinie Überlegungen, wie die verwundbare Kombination aus Brücke und Damm umfahren oder rekonstruiert werden könnte. Eine erste „Komplexuntersuchung“ über eine zweite Anbindung der Insel im Jahr 1985 führte zunächst zu keinem Ergebnis. Am 10. November 1987 präsentierte die Reichsbahndirektion die Ergebnisse einer Studie und legte drei Varianten für den Fall vor, dass die eingleisige Bahnlinie zur Insel ersetzt werden muss:

- Wiederherstellung der Verbindung auf der alten Linie oder direkt daneben
- Brückendublierung zwischen Prosnitzer Schanze und Neuhof mit Zuführungsstrecken
- Brückendublierung zwischen Glewitzer Fähre und Stahlbrode mit Zuführungsstrecken

Die erste Variante erwies sich wegen der Wassertiefen und der Länge als sehr aufwändig und technisch nur schwer umsetzbar. Die zweite und die dritte hätten das Festland mit dem Südosten der Insel verbunden. Für sie sprachen der geringere Umfang der Erdarbeiten und damit ein höheres Tempo beim Bau.

Für die 19 Kilometer lange Variante 2 sollte ein Gleis vom Bahnhof Samtens nach Südwesten abzweigen und bis zur Prosnitzer Schanze führen. Dort hätte eine 1.350 Meter lange Brücke den Strelasund überquert und wäre bei Neuhof auf das Festland getroffen. Die Variante 3 wäre 30 Kilometer lang gewesen. Die Linie hätte in Teschenhagen begonnen und wäre an Garz vorbei bis Glewitzer Fähre verlaufen. Dort wäre eine 2.300 Meter lange Brücke erforderlich gewesen, die in Stahlbrode geendet hätte.

Gegen diese Varianten sprachen jedoch die langen Bauzeiten von 16 und 25 Tagen. Die Militärs hatten einen Zeitraum von maximal zwölf Tagen vorgegeben. Außerdem fehlte das Material für die Brücken über den Strelasund. Auch die NVA verfügte nicht über die erforderlichen Komponenten, sodass nun doch die Dublierung des Rügendamms und der Ziegelgrabenbrücke wieder im Gespräch war.

Die Studie beschäftigte sich auch mit einer alternativen Anlegemöglichkeit für die Fähren, falls der Hafen von Mukran ausfiele. Sassnitz und Warnemünde kamen nicht in Frage. Dafür waren die Schiffe zu lang, zu breit und hatten zu viel Tiefgang. Die Be- und Entladung von Kettenfahrzeugen wäre in Rostock und Wismar möglich, sofern die Schiffe mit entsprechenden Heckklappen und die Häfen mit Klappbrücken ausgerüstet werden.

Für die Soldaten standen unter der Wasserlinie Toiletten und Waschrinnen zur Verfügung.

Vor Angriffen aus der Luft war der Fährkomplex halbwegs geschützt: Die Nationale Volksarmee sicherte das Hafen- und Bahngelände unter anderem mit Flugabwehrstellungen nordwestlich von Mukran in Dranske und in Neuenkirchen. Außerdem soll eine eigene Flugabwehrstellung nördlich von Mukran geplant gewesen sein, die jedoch nicht realisiert wurde. Als wahrscheinlich darf vielmehr gelten, dass Mukran mit einer der neun mobilen Flak-Batterien gesichert worden wäre, die die NVA für den Objektschutz im Krieg bereitgestellt hätte.

Trotz der Bedenken hinsichtlich der Verwundbarkeit der Fährlinie schätzte das Militär die Bedeutung der Verbindung hoch ein. Im Vergleich mit dem Landtransport würde sich nicht nur die Reisezeit verkürzen. Zimmermann betonte auch die „Erhöhung der Sicherheit". Sein Fazit in *Militärwesen:* Mit der militärischen Nutzung der Fährverbindung „wird ein Beitrag zur weiteren Erhöhung der Kampfkraft der Vereinten Streitkräfte der Teilnehmerstaaten des Warschauer

Vertrages geleistet". Bei der Präsentation der neuen Schiffe hatten die DDR-Behörden den Trick mit den Holzbohlen für sich behalten, sodass ein Redakteur der westdeutschen Fachzeitschrift *Schiffahrt international* zu dem Ergebnis kam, wegen der Schienen auf dem Deck wäre das Rangieren mit Militärfahrzeugen auf den Fähren gar nicht möglich. Außerdem hatte er angeblich erfahren, dass die Decks für hohe Einzelgewichte wie Panzer nicht ausgelegt waren. Bei Tageszeitungen und anderen Medien im Westen trugen die Schiffe dennoch bald den Namen „Panzerfähren".

Wie richtig sie damit lagen, dürften die Redakteure seinerzeit kaum geahnt haben. Gegen Ende der Planungsphase für das Fährprojekt, am 27. April 1982, hatte die sowjetische Botschaft in Ost-Berlin der DDR-Regierung einen Katalog mit konkreten Forderungen für den Bau der Fähren und Anlagen übergeben. Darin hieß es:

- Der Transport von Ketten- und Räderfahrzeugen bis 60 Tonnen sowie von gefährlichen Gütern der Klasse 1 muss gewährleistet sein.
- Die Schiffe müssen so gebaut werden, dass militärische Ketten- und Räderfahrzeuge aus eigener Kraft an Bord fahren können.
- Umschlag- und Umspuranlagen in Mukran müssen für jährlich 2.000 Wagen der sowjetischen Eisenbahngesellschaft SZD mit Militärgütern der Gefahrenklasse 1 (Sprengstoffe und Munition) und Umspurmöglichkeiten auf europäische Spur für 400 Wagen mit Militärgütern ausgerüstet sein.
- Die UdSSR plant eine Militärtransportvertretung in Mukran mit zunächst acht Mitarbeitern.

Die Sowjets setzten sich durch, das SED-Politbüro nickte am 1. Juni 1982 die Forderungen ab. Im später unterzeichneten Abkommen zwischen der DDR und der UdSSR über die Einrichtung des Fährverkehrs vom Juni 1982 war „die Beförderung von schwerer Ketten- und Radtechnik sowie von gefährlichen Gütern" mit Eisenbahnwagen dann ebenfalls ausdrücklich vorgesehen.

Schon 1957 hatte die DDR der UdSSR in einem Abkommen grundsätzlich zugesichert, dass alle Militärtransporte durch das Land per Eisenbahn gewährleistet würden. Das Verfahren wurde nun in einer Sondervorschrift für die Fährverbindung Mukran – Klaipėda präzisiert, die am 15. September 1986 in Kraft trat: Die sowjetischen Streitkräfte meldeten ihren Jahresbedarf an Kapazitäten bei den Ministerien für Verkehr und Verteidigung in Ost-Berlin an, um dem Bündnispartner die Planung zu ermöglichen.

Auch über die Kosten hatte das SED-Politbüro am 1. Juni 1982 zu entscheiden. Im Beschluss der Parteiführung hieß es, dass alle besonderen Investitionen, wie sie beispielsweise zur Absicherung von gefährlichen Gütern im Hafen und auf den Schiffen notwendig waren, „vom jeweils Fordernden" zu tragen waren. Das Politbüro legte außerdem fest, dass im laufenden Betrieb keine „Sonderbehandlungen" der

Militärtransporte gewährt werden dürften, um die angestrebte Kapazität von 5,3 Millionen Tonnen Ladung pro Jahr nicht zu gefährden. Offenbar fürchtete man, dass die Sowjets mit Sonderwünschen nach bevorzugter Abfertigung militärischer Lieferungen die Abwicklung der zivilen Transporte aus dem Takt bringen würden. Die Abwicklung könne nur nach Maßgabe der „volkswirtschaftlichen Möglichkeiten" erfolgen, hieß es dementsprechend.

Beobachtete Beobachter: Die Staatssicherheit dokumentiert in der Nähe von Mukran die Arbeit der Offiziere der westlichen Militärverbindungsmission, die einen Zug mit Militärtechnik (hier ein Grabenbagger) fotografieren.

Groß waren die Forderungen der Sowjetunion an die DDR dennoch. Sie gingen sogar weit über das hinaus, was die Botschaft 1982 angekündigt hatte. Im März 1986 schrieb der Oberkommandierende der Gruppe der Sowjetischen Streitkräfte in Deutschland (GSSD), Armeegeneral Pjotr Luschew, an den Vorsitzenden des Ministerrates der DDR, Willi Stoph, und kündigte an, jährlich 22 000 Wagen mit militärischen Gütern nach Klaipėda verschiffen zu wollen, wenn die Fährlinie vollständig ausgebaut sei. Luschew schrieb, dass er mit Militärtransporten mit einem Umfang zwischen 650.000 und 700.000 Tonnen pro Jahr rechne. Dazu zählten 50.000 bis 100.000 Tonnen an „Spezialgütern", also Waffen und Munition.

~~SECRET~~

b. (~~C~~) "MUKRAN" Ferry: On 27 August, the NavRep "attended" the commissioning ceremony for the "MUKRAN", the first of six ferryboats to be built in the Mathias Thesen Shipyard in Wismar. Each ferry is capable of carrying approximately 100 fully-loaded railroad cars between Klaipeda, USSR and Mukran, GDR in 2-3 days. The second ship, the "KLAIPEDA", is currently under construction. All six vessels are expected to be built by the early 1990s. This ferry system greatly enhances the Soviets' capability to reinforce GSFG in a timely manner.

~~CONFIDENTIAL~~
(~~C~~) MUKRAN Ferry in Wismar

62

Die CIA hatte bereits die Arbeiten auf der Werft in Wismar dokumentiert.

Das Ladungsaufkommen sollte sukzessive mit dem Ausbau der Fährlinie steigen. Tatsächlich blieben die Mengen deutlich darunter. Zuständig für die Genehmigung war der Generalsekretär des Zentralkomitees der Sozialistischen Einheitspartei Deutschlands, Erich Honecker, also der Partei- und Staatschef selbst. Die Wünsche der Sowjets abzusegnen, bedeutete für die DDR ein gutes Geschäft: Sie konnte Gebühren für die Nutzung der Reichsbahn für Militärtransporte verlangen. Obwohl die Transporte Ende der achtziger Jahre stets hinter den Planungen zurücklagen, wurden im großen Umfang Armeegüter über die Ostsee geliefert. Allein 1988 schickte die Sowjetarmee Züge mit 6.975 Wagen in die DDR, im selben Jahr waren in der Gegenrichtung 1.870 Waggons mit Armee- und ITA-Transporten unterwegs.

Die Streitkräfte der Nato beobachteten die Transporte auf den Eisenbahnfähren aufmerksam. Dokumentiert ist eine Aufklärungsmission des westdeutschen Marineschiffes „Oker" (Kennung A 53), das am 9. August 1989 in internationalen Gewässern zwei Stunden lang die „Mukran" begleitete. Die „Oker" war mit Spionage- und Abhörtechnik ausgestattet und fuhr zwei Stunden parallel zur „Mukran", die bei ihrer Überfahrt auf beiden Decks Militärtechnik geladen hatte.

So gut es ging, dokumentierten die westdeutschen Militärs die Ladung. Die Bundesmarine interessierte sich außerdem stets für die vielen Antennen und Radaranlagen oberhalb der Brücke. Stand dort neue Technik, konnten die Beobachter daraus ihre Schlüsse über modernisierte Formen der Kommunikation und Beobachtung ziehen. Der Marine der Bundeswehr sei es allerdings nicht ausschließlich um die Aufklärung gegangen. Ehemalige Offiziere berichten, dass manche Annäherung von Nato-Spähern an Schiffe der Ostblockstaaten nur der Provokation gedient habe. In der Regel – wenn die Aufklärung an Land gute Arbeit geleistet hatte – sei schon vor der Begegnung bekannt gewesen, mit welcher Ladung die Fähren auf der Ostsee unterwegs waren.

Für die Nato-Staaten gehörte das Ausspionieren von Schiffen der Angehörigen des Warschauer Vertrages zum Alltagsgeschäft. Je nachdem, wo die Schiffe unterwegs waren, hatte jeweils der nächstgelegene Nato-Staat die Verfolgung zu übernehmen, bis das Beobachtungsobjekt an die Marine des befreundeten Nachbarstaates „weitergereicht" werden konnte. Neben der „Oker" waren für die Bundesmarine mit entsprechendem Auftrag noch viele weitere Schiffe im Einsatz.

Auch aus der Luft beobachteten Ost und West wechselseitig den Schiffsverkehr und waren dabei nicht zimperlich, wie ein anderes Beispiel belegt: Am 23. August 1989 flog ein dänischer Militärhubschrauber über der „Greifswald". Die Maschine habe sich dem Schiff „auf provokante und gefährliche Weise" bis auf 25 Meter genähert, hieß es in einem Bericht der Stasi. Dabei hätte die Hubschraubercrew die Besatzung und die militärische Ladung („Kfz-Technik und Sprengstoff") auf dem Oberdeck fotografiert. Auch am 8. und 10. September 1989 kreiste über der Besatzung der „Greifswald“ ein Militärhubschrauber, dessen Crew sich für das NVA-Material auf Deck interessierte. Aus 50 Metern Entfernung, so der Stasi-Bericht, schoss ein kanadischer Soldat aus der geöffneten Seitenluke des Hubschraubers Fotos. Vermutlich hatte ein Manöver die Kanadier an die Ostsee verschlagen.

Im Sommer desselben Jahres registrierte die für Spionageabwehr zuständige Linie II des MfS insgesamt „21 spionageverdächtige Annäherungsversuche“ bei der „Mukran“ und der „Greifswald“. 15 wurden allein vom 21. Juni bis zum 23. August 1989 gezählt.

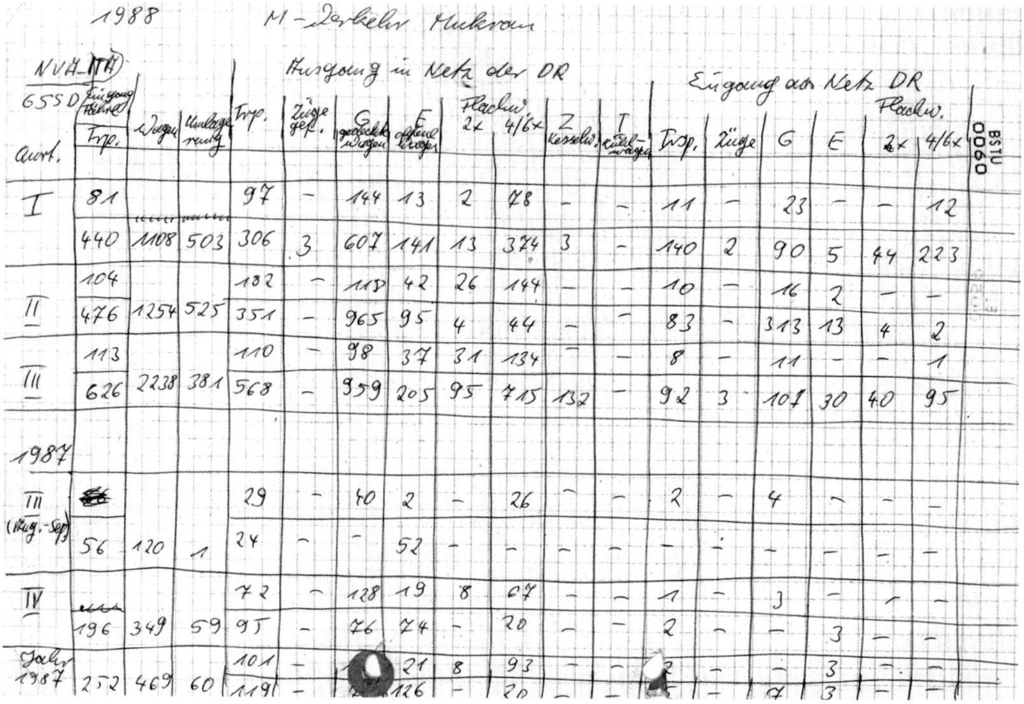

1988 M-Verkehr Mukran

NVA-MTA / GSSD

Quart.	Eingang Fähre Trp.	Wagen	Umladung	Ausgang in Netz der DR: Trp.	Züge gef.	G gedeckte Wagen	E offene Wagen	Flachw. 2x	Flachw. 4/6x	Z Kesselw.	T Kühlwagen	Eingang aus Netz DR: Trp.	Züge	G	E	Flachw. 2x	Flachw. 4/6x
I	81			97	–	144	13	2	78	–	–	11	–	23	–	–	12
	440	1108	503	306	3	607	141	13	374	3	–	140	2	90	5	44	223
II	104			182	–	118	42	26	144	–	–	10	–	16	2	–	–
	476	1254	525	351	–	965	95	4	44	–	–	83	–	313	13	4	2
III	113			110	–	98	37	31	134	–	–	8	–	11	–	–	1
	626	2238	381	568	–	959	205	95	715	132	–	92	3	101	30	40	95
1987																	
III (Aug.-Sep.)	[struck out]			29	–	40	2	–	26	–	–	2	–	4	–	–	–
	56	120	1	24	–	–	52	–	–	–	–	–	–	–	–	–	–
IV	[struck out]			72	–	128	19	8	67	–	–	1	–	3	–	–	–
	196	349	59	95	–	76	74	–	20	–	–	2	–	–	3	–	–
Jahr 1987				101	–	[illegible]	21	8	93	–	–	2	–	–	3	–	–
	252	469	60	119	–	[illegible]	126	–	20	–	–	[illegible]	–	7	3	–	–

BStU 0060

Die Staatssicherheit dokumentierte Einzelheiten der verschifften militärischen Güter des Jahres 1988.

Zu den aufmerksamen Beobachtern dieser Spionageattacken zählte der Marinenachrichtendienst der Baltischen Rotbannerflotte, die in einer sowjetischen Liegenschaft in Sassnitz (Feldpostnummer 09822) sowie in Rerik, Rostock und Ranzow/Wieck mit einer „Operativdienststelle/Aufklärungspunkt“ vertreten war. Aufgabe dieser Dienststellen war die land- und seegestützte Aufklärung der DDR und der BRD.

Zu sehen gab es für die Späher auf beiden Seiten genug. Die Ostsee gehörte zu den Regionen mit der höchsten Flottenkonzentration weltweit. In der zweiten Hälfte der achtziger Jahre verfügten die Flotten aller Ostseeanrainerstaaten über

1.350 Schiffe und Boote sowie 600 Flugzeuge und Hubschrauber. Allein im Seegebiet westlich der dänischen Insel Bornholm hatten Nato und Warschauer Vertrag 330 Schiffe sowie 250 Flugzeuge und Hubschrauber basiert.

Auch der sowjetische Geheimdienst „Komitee für Staatssicherheit" (KGB) war an der „Abwehr" von Spionageattacken auf die Schiffe beteiligt. Im Mai 1988 berichtete ein KGB-Oberst namens Dolgopol bei einem Treffen mit DDR-Geheimdienstlern in Klaipėda von „subversiven Angriffen auf die sowjetische Seeflotte einschließlich der Fährverbindung Klaipėda-Mukran". Seit 1986 waren angeblich vier „Agenturen liquidiert" worden, darunter sollen zwei amerikanische Spione gewesen sein. Als Agenturen bezeichneten die Geheimdienste eigene Staatsbürger der DDR, die im Dienst westlicher Geheimdienste standen und Informationen für den „Feind" beschafften. Im selben Zeitraum hätte das KGB 22 Anwerbungsversuche bei sowjetischen Seeleuten festgestellt. In einem Fall hätte sich die Gegenseite sogar an einen Kapitän herangewagt.

„Die Zielstellung der subversiven Angriffe bestand in der Durchführung von Militärspionage im Seeverkehr", berichtete der Oberst den Genossen aus der DDR. Dabei hätte sich der Feind besonders für die Ladung auf den Eisenbahnfähren interessiert. Und nicht nur auf hoher See wurde spioniert. Auch im engen Hafen von Klaipėda ließ sich mancher Transport angesichts des umfangreichen Verkehrs aus dem kapitalistischen Ausland nicht geheim halten. Dolgopol hatte ausgerechnet, dass jährlich 440 Schiffe mit 9.000 Seeleuten aus dem Westen nach Klaipėda gelangten – aus Sicht des KGB und der Stasi, die ihre Aktivitäten im Hafen koordinierten, handelte es sich dabei immer auch um potenzielle Spione.

In der Hafenbehörde von Klaipėda war das KGB täglich zu Gast, um nach dem Rechten zu schauen. Die Sorge, dass Verwaltung und Arbeiter Geheimnisse ausplaudern könnten, war vermutlich ebenso groß wie unbegründet. Der ehemalige Chef der Hafenbehörde, Vytautas Vaicekauskas, berichtete, dass sensible militärische Güter grundsätzlich unter Planen oder in geschlossenen Wagen transportiert wurden. In Einzelfällen sei nukleares Material getarnt in mehreren aneinander gehängten zivilen Kühlwaggons verschifft worden.

Hafenarbeiter und Seeleute konnten allenfalls ahnen, welche brisante Ladung auf die Schiffe rollten, wenn beispielsweise auffällig viele Soldaten für die Bewachung eingesetzt wurden. Dem Personal wurden nur nichtssagende Codes über den Inhalt der Wagen vorgelegt. „Wir konnten es nicht sehen, und wir konnten es nicht wissen", sagt Vytautas Vaicekauskas über die geheimen Transporte. Über die Arbeit des KGB sagt er: „Das System war dasselbe wir in der DDR."

Dass über die Fährlinie nach der Friedlichen Revolution Nukleartransporte abgewickelt wurden und dass die Armee es dabei mit den Sicherheitsbestimmungen nicht allzu genau nahm, hätten viele seiner Kollegen leidvoll erfahren. Vaicekauskas hat von auffällig vielen Arbeitern und Eisenbahnern gehört, die an Krebs erkrankt sind - eine Folge der Strahlung während der Nukleartransporte.

Mukran und die Schiffe im Fokus der Geheimdienste

Die Besatzung des westdeutschen Aufklärungsschiffs „Oker“ observiert die Fähre, die auf dem Oberdeck in langen Kisten Raketenteile geladen hat.

Der Befehl zur Überwachung kam von Minister Erich Mielke persönlich. Die Order des Ministers für Staatssicherheit der DDR vom 24. Februar 1982 trug die Nummer 2/82 und den sperrigen Titel „Politisch-operative Sicherung der Errichtung einer Eisenbahnfährverbindung DDR (Mukran) – UdSSR (Klaipėda)". Intern sprachen die Geheimdienstmitarbeiter vom Projekt „Verflechtung". Die Verantwortung war im Ministerium ganz oben angesiedelt. Mielke beauftragte seinen Stellvertreter und Spezialisten für den Wirtschaftsbereich, Generalleutnant Rudi Mittig, in Mukran und auf der Linie für Sicherheit nach den Regeln der Stasi zu sorgen. Der Befehl des Ministers trug den Stempel „Vertrauliche Verschlußsache" und regelte im Detail, welche Diensteinheiten des Ministeriums welche Aufgaben bei der Überwachung des Fährkomplexes übernehmen sollten. Der Befehl des Ministers bezog sich nicht nur auf den Zeitraum bis zur Eröffnung der Fährverbindung. Da 1986 erst eine Fähre in Betrieb war und sich auch einige der Anlagen in Mukran noch im Bau oder in der Planungsphase befanden, ging der Stasi-Großeinsatz auch in den Jahren danach weiter und umfasste sämtliche Bereiche rund um den Fährkomplex.

Dass die Fährverbindung von großer militärischer Bedeutung war und daher gegen westliche Spione und andere feindliche Aktivitäten verteidigt werden musste, wurde den Stasi-Mitarbeitern immer wieder eingeschärft. Ein Hauptmann der Kreisdienststelle Rügen des Ministeriums für Staatssicherheit (MfS) schrieb im Jahr vor der feierlichen Eröffnung des Hafens: „Zur Erhaltung des militärischen Gleichgewichts und somit zur Erhaltung des Friedens in der Welt werden die sozialistischen Staaten gezwungen, entsprechende militärische Maßnahmen einzuleiten. Dieser Transportweg gewährleistet eine schnelle und kurzzeitige Verlagerung bzw. Austausch militärischer Technik und Einheiten." In einem Konzept zur Spionageabwehr der Bezirksverwaltung Rostock hieß es: „Die besondere militärische Bedeutung der Fährverbindung besteht darin, daß mit der Inbetriebnahme ein kurzfristiger Umschlag von Militär- und Versorgungsgütern in hohem Umfang erfolgen wird." Daher sei das Interesse der „imperialistischen Geheimdienste" insbesondere bei der militärischen Nutzung und der Art der Güter groß. Das Misstrauen der Staatssicherheit richtete sich sowohl gegen Späher aus dem westlichen Ausland als auch gegen DDR-Bürger, die im Auftrag westlicher Dienste Informationen hätten weitergeben können.

Tatsächlich bildeten Bahnstraßen und Verladebahnhöfe einen „besonderen Angriffspunkt zur Beobachtung von Warschauer-Pakt-Truppen", wie Armin Wagner und Matthias Uhl in einer Studie über westdeutsche Militärspionage in der DDR schreiben. Beide Autoren gehen von einem „grundsätzlich guten Informationsstand" des westdeutschen Bundesnachrichtendienstes (BND) aus, der in den letzten beiden Jahrzehnten des Kalten Krieges gezielt Veränderungen in den Truppen, den Austausch und die Modernisierung von Waffensystemen beobachtete.

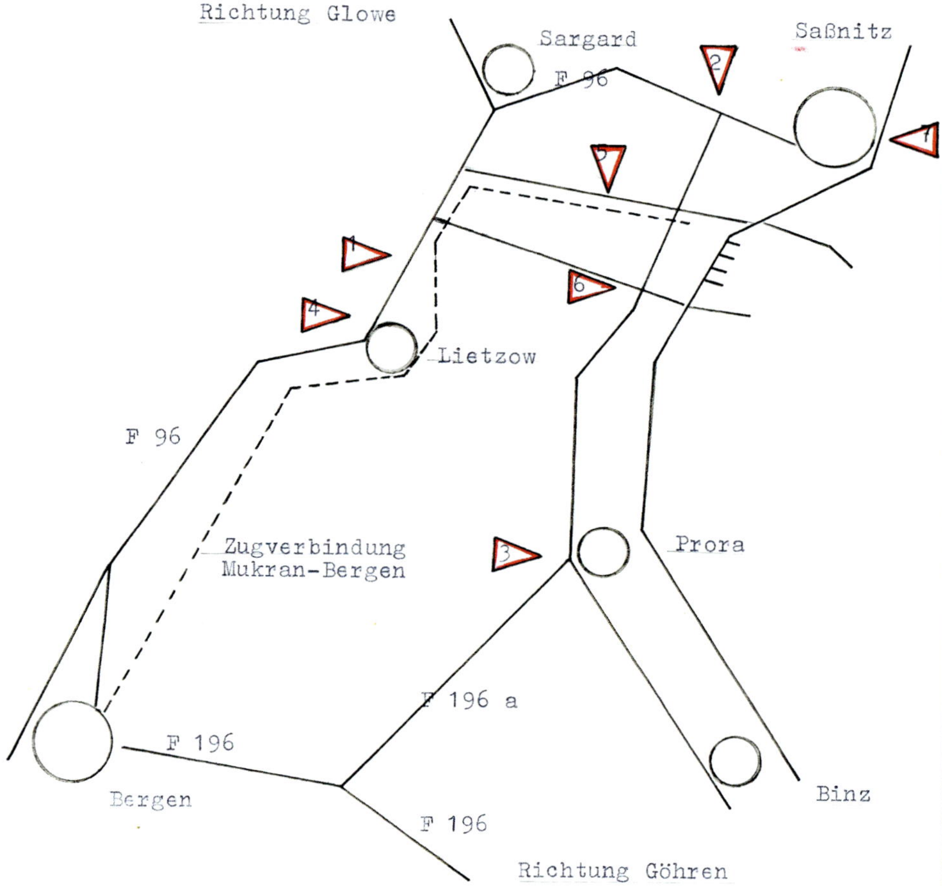

Legende

1 - Beobachtungsstützpunkt - ZV-Schule -
2 - Beobachtungsstützpunkt - LPG Büro Saßnitz/Lancken -
3 - Beobachtungsstützpunkt - Militärforstwirtschaft Prora -
4 - Beobachtungsstützpunkt - Lietzow -
5 - Beobachtungsstützpunkt - Zughaltepunkt Mukran West -
6 - Beobachtungsstützpunkt - Arbeiterwohnheim/zentraler Busbahnhof-
7 - Beobachtungsstützpunkt - KW "Arkona"

Schema zur Verteilung der Beobachtungsstützpunkte

Rund um Mukran errichtete die Staatssicherheit diverse Beobachtungsstützpunkte.

Der Fährhafen Mukran stand an erster Stelle einer Liste der Abteilung II über die Orte auf Rügen, für die sich der BND besonders interessierte. „Auch im Zeitalter von Satelliten- und Funkaufklärung", so stellen die Autoren fest, „blieb das mühselige Zählen und Identifizieren von militärischem Großgerät (...) unverändert ein wichtiger Baustein, um Bundeswehr und Nato in die Lage zu versetzen, die Fähigkeiten und vermutete Entwicklung des Warschauer Vertrags bis zu dessen Auflösung zu beurteilen."

Bei Beobachtungen von Militärtransporten hielten die Beobachter stets Ort, Datum sowie die Bewegungsrichtung, Anzahl der Fahrzeuge, Uniformen, Kennzeichen, Informationen über die Waffentechnik und weitere Einzelheiten fest. Nach dem Mauerbau kamen auch „Signalkarten" zum Einsatz. Dabei handelte es sich um handelsübliche Ansichtskarten, die mit verschlüsselten Informationen beschriftet waren. Zu den wichtigsten Orten für die Beobachtung von Militärtransporten gehörten nach Einschätzung der Staatssicherheit die Häfen von Sassnitz (Mukran) und Rostock als Hauptumschlagplätze für Versorgung und Ausrüstung sowjetischer Militäreinheiten.

Die Zahl von angeblich 5.000 in der DDR festgenommenen Spionen westlicher Geheimdienste in 40 Jahren lässt erahnen, wie gewaltig der Aufwand des Westens gewesen sein muss, um stets aktuelle Informationen zu beschaffen. 80 Prozent der Verhafteten arbeiteten angeblich für den BND oder einen anderen Geheimdienst der Bundesrepublik. In 80 Prozent aller Fälle sollen die Geheimdienstmitarbeiter Militärspionage betrieben haben. Den tatsächlichen Umfang solcher Handlungen zu beurteilen, ist nach derzeitiger Quellenlage nicht möglich – nahezu alle Unterlagen des BND unterliegen noch der Geheimhaltung.

Sicher ist, dass die ostdeutschen Geheimdienstler über die Arbeit ihrer westdeutschen Kollegen zumindest halbwegs Bescheid wussten. So machten sie laut einer MfS-Quelle vom 9. Januar 1989 beispielsweise zwei BND-Dienststellen mit den Tarnnamen „Brücke" und „Ring" ausfindig, die über Agenturen Informationen über Mukran beschaffen sollten. Unter der Überschrift „Streng geheim" hatte ein Stasi-Offizier bereits am 8. Dezember 1988 von verstärkten Bemühungen des BND „zur Schaffung einer Innenquelle unmittelbar im Komplex Mukran" berichtet. Verantwortlich dafür seien Dienststellen in Hamburg und Bremen gewesen. In dem Bericht hieß es: „Der BND geht dabei insbesondere von der hohen militär-strategischen Bedeutung sowie dem Stellenwert dieser Transportverbindung für die Entwicklung des Handels zwischen der DDR und der UdSSR aus." Der westdeutsche Geheimdienst habe ausgewählte Agenturen gedrängt, „alle Möglichkeiten zur Außenaufklärung des Fährhafens Mukran sowie zur Benennung und Charakterisierung dort tätiger Personen zu nutzen". Außerdem habe der BND Lageskizzen vom Hafen und von den Eisenbahnanlagen angefordert.

Besonders Mitte der achtziger Jahre habe der BND verstärkt nach diesen „effektiven Innenquellen" in den bewaffneten Organen der DDR wie der Nationalen Volksarmee, der Volks- und Transportpolizei sowie bei den Grenztruppen und in der Stasi selbst gesucht. Von einer regelrechten „Offensive" der BND-Arbeit bei der Anwerbung von DDR-Bürgern in den achtziger Jahren ist in der Literatur die Rede. 1987 reagierte die Führung des Ministeriums in Ost-Berlin auf die wachsenden Aktivitäten. Die Spionageabwehr, die auf mehrere Linien des MfS verteilt war, sollte künftig zentral unter Federführung der Hauptabteilung II (Spionageabwehr) und den entsprechenden Abteilungen in den Bezirken und auf Kreisebene koordiniert werden.

In einem Lagebericht aus dem Jahr 1987 hieß es, der Fährverkehr UdSSR-DDR stehe im Mittelpunkt des Interesses „feindlicher Geheimdienste": „Der Gegner wird zur Erarbeitung eines umfassenden Lagebildes über die Kampfkraft der Armeen des Warschauer Vertrages, das Verteidigungspotential auf dem Territorium der DDR und die Bestimmungsobjekte für Militärtechnik alle ihm zu Verfügung stehenden Mittel und Möglichkeiten, vor allem aber den Einsatz seiner Agenturen, nutzen."

Das Amt für Nachrichtenwesen der Bundeswehr, das auch Informationen des BND verarbeitete, wusste bereits früh von dem Fährprojekt, seinen Zielen und Problemen. Das Verteidigungsministerium in Bonn wies wenige Tage nach der Eröffnung der Linie Mukran-Klaipėda auf ihre militärische Bedeutung hin. „Im Bedarfsfall ist sie eine leistungsfähige Alternative für militärische Transporte aus der UDSSR in das westliche Vorfeld und umgekehrt", schrieb das Ministerium am 23. Oktober 1986 an die Kollegen im Verkehrsressort. Die Kapazitätserweiterung sei qualitativ und quantitativ bedeutsam. Bislang hätten die militärischen Transporte zwischen den baltischen Häfen der UdSSR und dem Überseehafen Rostock stattgefunden. Im Einsatz seien fünf Schiffe der „Inzhener Machulskiy"-Klasse mit je 6.130 tdw. Die Eisenbahnfähren hätten eine doppelt so große Leistungsfähigkeit. Außerdem werde der zeitraubende Umschlag verkürzt. Außerdem müssten die Transporte nicht mehr im öffentlich zugänglichen Rostocker Hafen abgewickelt werden.

„Selten dürfte ein verkehrspolitisches Großprojekt der DDR wie der Ausbau des Fährhafens Mukran auf Rügen wirtschaftlichen und militärischen Interessen in so idealerweise zugleich gedient haben", hieß es in der Analyse des Bonner Verteidigungsministeriums, das auch auf die Gefährdung der logistischen Versorgung der GSSD durch die politische Lage in Polen hinwies. Wäre die Verbindung durch Polen unterbrochen worden, hätte sich die UdSSR für einen Einmarsch in das Nachbarland entschieden, glaubten die westlichen Militärs.

Besonders aufmerksam verfolgte das Amt die militärischen Aktivitäten auf der Linie. In einem als „vertraulich – nur für den Dienstgebrauch" klassifizierten Bericht aus dem Jahr 1988 wurde die 1987 festgestellte „starke Zunahme militärischer

Transporte“ beschrieben, die im Gegensatz zu den offiziellen Verlautbarungen bei der Eröffnung der Verbindung stünden. Daher seien die zuständigen Stellen in der DDR bemüht, diese Transporte zu verschleiern. Der Bericht ging an die komplette Spitze des Verteidigungsministeriums in Bonn, an diverse Dienststellen der Bundeswehr sowie an Bündnispartner und Militärattachés weltweit.

Die militärische Bedeutung habe das Amt schon aus der Tatsache ersehen können, dass die Fährverbindung nachträglich in den 1982 verabschiedeten Fünfjahresplan der DDR 1981-1985 aufgenommen wurde, schrieb das Amt. Dabei habe es sich um einen schwerwiegenden Eingriff in ausbilanzierte Pläne gehandelt, die durch ökonomische Gründe wie Einsparung von Transitgebühren, Fahrzeitverkürzungen und Senkung der Transportkosten allein nicht zu rechtfertigen sei. „Ausschlaggebend waren deshalb wohl die damaligen politischen Ereignisse in Polen, die den Landweg zunehmend unsicher erschienen ließen und somit zu strategischen Überlegungen führten, eine leistungsfähige Alternativverbindung zum Landweg über Polen einzurichten“, hieß es in dem Bericht. Als weiteren Hinweis auf die militärische Bedeutung werteten die Autoren die Tatsache, dass für das Gesamtprojekt die Lieferverordnung für Leistungen an bewaffnete Organe (LVO) galt, die eine beschleunigte Beschaffung von Material ermöglichte.

In den Fotomappen der Staatssicherheit sind diverse Übersichtsaufnahmen aus Mukran enthalten, die aus zusammengeklebten Fotos bestehen.

Das Amt, das militärische Lagen analysieren und bewerten sollte, kannte erstaunlich viele Interna aus dem Betrieb der Linie wie zum Beispiel die durchschnittlichen Standzeiten von Waggons im Hafen und den Anteil der Waggons, die umgeachst werden mussten. Außerdem war das Amt über den Mangel an Personal, dem Kuppelwagenmangel und anderen organisatorischen Problemen informiert. Dabei war von „gravierenden Schwierigkeiten“ die Rede. „Um diese Probleme zu lösen, finden seit Oktober 1987 fast täglich Telefonkonferenzen zwischen den zuständigen Dienststellen der DDR statt“, schrieben die Autoren. Ihnen war auch nicht entgangen, dass seit 1987 eine Dienststelle des sowjetischen Militärtransportwesens in Mukran ansässig war und dass das Gelände in Mukran zur Sperrzone mit Zaun und Wachtürmen erklärt worden war.

Das Amt verfügte offensichtlich über Quellen, die den Betrieb in Mukran und Klaipėda aus der Nähe beobachteten und tiefen Einblick hatten. So lag den Autoren auch eine monatliche Aufstellung von Militärtransporten aus den Jahren 1987 und 1988 sowie eine Aufschlüsselung der dabei transportierten Güter vor. Dabei handelte es sich zum Beispiel um Munition, Panzergranaten sowie Betriebsstoffen für die sowjetischen Truppen in der DDR.

Um diese Transporte mit den EGF (Eisenbahngüterfähren) zu verschleiern, sollten sie nicht mit ihrer Gefahrenklasse gekennzeichnet werden, schrieb das Amt. Außerdem sei man bemüht, den Personenkreis möglichst klein zu halten, der von diesen Transporten wisse. Dagegen habe es jedoch in den Transportdienststellen Widerspruch gegeben, weil zum Beispiel die Kapitäne genau wissen wollten, welche Ladung sich an Bord ihres Schiffes befand. Die Dienststelle kannte außerdem bis ins Detail die Ausstattung der Schiffe für den Transport von Truppen.

Im Spannungs- oder Kriegsfall seien die Fähren ohne zusätzliche zeitliche oder materielle Vorbereitungen uneingeschränkt für den Transport von Rad- und Kettenfahrzeugen inklusive der Besatzungen nutzbar. Das Amt errechnete, dass bei voller Auslastung von sechs Fähren täglich 18.000 Tonnen Militärmaterial nach Mukran transportiert werden könnten. Für eine komplette Motorschützendivision wären 41 Fährtransporte erforderlich gewesen, für eine Panzerdivision 36.

Das Fazit des Amtes für Nachrichtenwesen lautete: „Die EGF-Verbindung Mukran-Klaipėda ist für das militärische Transportwesen des Warschauer Paktes auf dem Schauplatz von Kriegshandlungen Mittel-/Westeuropa von erheblicher Bedeutung."

Auch der amerikanische Geheimdienst CIA war trotz der strengen Geheimhaltung in der DDR gut über das Eisenbahnfährprojekt informiert. In einem freigegebenen, damals als geheim eingestuften Bericht vom 26. September 1986 ist viel Detailwissen erkennbar bis hin zu der Information, dass die Fähren auf dem Schwarzen Meer zwischen Varna und Iljitschowsk Vorbild für das deutsch-sowjetische Projekt waren. Der Geheimdienst ging in seiner damaligen Einschätzung davon aus, dass der Fährverkehr vorrangig wegen der ökonomischen Vorteile und erst in zweiter Linie für bessere Transportmöglichkeiten des Militärs konzipiert worden war. Zwar werde die Fährlinie einen Beitrag zum Militärverkehr im Frieden, aber auch bei einem Krieg leisten. Die CIA stufte die Leistungsfähigkeit jedoch nur als Ergänzung ein und wies auf die Verwundbarkeit der Infrastruktur hin. Außerdem spekulierte der Geheimdienst, dass ein erfolgreicher Fährbetrieb zwischen Mukran und Klaipėda den Druck auf die Bundesrepublik erhöhen könnte, einer gleichartigen Verbindung zwischen der DDR und Schleswig-Holstein zuzustimmen (siehe Kapitel ***Handel mit dem Klassenfeind: Fähren in die BRD?***).

Das Ministerium für Staatssicherheit hatte Anfang der achtziger Jahre angegeben, dass 30 Prozent aller Militärspione in der DDR auch Bürger des Landes waren. Der westdeutsche Geheimdienstexperte Erich Schmidt-Eenboom rechnete

Jahre später aus, dass sogar 43 Prozent der zwischen 1977 und 1986 enttarnten Militärspione des BND aus der DDR kamen. Gegenüber ausländischen Agenten waren sie klar im Vorteil: Sie konnten unauffälliger arbeiten, waren schwerer zu identifizieren und kannten sich vor Ort besser aus als jeder eingeschleuste Geheimdienstler.

Besucher aus dem Westen, die privat in der DDR unterwegs waren und sich für die riesigen Anlagen an der Fernstraße F 96 bei Mukran interessierten, wurden von den vorgelagerten Sicherungsposten abgewiesen. Die F 96 erwies sich für die Sicherheitsbehörden als Problem, da sie auch für den Transitverkehr nach Sassnitz genutzt wurde. Die Route führte direkt am Fährhafen vorbei. 90 Fahrzeuge aus dem Westen zählte die Stasi dort pro Tag. Die meisten Insassen haben vermutlich den Stadthafen von Sassnitz angesteuert, um per Schiff auf der „Königslinie" ins schwedische Trelleborg zu fahren.

Allein im Eröffnungsjahr 1986 waren es neun Personen aus dem „Nichtsozialistischen Wirtschaftsgebiet" (NSW), die trotz der Sperrung auf die Landstraße von Sassnitz in Richtung Binz fahren wollten. Später wurden auf der Brücke der Landstraße zwischen Binz und Sassnitz, die über die Gleisanlagen führt und von der aus man einen besonders guten Blick auf die Hafenanlagen hatte, Sichtblenden angebracht.

Glaubt man den Berichten der Stasi, dann gab es auf dem Gelände und entlang der Bahnstrecke tatsächlich immer wieder sensible Ladung zu sehen. Mitarbeiter der Bezirksverwaltung Rostock bemängelten, dass nur 50 Prozent der Militärtransporte in geschlossenen Waggons erfolgten. Doch für die Abdeckung von Panzern und anderen Waffensystemen fehlte das Material. 1988 beklagten die Geheimdienstler außerdem, dass wegen der technischen Schwierigkeiten bei der Verladung Züge bis zu drei Wochen in Mukran herumstehen würden. Im Durchschnitt seien es täglich 100 Wagen mit militärischen Gütern gewesen.

Ähnliche Probleme stellte die Stasi bei den Transporten des Ingenieur-Technischen Außenhandels (ITA) fest. Ein Dorn im Auge war den Aufpassern auch, dass nichtautorisiertes Personal beim Umschlag von Militärgütern im Einsatz war – zum Beispiel Arbeiter aus den Bruderländern Vietnam und Polen. Weil militärische und andere Güter ohnehin nicht getrennt voneinander be- und entladen wurden, war es auf dem großen Areal schwer, die Geheimhaltung heikler Transporte zu gewährleisten. Auch die Bahnstrecke selbst galt als Achillesferse im Bemühen um Konspiration. Penibel rechnete die Staatssicherheit aus, dass entlang der Bahnstrecke auf Rügen 2.000 Menschen lebten, die das Geschehen auf den Gleisen beobachten konnten. Folgerichtig stellten die Geheimdienstler fest: „Es ist kaum möglich, aus der Menge der unidentifizierten Personen, die sich dem Objekt nähern, einen Spion zu erkennen."

Wichtiger sei es daher, sich um Mitarbeiter „an neuralgischen Punkten" zu kümmern und dabei auch Inoffizielle Mitarbeiter (IM) gezielt einzusetzen.

Zu diesen „neuralgischen Punkten" zählte beispielsweise das „rechnergestützte Informationssystem im Fährkomplex Mukran" (Rismu), das sämtliche Informationen über die Güter verarbeitete, die auf den Schiffen zwischen Mukran und Klaipėda transportiert wurden.

Die Mitarbeiter hier und im weiteren Umfeld des Fährkomplexes wurden standardmäßig Sicherheitsüberprüfungen unterzogen. Unter besonderer Beobachtung standen dabei Bürger mit Verwandtschaft oder Kontakten im Westen. Pakete und Briefsendungen von Beschäftigten, Verwandten und Anwohnern wurden auf verdächtige Hinweise kontrolliert. Bei Auslandsbesuchen von „Reise- oder Verhandlungskadern" registrierte die Stasi aufmerksam, wenn sich westliche Kontaktpersonen in Gesprächen auffällig stark für das Fährprojekt interessierten. In einem Bericht aus dem Jahr 1987 hieß es beispielsweise, dass Funktionäre von Vertretern der „BRD-Firmen Railship, Poseidon, Tuscano und Finncarrier zum Fährverkehr DDR-UdSSR abgeschöpft wurden". Ob sich dahinter tatsächlich in allen Fällen ein geheimdienstliches Interesse verbarg, erscheint jedoch fraglich.

Als hochrangiger Zuträger der Staatssicherheit mit den Aufgaben eines „Offiziers im besonderen Einsatz" (OibE) arbeitete Hauptmann Rainer Obst, in dessen Stasi-Akte er als Abteilungsleiter Wirtschaftspolitik und Politische Verwaltung der Deutschen Reichsbahn im Ministerium für Verkehr (MfV) geführt wurde. Er war bis zum Juli 1987 im Einsatz und wurde dann „entpflichtet", weil er eine „Funktion im Staatsapparat" übernahm – er war als stellvertretender Minister vorgesehen.

Die Übersichtsaufnahme der Staatssicherheit entstand während der Bauarbeiten in Mukran.

Obst hatte seinen Dienst als OibE für die Hauptabteilung XIX (Verkehr, Post, Nachrichtenwesen) im Dezember 1978 angetreten. Ab 1984 berichtete der Berliner als Abteilungsleiter Wirtschaftspolitik der Politischen Verwaltung der Deutschen Reichsbahn. In seiner Stasi-Akte sind auch Berichte über Missstände im Fährbetrieb zwischen Mukran und Klaipėda zu finden.

„Beim Genossen Obst handelt es sich um einen entwicklungsfähigen Leitungskader des MfV, der über einen festen politischen Klassenstandpunkt verfügt und als zuverlässiger und standhafter Genosse bekannt ist", hieß es in einer Beurteilung des 1944 geborenen Obst.

Die Unterlagen des MfS belegen, dass insgesamt mindestens 68 Stasi-Mitarbeiter in Mukran eingesetzt waren. Im April 1989 listete die Stasi 30 Inoffizielle Mitarbeiter auf, darunter Lokführer, Schichtleiter, Rangierer, Techniker und Ladearbeiter. Zudem musste auf jedem Schiff mindestens ein „Inoffizieller Mitarbeiter zur politisch-operativen Durchdringung und Sicherung des Verantwortungsbereiches" (IMS) im Einsatz sein. Die Aufgabe der IMS bestand darin, aus besonders sicherheitsrelevanten Objekten über die dort beschäftigten Personen zu berichten und so dazu beizutragen, Gefahren frühzeitig zu erkennen. Um die Konspiration zu wahren, sollten sie möglichst nicht der SED angehören, gleichzeitig aber einen guten Überblick über das Geschehen an Bord haben und bestenfalls auf Rügen wohnen.

Für die Treffen der IM mit ihren Führungsoffizieren standen konspirative Wohnungen in Sagard, Sassnitz und Umgebung zur Verfügung. Die Vorgabe verlangte eine „planmäßige Durchdringung", um unter den Arbeitern, Eisenbahnern und Seeleuten diejenigen herausfiltern zu können, die Kontakte in den Westen hatten und möglicherweise Geheimnisse über den Fährkomplex und die Transporte weitergaben oder anderweitig in „Feindtätigkeiten" verwickelt waren.

In einer Studie über den Einsatz der Stasi in Mukran geht Siegfried Köhler davon aus, dass deren operative Diensteinheiten insgesamt 4.000 Personen „zu sichern, zu kontrollieren und zu überwachen" hatten. Dazu gehörten auch die Mitarbeiter der Transportpolizei, deren Privatleben durchleuchtet wurde. Im Ministerium für Staatssicherheit, so haben seine Untersuchungen ergeben, haben sich acht Hauptabteilungen mit der Sicherung des Sonderbauvorhabens beschäftigt. Insgesamt seien 20 Diensteinheiten und selbstständige Abteilungen im Einsatz gewesen.

Einer der Stasi-Zuträger an Bord war der IM „Rolli" alias Roland Preller. Er kam am 27. März 1952 in Görlitz zur Welt und leistete zwischen dem 1. November 1971 und Januar 1973 seinen Wehrdienst bei der NVA. Danach lernte er den Beruf des Schlossers. Bereits im Dezember 1971 wurde die Staatssicherheit auf Preller aufmerksam. Die Kreisdienststelle Ribnitz hatte ihn für das MfS „aufgeklärt" und wollte ihn als IM für eine Kutterbesatzung gewinnen. Der Kandidat war seit 1970 Mitglied der SED und besaß laut MfS-Akten einen „festen Klassenstandpunkt".
Der Bericht eines Leutnants Köhler über die erfolgreiche Werbung des Kandidaten datiert vom 31. Januar 1971. Ohne zu zögern habe Preller konspirative Zusammenarbeit zugesichert und wurde besonders auf die Notwendigkeit hingewiesen, Fahnenfluchten zu verhindern. Den Decknamen „Rolli" wählte er selbst. Seine Verpflichtungserklärung datiert vom selben Tag. „Rolli" war zunächst für die Hauptabteilung I, die Militärabwehr, tätig. Seine Arbeit für die Stasi ließ sich „Rolli" bezahlen. Notiert sind Beträge zwischen 50 und 650 Mark. 1976 wechselte er zur Deutschen Seereederei und war nicht mehr für die HA I tätig. 1977 nahm er seine IM-Tätigkeit für die Abteilung Hafen auf, die bei der Stasi für die Schiffe und Häfen zuständig war.

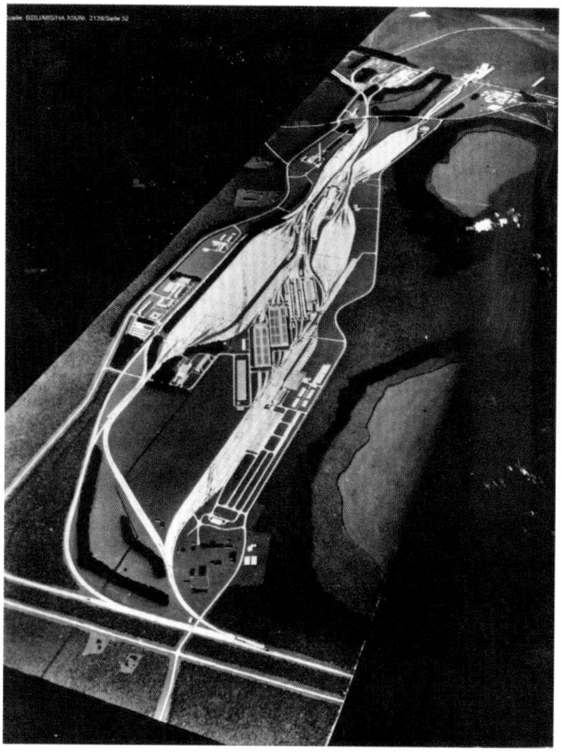

Die Unterlagen der Staatssicherheit enthalten auch ein Foto, das das Modell des Fährhafens zeigt.

Im März 1977 gehörte er als Matrose und stellvertretender SED-Parteisekretär zur Stammbesatzung der MS „Flamingo". Preller war nach Sassnitz umgezogen und schrieb zu dieser Zeit einen ausführlichen Bericht über einen anderen Matrosen, der eine außereheliche Beziehung hatte. Der Mann sei an ausländischen Frauen interessiert, „um seine sexuellen Bedürfnisse zu befriedigen". Weiter war „Rolli" an einer Operativen Personenkontrolle und einem Verfahren wegen Fahnenflucht beteiligt.

Am 12. Mai 1982 schlug die Abteilung Hafen „Rolli" für eine Auszeichnung vor. Preller sollte die „Medaille für treue Dienste in der NVA" in Bronze erhalten. In der Begründung hieß es: „Der IM arbeitete unmittelbar an operativen Materialien. Aufgrund seiner Informationen gelang es 1981, einen I. Nautischen Offizier festzunehmen und gegen diesen ein Ermittlungsverfahren gemäß §220 StGB einzuleiten." In diesem Paragrafen ging es um staatsfeindliche Hetze und Verleumdung.

Auch 1986 war sein Führungsoffizier voll des Lobes. „Rolli" arbeite zuverlässig, sei kontaktfreudig und habe mehrfach operativ-bedeutsame Informationen erarbeitet. Im Juli dieses Jahres wechselte er als Besatzungsmitglied auf die „Mukran". Dort setzte er seine Spitzeltätigkeit fort und erstattete seinem Führungsoffizier in einer konspirativen Wohnung regelmäßig Bericht. Die Wohnung befand sich in einem Arbeiterwohnheim des Investitionsauftraggebers Fährverkehr Mukran in Bergen-Rotensee. Im Durchschnitt fanden die Treffs einmal im Monat statt.

Für die Arbeit an Bord der Eisenbahnfähre hatte die Stasi seine Aufgaben genau definiert:

- Aufklären der Besatzung und Erkennen von Unsicherheitsfaktoren
- Gewährleistung von Sicherheit und Ordnung
- Beschaffung von Informationen über die Stimmung an Bord

Auch dort zeige der IM „eine hohe Einsatzbereitschaft und Zuverlässigkeit" und „Eigeninitiative", schrieb die Kreisdienststelle Bergen am 3. November 1987. „Rolli" war jedoch nicht nur auf dem Schiff aktiv. Lobend stellte die Stasi beispielsweise auch seine Tätigkeit beim von der Stasi argwöhnisch beobachteten Olof-Palme-Friedensmeeting in Stralsund unter Beweis. Dort gab sich der IM mit einer Legende als Fotograf eines Kirchenblattes aus, fotografierte Personen und nahm Kontakte auf.

Außerdem sollte „Rolli" auf weitere Aufgaben vorbereitet werden:

- weitere Informationsbeschaffung über Teilnehmer des Olof-Palme-Friedensmeetings und der Gruppe „Schwerter zu Pflugscharen" in Stralsund
- Spezieller Einsatz zur Absicherung und Beobachtung von Militärtransporten. Besonders interessiert war die Stasi an Personen, die sich auffällig neugierig verhielten.
- Aufklärung von Besatzungsmitgliedern der „Mukran", die sich mit Seefahrern aus dem Westen trafen. Als Treffpunkte waren die Interclubs in Klaipėda und Riga bekannt. Riga steuerte die „Mukran" für ihre Werftaufenthalte an.

„Rolli" sollte darüber hinaus dokumentieren, wann westdeutsche Seeleute in Klaipėda die Eisenbahnfähre fotografierten. Ziel war es, ihn verstärkt in die Spionageabwehr einzuarbeiten.

Doch „Rolli" berichtete auch über Gespräche mit zunächst belanglosen Inhalten an Bord. Ausführlich schrieb er beispielsweise über seine Kontakte mit einer Wirtschaftshelferin, und am Schluss daraufhin zu weisen, dass die Frau unbedingt eines Tages ans Mittelmeer möchte. „Warum will sie unbedingt ans Mittelmeer? Und nicht woanders hin?", fragte „Rolli" in seinem Bericht. Andere Besatzungsmitglieder bezeichnete er als „hochnäsig" und unbeliebt. Immer wieder schrieb er ausführlich über das Privatleben der Menschen an Bord und die Fähigkeiten sowie politischen Äußerungen der Kapitäne Thiemann und Gumprecht.

Aus „subjektivem Empfinden" riet er davon ab, einem Besatzungsmitglied eine beantragte Jugendtouristreise in die Bundesrepublik oder nach Frankreich zu genehmigen. Gründe könne er nicht nennen, hieß es in einem schriftlichen Bericht vom 28. März 1989.

In seiner Freizeit beschäftigte sich der IM intensiv mit Fotografie und war ehrenamtlich für „Voll voraus", die Betriebszeitung der Deutschen Seereederei, tätig. Fotos, die er auf der „Mukran" geschossen hatte, brachte er zu den Treffen in der Konspirativen Wohnung mit. Aktiv bot „Rolli" am 3. Dezember 1987 seine Arbeit in der Kunst- und Kulturszene an, da ein Hobby sich mit der Malerei beschäftigte. Die Akten des Stasi-Unterlagenarchivs zu „Rolli" sind unvollständig und vermutlich teilweise vernichtet worden. Die letzten erhaltenen Berichte sind vom August 1989 datiert.

Mit der Überwachung beauftragte die Stasi außerdem eine große Zahl von Beobachtern, die die Anlagen des Fährkomplexes im Blick behalten sollten. Obwohl die Zufahrtswege zum Hafen durch Kontrollpunkte abgesichert waren und ausschließlich Personen mit einer Erlaubnis den Fährkomplex betreten konnten, war bei militärischen Transporten nahezu im gesamten Hafen- und Bahnhofsbereich der Einsatz „gedeckter Posten" vorgesehen, die vom „Bereich Operative Technik" (OT) mit moderner Fototechnik ausgestattet wurden.
Als wichtigste Orte für die Beobachtung des Fährhafens wählte die Staatssicherheit:

- Den zentralen Busbahnhof an der Grenze zum Dorf Neu-Mukran, daneben stand ein von der Stasi-Kreisdienststelle Rügen genutzter Bungalow sowie das Diensthaus von Heinz Rentner, wenn er sich in Mukran aufhielt.
- Den Betriebsbahnhof Mukran-West
- Eine Kreuzung bei Prora bei der Militärforstwirtschaft
- Die Kreuzung der F 96 in Sassnitz-Lancken (LPG-Büro)
- Die Zivilschutz-Schule im Ort Lietzow, durch den alle Züge rollten
- Dort entstanden weitere ständig nutzbare Stützpunkte.

Außerdem sollte die konspirative Wohnung „Arkona" genutzt werden. Beobachter zogen im Auftrag der Staatssicherheit auch in den Schulhort an der Boddenstraße in Lietzow ein. Der Schulleiterin wurde erklärte, Zoll und Volkspolizei wären dort tätig.

Den festen konspirativen Beobachtungsstützpunkt in der Landwirtschaftlichen Produktionsgenossenschaft (LPG) Sassnitz-Lancken hatte die Stasi eingerichtet, um den Berufsverkehr vom zentralen Omnibusbahnhof zum Hafen zu überwachen. Von hier aus konnten die Stasi-Mitarbeiter unbemerkt Personen beobachten und ihre Bewegungen dokumentieren. In der LPG Pflanzenproduktion Sagard nahe der Gleisanlagen durften sich die Beobachter sogar im Büro des Vorsitzenden einrichten, ausgestattet mit einer unverfänglichen geheimdienstlichen Legendierung: Angeblich kamen sie vom Rat des Bezirkes Rostock, Abteilung Verkehrsüberwachung.

Belege dafür, dass sich unter den Beschäftigten oder Anwohnern des Fährkomplexes westliche Spione befanden, finden sich in den Stasi-Unterlagen nicht. Siegfried Köhler stellt sogar fest: „Das Studium der Akten lässt die Schlussfolgerung zu, dass gerade die Geheimniskrämerei der DDR das Interesse an Informationen über den Fährkomplex förderte und zu Recherchen und Gesprächen oder postalischen Mitteilungen über dieses Objekt führten, die nichts mit Spionageaktivitäten zu tun hatten, vom MfS aber als solche gewertet wurden." Die Diskrepanz zwischen den vermuteten Spionageangriffen und den tatsächlichen Gefahren war offenbar groß. Aber auch eine andere Schlussfolgerung wäre zulässig: Die Möglichkeiten der Überwachung stießen bei einer Anlage von der Größenordnung des Mukraner Fährhafens und seines Umfelds schlicht an ihre Grenzen.

Große Sorgen bereitete den Kräften des MfS auch die Arbeit der Militärverbindungsmissionen (MVM) der USA, Großbritanniens und Frankreichs, die bei den sowjetischen Streitkräften akkreditiert waren und sich bei ihren Aufklärungsfahrten auf DDR-Gebiet weitgehend frei bewegen durften. Die drei westlichen Siegermächte setzten nach unterschiedlichen Schätzungen für die Aufgaben zwischen 63 und 92 Offiziere und Sergeanten ein. Dabei handelte es sich um nachrichtendienstlich geschulte Militärspezialisten der einzelnen Waffengattungen. Sie waren technisch bestens ausgerüstet und verfügten über Kameras, Nachtsichtgeräte sowie über Vorrichtungen für Bodenanalyse, Infrarot-, Geräusch- und Abgasmessung. Die Briten waren in hochmotorisierten Allradfahrzeugen unterwegs, die mit Panzerplatten verstärkt und nicht reflektierenden Spezialfolien beklebt waren. Um Blicke ins Innere zu verhindern, waren die Scheiben abgedunkelt.

In einem Abkommen vom 16. September 1946 hatten die vier Siegermächte des Zweiten Weltkrieges den gegenseitigen Austausch der MVM vereinbart. In der Bundesrepublik verfügten die in Frankfurt am Main stationierten Sowjets über die gleichen Rechte.

Die DDR hatte zeitweilig bis zu 40 Prozent ihres Territoriums zum Sperrgebiet für MVM-Besuche erklärt. Mukran gehörte nicht dazu. Die drei westlichen MVM hatten bei einer Neufestlegung der Sperrgebiete im Juni 1986 darauf gedrängt, Rügen nicht mehr als Sperrgebiet zu definieren. Lediglich der Fährkomplex selbst blieb gesperrt. Da die offiziell als rechtmäßig deklarierten Kontrollfahrten der westlichen MVM in der DDR nicht nur als Provokation empfunden wurden, sondern stets der Verdacht systematischer Spionage im Raum stand, hatte die Stasi ein Netz von Meldekräften eingerichtet. Sie sollten besonders auf die Wagen der MVM mit den auffällig gelben Nummernschildern achten und verdächtige Fahrzeuge an die Bezirksverwaltungen der Staatssicherheit melden. Von dort wurden die Informationen an die Zentrale in Berlin weitergeleitet.

„Angehörige der Militärverbindungsmissionen missbrauchen ihren Aufenthalt auf dem Territorium der DDR zunehmend durch Handlungen, die gegen die Verteidigungskraft der DDR gerichtet sind", stellte auch Verteidigungsminister Heinz Hoffmann fest und ordnete an, jede MVM-Aktivität zu dokumentieren und sie umgehend an die sowjetischen Streitkräfte zu melden. Außerdem wurden die Dienststellen der Staatssicherheit sofort informiert.

Die Sicherheitsbehörden der DDR gingen davon aus, dass täglich 20 bis 25 MVM-Angehörige mit sechs bis zehn Fahrzeugen auf ihrem Territorium unterwegs waren. Da Rügen, die Bahnstrecken und der Bereich um den Hafen von Mukran nicht zu den gekennzeichneten Sperrzonen gehörten, tauchten die Wagen der US-Amerikaner und Briten hier besonders oft auf. Im Schnitt zählte die Stasi drei Besuche pro Monat. Mit Ferngläsern beobachteten die Insassen an der Bahnlinie Züge und Ladung – im Jargon der Stasi die „Angriffsobjekte".

Ein Blick auf die Schiffe selbst war wegen der Lage des Hafens von außen nur schwer möglich. Die Besucher aus dem Westen waren dem DDR-Geheimdienst in vielen Fällen namentlich bekannt. Vermerkt wurden unter anderem die Namen „Sergeant Brain", „Captain Powell" und „Brigadegeneral Foley". Korrekt lautete der Name John Fowley. Bei dem Offizier handelte es um den Chef der britischen Militärmission in der DDR.

1987 stellte die Staatssicherheit keine gezielten Spionageangriffe auf den Hafen Mukran fest – mit Ausnahme von drei Aufklärungsfahrten der US-amerikanischen und britischen MVM, die einen Hügel bei Borchtitz nutzten. „Diese MVM-Aktivitäten sind mit dem zunehmenden Umschlag von ITA-Gütern und GSSD-Militärtechnik (Lkw) zu beachten", schrieb die Abteilung II am 12. Januar 1988.

Die US-amerikanischen Offiziere Major Grob und Sergeant Kurtz hatten sich am 16. Mai 1989 mit einem Mercedes-Geländewagen auf einem Feld an der Bahnlinie bei Lietzow postiert und wurden dabei von der Stasi beobachtet, die eine umfangreiche Fotodokumentation über die Aktion anfertigte. Die Beobachter notierten beispielsweise, dass sich Grob auf dem Autodach sonnte, die meisten Züge ignorierte und erst zur Kamera griff, als Güterwagen mit Militärtechnik vorbeirollten.

Am 19. Mai fotografierte die Stasi an der Bahnstrecke nahe Teschenhagen bei Stralsund einen Sergeant Allinson und dessen Kollegen Captain Andersson, die offenbar ebenfalls Militärzüge ausspionieren wollten. Aufmerksam vermerkten die Späher, dass Allinson viel las und um 17.29 Uhr mit einer Bratpfanne und zwei Tassen den Mercedes verließ. Interessante Züge gab es an diesem sonnigen Nachmittag offenbar nicht zu sehen.

Registriert wurde auch der Besuch eines Fahrzeuges der britischen Militärmission am 14. August 1989. „Dabei handelte es sich um einen bedeutsamen M-Transport von Raketeneinheiten der NVA zu Schießübungen in die UdSSR", schrieb ein Beobachter der Abteilung XIX (Verkehr, Post, Nachrichtenwesen) der Stasi. In Borchtitz bei Mukran hätten die Insassen 15 Minuten lang einen Militärtransport beobachtet. 38 Wagen mit Raketentechnik und Fahrzeugen inklusive Küchenausrüstung sollten an diesem Tag nach Klaipėda verschifft werden. Die Raketeneinheit aus der Nähe von Parchim befand sich auf dem Weg zum Übungsschießen in die Sowjetunion (siehe auch Kapitel ***Zeitzeuge Wolfgang Höfer: Der Raketenoffizier***).

NVA-Soldaten und Mitarbeiter der Stasi durften ihre ausländischen MVM-Kollegen behindern, ihnen den Blick versperren oder die Fahrzeuge „blockieren", wenn diese trotz des Verbotes in Sperrgebiete eindrangen oder Truppen und Militärtechnik fotografierten. In der Praxis stellte sich die Abwehrarbeit wesentlich schwieriger dar, weil die Bestimmungen des Verteidigungsministeriums Durchsuchungen der Autos, Anwendung von Gewalt oder gar den Griff zur

Schusswaffe strikt untersagten. „Unsere Leute durften nichts machen", sagt ein ehemaliger Hafenarbeiter in Mukran. „Das durften nur die Russen." Wenn die Amerikaner vorfuhren, traten Sowjetsoldaten und Mitarbeiter des KGB aus ihrer Baracke auf dem Hafengelände. Häufig kam es zu Wortgefechten. Wurde ein Fahrzeug der Militärmission von den Sicherheitskräften blockiert, gehörte es zur gängigen Praxis, die Scheiben abzudecken, um Blicke aus dem Fahrzeug auf das Geschehen auf der Straße zu verhindern.

Mit dem Fall der Mauer veränderte sich die Situation im Geheimdienstgewerbe schlagartig: Die Staatssicherheit wurde zunächst zum Amt für Nationale Sicherheit (AfNS) umdeklariert und schließlich per Beschluss des Ministerrates vom 14. Dezember 1989 aufgelöst. Der Spionageabwehr der Sowjets in der DDR fehlte damit die wichtigste Säule beim Schutz der eigenen Geheimnisse. Während des Rücktransportes des gigantischen Militärarsenals in die Sowjetunion boten sich den westlichen Geheimdiensten zahllose Gelegenheiten, einen Blick ins Waffenarsenal der östlichen Supermacht zu werfen. In der ehemaligen Villa des Wehrmachtsgenerals Wilhelm Keitel in Berlin-Dahlem richteten der Bundesnachrichtendienst und Spezialisten des US-amerikanischen Militärgeheimdienstes DIA (Defense Intelligence Agency) eine Dienststelle ein. Gemeinsam beobachteten die Mitarbeiter den Truppenabzug der Sowjets und versuchten, geheime Dokumente und Wehrtechnik zu beschaffen. Auch die Anwerbung von Soldaten gehörte zu ihren Aufgaben (siehe auch Kapitel ***Mukran und der Abzug der sowjetischen Truppen***).

Die Aufklärungsfachleute setzten unter anderem an den Bahnstrecken bodengebundene Sensoren ein, die auf eine Entfernung von fünf bis zehn Metern und bei einer Messdauer von mindestens einer Minute Aussagen über den „Charakter der Kernsprengköpfe" erlaubten – eine Technik, die zuvor in anderen Staaten des Warschauer Vertrages erfolgreich getestet worden war.

Diese Sensoren haben, einem Bericht des ehemaligen BND-Mitarbeiters Norbert Juretzko zufolge, Spezialisten des BND und der CIA gemeinsam an der Bahnstrecke nach Mukran eingesetzt, als die Sowjets im Sommer 1990 Atomwaffen per Eisenbahn und Schiff nach Klaipėda transportieren wollten. Der Transport trug bei Geheimdienstlern die Bezeichnung „Black Foot". Die Aufgabe der Teams bestand darin, sich mit drei Geräten dem militärisch gesicherten Zug unbemerkt zu nähern und die Messungen vorzunehmen. Eines der Geräte („Papa Bär") befand sich in einer länglichen Kiste und musste dicht am Gleis versteckt werden. „Alle drei Kisten waren mit Spezialelektronik vollgestopft, die sämtliche technischen Werte und Details der Atomwaffen erkennen und aufzeichnen konnte", schrieb Juretzko in seinem Buch „Bedingt dienstbereit".

Die Züge bestanden aus maximal zehn Waggons und wurden von zwei Dieselloks gezogen, wobei eine als Ersatz diente. Bei manchen Zügen mit Atomwaffen setzt die Reichsbahn aus Sicherheitsgründen auch drei Loks ein -

zwei vorn, eine hinten. Auf die beiden vorderen Lokomotiven folgte ein flacher Wagen mit einem Flugabwehrgeschütz, flankiert von Personal und Scharfschützen, schrieb Juretzko. Weitere 50 bewaffnete Soldaten saßen im nächsten Wagen. Dann folgten die Transportwaggons, von denen jedoch immer nur einer oder zwei beladen waren. Bei den anderen handelte es sich um „Dummies". Laut Juretzko hatten die Züge stets freie Fahrt und durften nur im Notfall gestoppt werden.

Unterstützt wurden die Teams des BND und der CIA laut Juretzko von kooperationsbereiten Bahnhofsbediensteten in Rambin und Samtens, zwei kleinen Stationen zwischen Rügendamm und Mukran. Von dort erfuhren die Agenten, wann der nächste geheime Transport mit Atomwaffen über Rügen rollen sollte. Der Bahnhofsvorsteher in Samtens sorgte dafür, dass der Zug außerplanmäßig für drei Minuten anhalten musste, damit aussagekräftige Messungen gewährleistet waren. Glaubt man den lebhaften Schilderungen des ehemaligen Fallschirmjägers Juretzko, gelang der Coup der Geheimdienstler. In einem Brief soll US-Präsident George Bush Juretzko und seinem Kollegen für ihren „grandiosen Einsatz" gedankt haben. Belegt ist diese Behauptung jedoch nicht.

Wissenschaftlich fundiert äußert sich der Militärhistoriker Sascha Gunold zu den Atomwaffentransporten über Mukran. Gunold hat sich kritisch mit den Schilderungen Juretzkos auseinandergesetzt und von einem „begrenzten Wert" für die Wissenschaft geschrieben. Er hat mit Zeugen gesprochen und Unterlagen im Militärarchiv des Bundesarchivs gefunden, die genaue Rückschlüsse über die Zahl der Transporte zulassen. Gunold geht davon aus, dass im Juni 1991 die letzten sowjetischen Kernwaffen über den Rügener Hafen die DDR verlassen haben.

Die ersten leeren Transportwagen kamen am 8. Juni per Fähre aus Klaipėda und wurden weiter nach Wulkow bei Neu-Ruppin gefahren. Dort belud die sowjetische Armee die Wagen mit nuklearen Sprengköpfen. Der letzte Transport rollte am 25. Juni nach Rügen. Laut Gunold liegen keine Hinweise vor, dass bereits vorher Atomwaffen über Mukran verschifft worden sind. Die Transporte davor erfolgten mit der Bahn über Frankfurt (Oder).

Die sowjetische Armee habe sich im Juni 1991 wegen der wachsenden Probleme bei Transit-Transporten durch Polen und aus Sicherheitsgründen für den Transport über die Ostsee entschieden. Die Unterstützung durch das Ministerium für Staatssicherheit war weggefallen, die sowjetischen Militärs mussten sich bei der Absicherung ausschließlich auf die eigenen Nachrichtendienste verlassen. Besonders in Polen war diese Aufgabe kaum noch umzusetzen. „Es blieb nur noch ein politisch zuverlässiger Weg", sagt Gunold. Der über die Ostsee.

Zum Zeitpunkt des Abzugs befanden sich auf dem Gebiet der ehemaligen DDR ausschließlich Kurzstreckenwaffen. Transportiert wurden nukleare Sprengköpfe und Artilleriegranaten sowie Atombomben, die für den Abwurf aus Flugzeugen vorgesehen waren. Hinzu kamen Trägersysteme wie Raketen und Fahrzeuge, die in die Sowjetunion gefahren wurden.

Die Züge mit der brisanten Ladung bestanden laut Gunold aus sowjetischen Güterwagen, die sich äußerlich kaum von anderen unterschieden. In der Regel wurden zwölf geschlossene Wagen eingesetzt. Hinzu kamen ein Wagen mit sowjetischen Wachsoldaten und sogenannte Schutzwagen an der Spitze und am Ende des Zuges, die bei einem Zusammenprall die Wirkung auf Wagen mit den Atomwaffen reduzieren sollten. In der Regel setzte die Reichsbahn zwei Diesellokomotiven für einen Zug ein. Der Einsatz von Schutzwagen war auch bei Transporten konventioneller Waffen und Munition vorgesehen. Einzelheiten regelte eine Anordnung für die Zugbildung von Militärtransporten, in der jedoch vom Umgang mit atomarer Bewaffnung keine Rede war.

Die „Oker" der Bundesmarine ist mit modernster Aufklärungstechnik ausgerüstet und bis heute im Einsatz.

„Für den Laien waren diese Atomwaffentransporte nicht zu erkennen", sagte Gunold. Dass die Transporte mit Luftabwehrwaffen - wie von Juretzko behauptet - gesichert wurden, schließt der Militärhistoriker aus. Damit wären die Züge eindeutig zu identifizieren gewesen. Deklariert waren die Fahrten als „Gefahrguttransporte". Sie mussten angemeldet werden, sodass die Mitarbeiter der Reichsbahn aufgrund der speziellen Anforderungen ahnen konnten, welche Ladung über die Schienen rollte. So war für die Wagen ein breites Streckenprofil erforderlich.

Gunold bestätigte gemeinsame Aktionen der westdeutschen und der US-amerikanischen Geheimdienste, die genau über die Transporte Bescheid wussten. Auf deutscher Seite begann die „Aktion Giraffe", die Amerikaner nannten ihre Operation „Blackfoot". Im Bahnhof Samtens vergruben die Geheimdienstler Sonden im Gleisbett, die Daten der Waffen auslesen konnten. Um welche Informationen es sich handelte, ist laut Gunold unbekannt. „Für die westlichen Dienste war das die einmalige Chance, so nah an sowjetische Atomwaffen heranzukommen", sagte der Militärhistoriker. Darüber dürfte sich die sowjetische Seite im Klaren gewesen sein. Erfahrungen mit Spionagetechnik bei Atomwaffentransporten hatten die westlichen Geheimdienste noch während der Existenz der DDR gesammelt.

Das Prozedere dieser Transporte sah folgendermaßen aus: Das Oberkommando der sowjetischen Streitkräfte in Wünstorf meldete die Transporte bei der Abteilung „Spezielle Transport- und Bauaufgaben" (STBA) im Verkehrsministerium als Sondertransport an, ohne jedoch genau über die Art der Ladung zu informieren.

Für die Transporte, die über Frankfurt (Oder) erfolgten, stellte die Reichsbahn die Schutzwagen zur Verfügung. „Besondere technische Sicherungsmaßnahmen werden vom Oberkommando der GSSD bei der Deutschen Reichsbahn nicht realisiert", hieß es in einem als „streng geheim" eingestuften Bericht der Hauptabteilung II (Spionageabwehr) über „Sicherheitsrelevante Aspekte im Zusammenhang mit Nuklearwaffentransporten der GSSD in der DDR" aus dem Jahr 1988. Die Züge würden lediglich durch die eigenen Wachmannschaften geschützt.

Die Staatssicherheit stellte dazu fest, dass bei den jährlich mehrfachen Eisenbahntransporten von Nuklearmaterial der sowjetischen Streitkräfte stark erhöhte Strahlungen an den Zügen messbar und damit auch für den Geheimdienst von großem Interesse seien. Zeitlich begrenzt konnten Spaltprodukte nachgewiesen werden, die jedoch keine Gefahr für die Bevölkerung darstellen würden.

„Mit entsprechendem Meßgerät sind Kernmaterialtransporte ohne Probleme auch vom Feind bis zu einer Entfernung von 100 m vom Gleis nachweisbar", hieß es in dem Bericht. „Dabei können batteriegetriebene Meßgeräte, die auch von Kraftfahrzeugen einsetzbar sind, benutzt werden. Bei Entfernungen von 5 – 10 m und einer Meßdauer von mindestens 1 Minute können Aussagen über den Charakter der transportierten Kernsprengköpfe getroffen werden."

Die Messergebnisse könnten auf Datenträger gespeichert und damit unabhängig vom Messgerät transportiert werden. Damit sei es dem „Feind einschließlich der Militärverbindungsmissionen der USA, Großbritanniens und Frankreichs möglich, die Gefechtsköpfe zu analysieren sowie die Schienenwege und Lagerorte aufzuklären". Daher sei mit verdeckten Aktionen des Missionspersonals zu rechnen.

Die Gefahr, dass es bei einer Havarie, insbesondere bei einem Brand, zu einer radioaktiven Wolke komme, sei von großer politischer und operativer Bedeutung, hieß es weiter in dem Bericht der Spionageabwehr. Feuerwehr und Zivilverteidigung seien darauf nicht eingestellt. Der Autor des Berichts empfahl, gemeinsam mit dem sowjetischen Geheimdienst KGB bei strengster Geheimhaltung „Veränderungen im Transportregime herbeizuführen".

Die eingesetzten US-amerikanischen Sonden zum „Auslesen“ des Nuklearmaterials war bereits vorher mehrfach zum Einsatz gekommen. Die UdSSR hatte sie 1977 erstmals entdeckt. Anfang der achtziger Jahre wurden sie in Bulgarien gefunden, 1983 erstmals in der DDR.

Während der Nukleartransporte der sowjetischen Truppen beobachtete die Bundeswehr in den Liegenschaften der Nachrichtendienste der UdSSR in Potsdam verstärkte Aktivitäten. Vermutlich übernahmen sie erstmals die Absicherung der Transporte, nachdem die Staatssicherheit der DDR dafür nicht mehr zur Verfügung stand.

Gunold kann für den Juni 1991 anhand von Quellen nachweisen, dass elf der 21 Atomwaffenlager in der DDR von der Reichsbahn angefahren wurden. Daher geht er davon aus, dass die anderen Lager bereits zuvor geleert worden waren. Diese elf Transporte wurden unter besonderer Bewachung in Mukran auf sowjetische Fähren verladen. Die Zivilbevölkerung auf Rügen habe von diesen Fahrten nichts gewusst. Allenfalls den Beschäftigten in der Umachshalle in Mukran hätten die ungewöhnlichen Transporte auffallen können.

Für die Koordinierung aller Züge des sowjetischen Abzugs war eine Leitstelle in Berlin-Hoppegarten verantwortlich, Reichsbahn und Bundeswehr arbeiteten dort eng zusammen. Was wohin transportiert wurde, war bekannt und wurde ans Verteidigungsministerium, ans Bundeskanzleramt, ans Verkehrsministerium und ans Auswärtige Amt weitergeleitet. Damit sei auf höchster Regierungsebene bekannt gewesen, welche Transporte über Mukran erfolgten. Örtliche Behörden seien nicht informiert worden. Auch die Medien waren ahnungslos. Ziel der bundesdeutschen Regierung sei ein reibungsloser und schneller Abtransport gewesen, insbesondere weil die letzten Transporte des nuklearen Materials sehr spät erfolgten, sagte Gunold.

Zeitzeuge Wolfgang Höfer: Der Raketenoffizier

Wolfgang Höfer (Hintergrund) gehörte einer Raketeneinheit an, die mit der Fähre über Klaipėda nach Kasachstan fuhr.

Wolfgang Höfer war noch gar nicht unter Deck im geheimen Mannschaftsraum der „Greifswald" angekommen, da hatte er sich schon die erste Beule geholt. „Wir waren alles echte Landratten", berichtete der Ex-Major der Nationalen Volksarmee. „Sich in einem Schiff zu bewegen, waren wir nicht gewöhnt." Transporte ins 3.000 Kilometer entfernte Kapustin Jar (heute Snamensk) im russischen Gebiet von Astrachan in der Nähe Kasachstans gehörten für Höfer und die anderen Soldaten der Fünften Raketenbrigade zur alljährlichen Routine, doch bislang waren die Männer stets mit der Eisenbahn quer durch die östlichen Bruderländer gefahren. „Steppenfahrten" hießen diese Touren durch das scheinbar endlose Sowjetreich, die in der Regel inklusive der Abschussübungen einen Monat dauerten.

Das 1946 gegründete, 100 Kilometer östlich von Wolgograd (früher Stalingrad) gelegene Testgelände mit der offiziellen Bezeichnung „Staatliches zentrales Polygon für reaktive Technik" war nach der Bahnstation Kapustin Jar benannt worden, wo die Züge aus dem Westen ankamen. Im Laufe der Jahre entstand am Bahnhof die bis 1992 geschlossene Stadt Snamensk.

Das Testgelände war berüchtigt: Im Sommer lagen die Temperaturen tagsüber bei 40 Grad, nachts fielen sie auf den Gefrierpunkt. Wegen der schwierigen hygienischen Verhältnisse wurden sämtliche NVA-Soldaten, die nach Kapustin Jar fuhren, gegen Typhus und andere Krankheiten geimpft. 1963 kamen die ersten Truppen der DDR aufs Testgelände, die Übungen dort wurden jeweils nach Planeten des Sonnensystems benannt. Zumeist brachen die Einheiten der Luftabwehr zu den Steppenfahrten auf.

Am 16. August 1989 führte erstmals eine Reise der Raketentruppen der Landstreitkräfte per Eisenbahnfähre über die Ostsee. Vorangegangen waren mehrere Testfahrten von Waggons mit Technik, um die Bedingungen des Seetransports der Waffensysteme zu erproben. Die Übung trug den Namen „Jupiter 89". Es war die erste von fünf im Jahr 1989 geplanten Reisen, die alle mit der „Greifswald" abgewickelt werden sollten. Die für Verkehr, Post und Nachrichtenwesen zuständige Hauptabteilung XIX der Stasi ging von insgesamt 400 Güterwagen für die Technik aus, bis zu 300 Mann waren pro Transport vorgesehen. Die zehn Militärzüge starteten in den Bahnhöfen Zeitz, Webau, Holzdorf, Sanitz, Hoppenwalde und Reuterstadt Stavenhagen.

Bei der Premierenfahrt lernte der zwei Meter große Höfer (Jahrgang 1955) sehr schnell, dass es an Bord noch enger zugehen konnte als in den Zügen der sowjetischen Eisenbahn.

Bis zu seinem Tod beschäftigte sich Wolfgang Höfer mit der Raketentechnik des Warschauer Vertrages.

200 Mann und 80 Lastwagen mit der kompletten Technik der Zweiten Raketenabteilung der Brigade mussten verladen werden. „Wir haben unseren gesamten Krempel inklusive Startrampen mitgenommen“, berichtete Höfer, der für die Transportvorbereitung, den Ladeplan und die Sicherheit verantwortlich war. Nur die gewaltigen, zwölf Meter langen Boden-Boden-Raketen vom Typ 8 K 14 (Nato-Bezeichnung: Scud) lagen nicht auf den Eisenbahnwagen. Sie wurden getrennt mit einem anderen Zug transportiert. Die 6,5 Tonnen schweren Geschosse konnten mit konventionellen oder nuklearen Gefechtsköpfen ausgerüstet werden. In Höfers Einheit waren sie ausschließlich für den Kernwaffeneinsatz vorgesehen.

Das Testgelände war berüchtigt: Im Sommer lagen die Temperaturen tagsüber bei 40 Grad, nachts fielen sie auf den Gefrierpunkt.

Der Transport für die Truppe begann im mecklenburgischen Sternberg. Soldaten und Transportpolizei riegelten Teile des Güterbahnhofs ab, als der „Krempel“ auf Eisenbahnwagen verladen wurde. Für die zwei jeweils 30 Tonnen schweren und 12,5 Meter langen Startrampen standen „Plattformi“ bereit. So nannten die Soldaten die russischen Transportwaggons, die wegen ihrer Überbreite nur auf bestimmten Strecken fahren konnten.

Als sich der Zug in Richtung Mukran in Bewegung setzte, schützten Planen die militärische Ausrüstung vor neugierigen Blicken. Für die Offiziere hatte die Reichsbahn einen Liegewagen bereitgestellt. Die einfachen Soldaten mussten mit Pritschen oder Luftmatratzen vorlieb nehmen.

Höfer war vor Beginn der Fahrt informiert worden, dass sein Transport Ziel einer Spionageattacke werden könnte. Die Spionageabwehr hatte erfahren, dass die Militärverbindungsmissionen Großbritanniens und der USA großes Interesse daran hatten, die Züge der Raketeneinheiten aufzuklären. Zwei Tage vor dem Ablegen hatten die Briten bereits an den Gleisen vor Mukran gestanden und die beladenen Wagen einer anderen Einheit auf dem Weg zum Hafen beobachtet. Ob sich Mitglieder der Militärverbindungsmissionen erneut auf die Lauer legten, als Höfer mit Soldaten und Technik unterwegs war, weiß er jedoch nicht.

In Mukran waren die Eisenbahner bereits auf den NVA-Transport vorbereitet. Die vier „Plattformi“ wurden umgespurt, also mit Achsen der sowjetischen Breitspur ausgerüstet. Nach wenigen Stunden war der Militärzug abfahrbereit und rollte auf die Fähre – ins untere Ladedeck, wo er vor den Blicken der Crews von Nato-Hubschraubern und -schiffen geschützt war. Oben standen Güterwagen mit unverdächtiger Ladung.

Die Raketentruppen gehörten zu den wenigen Einheiten der DDR, die mit den Fähren in die UdSSR fuhren.

„Wir hatten alle unsere Seesäcke auf dem Rücken“, erinnerte sich Höfer. Über steile Treppen und durch enge Gänge führte der Weg der Soldaten tief nach unten in den Bauch der „Greifswald“. Dreistöckige Pritschen standen in dem Raum, in dem die Männer die nächsten 20 Stunden verbringen sollten. Außer der persönlichen Ausrüstung hatten sie in ihren Seesäcken die Verpflegung für die Reise verstaut: Einmannrationen der NVA inklusive Bitterschokolade mit Koffeinzusatz, Stullen und Schmalzkonserven.

Höfer wusste, dass selbst er als Offizier während der Überfahrt nur selten an Deck würde gehen können. Deshalb kontrollierte er vor der Abfahrt noch einmal penibel, ob die Armeegüter auf den Eisenbahnwagen gut gesichert waren. Bevor die „Greifswald“ ablegte, informierte die Besatzung die Soldaten über das Verhalten bei Notfällen auf See. Jeder musste mit seiner Unterschrift bestätigen, dass er die Erklärungen zur Kenntnis genommen hatte.

Am frühen Abend legte die Fähre ab. Den Passagieren stand eine Seereise ohne besondere Vorkommnisse bevor. „Die Ostsee war platt wie ein Kuchenblech“, erinnerte sich Höfer. Im Mannschaftsraum bauten die Politoffiziere die transportable

Während sich die NVA-Soldaten in Kasachstan auf einen „scharfen Schuss" vorbereiteten, begann in ihrer Heimat die Friedliche Revolution.

„Rundfunkkinoanlage" auf, die bei längeren Truppentransporten zur Ausrüstung gehörte. Auf einer mobilen Leinwand bekamen die Soldaten 16-Millimeter-Filme zu sehen. Schulungsfilme und Unterhaltung gehörten zum Programm. Für Abwechslung sorgten außerdem Radiorekorder, Bücher und Spiele. Im fensterlosen Raum unter den Güterzügen kloppten die Männer Skat. Dazu gab es Bier, zwei Flaschen für jeden.

Vor der Nachtruhe erlaubten die Offiziere den Soldaten, in Gruppen kurz an Deck zu gehen, um frische Ostseeluft zu schnappen. Um 22 Uhr wurden die Schotten dicht gemacht und aus Sicherheitsgründen bewacht. Zwei Monate zuvor war ein Soldat einer Flugabwehreinheit von einem automatischen Schott erschlagen worden, als er unbemerkt im Schiff unterwegs war. Angeblich hatte er das Schwimmbad gesucht.

Am nächsten Morgen bat der Kapitän Major Höfer und die anderen Offiziere zu einem Gespräch auf die Brücke. Dort waren die Seemänner gerade mit einem Ausweichmanöver beschäftigt. Sie fuhren auf einem Kurs, der in einem großen Bogen um ein Schiff der Nato herumführte. Offenbar hatte der Kapitän die Anweisung erhalten, mit seiner Fähre möglichst nicht aufzufallen.

Nach 20 Stunden Fahrt legte die „Greifswald" in Klaipėda an. Die Eisenbahnwagen mit der Raketentechnik rollten von Bord. Für die Soldaten sollte nun die Steppenfahrt in Richtung Kasachstan beginnen. Sie warteten auf die gefürchteten russischen Mannschaftswagen. „Das war meistens das Letzte", berichtete Höfer. „Verkeimt, demoliert, Heizung defekt."

Diesmal erwischten die Soldaten auf dem Güterbahnhof Draugyste bei Klaipėda halbwegs passable Wagen, doch die Lok fehlte. Erst langsam begriffen die Männer, dass sie mitten in das Chaos der sich auflösenden Sowjetunion geraten waren. Klaipėda gehörte zu Litauen, das sich von der UdSSR abspalten wollte. Der Wille zur Unabhängigkeit hatte die gesamte Litauische Sozialistische Sowjetrepublik erfasst. Dass ostdeutsche Truppen auf dem Weg zu einem russischen Raketengelände nicht willkommen waren, bekamen Höfer und seine Soldaten zu spüren. „Plötzlich verstanden die Eisenbahner kein Russisch mehr", erinnerte er sich. Erst nach eineinhalb Tagen konnten die Soldaten ihre Reise fortsetzen. Die Lok war erst bereitgestellt worden, nachdem der deutsche Transportkommandeur bei den litauischen Eisenbahnern demonstrativ eine Schusswaffe auf den Tisch gelegt hatte. „Früher hatten ein paar Wodkaflaschen gereicht", sagt Höfer.

Steppenfahrt, Raketenschießen, Steppenfahrt – nach vier Wochen kehrten die Männer über die Ostsee zurück. Von der großen Ausreisewelle über Ungarn und der sich anbahnenden Friedlichen Revolution waren keine Nachrichten ins entfernte Kapustin Jar gedrungen. Höfer: „Als wir zurückkamen, war die DDR ein anderes Land."

Ein gutes halbes Jahr später übergab die NVA ihre Raketen den sowjetischen Streitkräften, am 3. Oktober 1990 verließ Höfer die Armee. Er leitete bis zu seinem Tod im Jahr 2021 ein Unternehmen für Catering-Logistik in Demen bei Schwerin. Die Firma hat ihren Sitz in der ehemaligen Kaserne seiner Raketeneinheit.

Die NVA verfügte über die Raketen, die sowjetische Armee über die nuklearen Sprengköpfe.

Handel mit dem Klassenfeind: Fähren in die BRD?

Schleswig-Holsteins Ministerpräsident Uwe Barschel trat vehement für die Fährverbindung zwischen der BRD und der Sowjetunion ein.

Sogar Bundeskanzler Helmut Kohl gab seinen Segen. Als in Mukran die Bauarbeiten noch in vollem Gange waren und noch kein einziges Schiff den Betrieb aufgenommen hatte, signalisierte der Bonner Regierungschef im März 1985 grundsätzliche Zustimmung zu einer geplanten Eisenbahnfährverbindung zwischen Klaipėda und dem westdeutschen Schleswig-Holstein. Einen Monat später beauftragte das Bundeskabinett das Bonner Verkehrsministerium, Gespräche mit der Sowjetunion aufzunehmen. Damit reagierte die Regierung positiv auf einen wiederholt vorgebrachten Vorschlag Moskaus aus dem Jahr 1981, eine neue Seeverbindung zwischen beiden Staaten einzurichten.

Als Häfen waren Lübeck-Travemünde und Kiel im Gespräch. Zuvor waren auch kleinere Häfen wie Flensburg, Neustadt (Holstein) und Puttgarden an der sogenannten Vogelfluglinie als westlicher Endpunkt einer Fährlinie BRD-UdSSR diskutiert worden.

Erfreut nahm die Landesregierung in Kiel den Beschluss aus Bonn zur Kenntnis. Ministerpräsident Uwe Barschel ahnte jedoch, dass ein derartiges Projekt zwischen der Bundesrepublik und der UdSSR in Zeiten des Kalten Krieges Probleme bereiten würde: „Auch nach einer positiven Entscheidung des Bundeskabinetts ist das Fährprojekt noch lange nicht gelaufen", ließ Barschel verlauten. Der Ministerpräsident ahnte offenbar, dass dieses Fährprojekt unter den Vorzeichen des Ost-West-Konflikts schwer zu realisieren sein würde. Vermutlich ahnte er jedoch nicht, dass sämtliche Pläne bis 1989 scheitern würden und erst nach der deutschen Einheit umgesetzt werden konnten. Über Jahre tauschten die UdSSR und die BRD Argumente aus, verhandelten, brachen Gespräche ab, um sie dann erneut fortzuführen.

Der sowjetische Botschafter in der Bundesrepublik, Valentin Falin, soll es gewesen sein, der 1977 bei einem Besuch in Kiel erstmals die Idee von einer Fährverbindung zwischen Ost und West ins Gespräch gebracht hatte. 1978 griffen Vertreter der Stadt Lübeck den Vorschlag auf, nahmen Kontakt mit den Sowjets auf und ergriffen damit die Initiative. Lübeck brachte zum ersten Mal von deutscher Seite das Projekt einer Fährverbindung nach Klaipėda ins Gespräch und trug es an die Sowjetunion heran. Der Stadt gehe es vorrangig um die Schaffung von Arbeitsplätzen, schrieb das Auswärtige Amt in einem Vermerk. 1980 in Jalta und 1981 in Hamburg stand dieses Thema bei den deutsch-sowjetischen Schifffahrtsgesprächen auf der Tagesordnung.

Glaubt man Zeitungsberichten, dann reicht die Geschichte einer Eisenbahnfährverbindung zwischen der BRD und UdSSR sogar noch weiter in die Vergangenheit zurück. Sie soll schon in der Zeit der Entspannungspolitik der Regierung Willy Brandts ihren Anfang genommen haben, schrieb 1988 der sowjetische Journalist Nikita Sholkwer in der deutschsprachigen Zeitung *Neue Zeit*.

Sholkwer zitierte 1988 den Direktor der Lübecker Hafengesellschaft Ulrich von der Lippe: „Bereits Anfang der siebziger Jahre, lange vor der Geburt des

Projekts Mukran-Klaipėda, haben wir über diese Idee mit Vertretern aus dem Seefahrtsministerium der UdSSR und der sowjetischen Handelsvertretung in Köln verhandelt. Es wurde sogar ein vorläufiges Projekt für sechs Fähren und einen großen Umschlagplatz ausgearbeitet. Die Verhandlungen wurden leider abgebrochen und alle Pläne landeten in der Schublade. Hierbei hatten zweifellos politische Faktoren eine negative Rolle gespielt."

Sholkwer selbst ergänzte weniger verklausuliert: „Das offizielle Bonn, ohne dessen Zustimmung das Projekt nicht realisiert werden konnte, gab kein grünes Licht und berief sich auf Sicherheitserwägungen. Fähren könnten angeblich auch Panzer transportieren." Ausschlaggebend für das Ende dieser Verhandlungen dürfte außerdem der Einmarsch der UdSSR in Afghanistan gewesen sein. Auch dem Norddeutschen Rundfunk lagen ähnliche Hinweise vor.

Seit der Frühphase der Gespräche über das Projekt hatte die Sowjetunion versucht, Bedenken zu entkräften. Der bereits seit 1960 bestehende Liniendienst zwischen Klaipėda und westdeutschen Häfen werde damit nicht in Frage gestellt, sagte der stellvertretende Minister für Hochseeflotte, Wladimir Iljitsch Tichonow, bei seinem Besuch mit dem sowjetischen Generalkonsul in Hamburg, Lübeck und Kiel. Mit der Fähre würden ausschließlich zusätzliche Verkehre abgewickelt, die noch mit der Bahn gefahren würden.

Die Sowjets baten nach dem Besuch Tichonows um eine politische Erklärung der Bundesregierung, ob sie das Projekt unterstütze. Das Auswärtige Amt bezeichnete das Projekt als politisch wünschenswert, wies aber auch darauf hin, dass Moskau das Projekt umsetzen wolle, um künftig den Transitweg um das krisengeschüttelte Polen zu ermöglichen. Die UdSSR könne Transitgebühren einsparen, Zubringerverkehr für die Transsibirische Eisenbahn herstellen und den gegenseitigen Außenhandel intensivieren.

Die DDR machte keinen Hehl daraus, dass sie über die Gespräche zwischen der BRD und der UdSSR informiert war und erklärte im November 1981 bei Unterredungen mit der Bundesregierung, dass sie das Projekt als Ergänzung zu den eigenen Plänen betrachte. Seinerzeit ging man in Bonn noch von einer Fährverbindung zwischen Rügen und Leningrad aus.

Die DDR räumte ein, dass der Deutschen Reichsbahn finanzielle Nachteile dadurch entstehen könnten, erhoffe aber Vorteile durch die Entlastung des Schienennetzes und die Reduktion der „unzuverlässigen Zusammenarbeit mit der polnischen Bahn".

1981 legte erstmals das sowjetische Ministerium für Seeschifffahrt eine Skizze für das Projekt vor. Die Schiffe sollten über eine Kapazität von etwa 75 Breitspurwaggons verfügen. Doch das Angebot stand unter ungünstigen Vorzeichen: Die Bundesregierung nahm nach eigenen Angaben 1981 zunächst ein abwartende und nach der Verhängung des Kriegsrechts in Polen eine ablehnende Haltung ein. Daher kam es zunächst zu keinen Gesprächen auf Regierungsebene.

000104

MINISTERIUM FÜR STAATSSICHERHEIT

Streng geheim!
Um Rückgabe wird gebeten!

Berlin, den ....

4 Blatt

Exemplar

Nr. 201 / 84

INFORMATION

über

Vorstellungen der BRD-Regierung zum Projekt einer Eisenbahn-Fährverbindung UdSSR - BRD

Zuverlässige Informationen aus zuständigen BRD-Regierungsgremien geben Aufschluß über die grundsätzlich positive Haltung der BRD-Regierung zum Projekt des Baus einer Fährverbindung zwischen Klaipeda und einem Hafen in Schleswig-Holstein (Kiel oder Lübeck). Eine solche Fährverbindung würde nach Auffassung der Bundesregierung für die BRD ökonomische und politische Vorteile erbringen. Vorbereitende Materialien für einen Kabinetts-Beschluß der BRD-Regierung enthalten die Festlegung, daß das BRD-Verkehrsministerium auf Anfragen der Sowjetunion, etwa im Rahmen bilateraler Schiffahrtsgespräche, Gesprächsbereitschaft zu dieser Problematik erkennen lassen soll. Weiterhin wurde vorgeschlagen, die Durchführung dieses Projekts und den Fährbetrieb kommerziell zu betreiben sowie sicherzustellen, daß die sowjetische Seite Gemeinschaftsdienste oder -unternehmen nicht majorisiert. Eine finanzielle Beteiligung der Bundesregierung wäre nur im Rahmen bestehender Wirtschaftsförderungsmaßnahmen möglich.

Im Einzelnen liegen folgende Überlegungen dieser Haltung zugrunde:
Zwischen den an der Erörterung des Projekts beteiligten BRD-Ministerien besteht Einvernehmen, daß das Fährprojekt aus Gründen der Verstärkung der wirtschaftlichen Kooperation mit der UdSSR und "als Gegengewicht zur Polarisierung

Die Staatssicherheit war gut informiert über die Beratungen im westdeutschen Bundeskabinett.

Dass eine sowjetische Intervention in Polen wegen der Massenproteste in dem Land und der Gründung der unabhängigen Bewegung Solidarność das vorläufige Aus für die Fähre bedeuten würde, verdeutlichte ein als Verschlusssache eingestuftes Schreiben des Auswärtigen Amts zur Vorbereitung des Besuchs des sowjetischen Staats- und Parteichefs Leonid Breschnew vom 9. November 1981. Darin hieß es: „Die SU wird sich darüber im Klaren sein, dass ihr etwaiger Eingriff in Polen auch die neue Eisenbahnfähre zum Erliegen bringen muss. Es ist kaum vorstellbar, daß wir in der Zeit einer sowjetischen Intervention in Polen diese neue Fährverbindung aufrechterhalten würden."

Die UdSSR setzte in dieser Situation auf direkte Gespräche mit der Landesregierung in Kiel und mit der Kieler Stadtverwaltung unter Bürgermeister Karl Heinz Luckhardt, versuchte aber weiter, auch Bonn zu überzeugen.

Im November 1981 bat die UdSSR darum, das Projekt auf die Tagesordnung der anstehenden Gespräche zwischen Leonid Breschnew und Bundeskanzler Helmut Schmidt zu setzen. Nach diesem Treffen, das mit Blick auf das Fährprojekt zu keinem greifbaren Ergebnis geführt hatte, betonte Tichonow in einem Brief an seinen westdeutschen Kollegen Volker Hauff erneut den beiderseitigen Nutzen für das Projekt. Dabei formulierte er erneut den Wunsch, Fähren mit sowjetischer Breitspur einzusetzen und die Umspurung in dem deutschen Hafen vorzunehmen. Die Bundesregierung zögerte nicht nur aus sicherheitspolitischen Gründen. Sie fürchtete ein weiteres Vordringen der UdSSR auf den europäischen Verkehrsmarkt, wies auf das politische Umfeld in Polen hin und auf die Problematik, der UdSSR Hilfestellung beim Umfahren Polens zu gewähren.

Die DDR beobachtete die Gespräche weiter genau. Die Führung der Mathias-Thesen-Werft war bereits 1982, also zwei Jahre vor dem Baubeginn der „Mukran", informiert, dass die UdSSR mit der BRD über eine ähnliche Linie verhandelte, wie sie später zwischen Rügen und Klaipėda entstehen sollte. Durch einen Artikel in einer westdeutschen Fachzeitschrift wusste die Werftleitung auch darüber Bescheid, dass ein Bau der Fähren in der Bundesrepublik im Gespräch war.

Die Sowjetunion ließ nicht locker und setzte das Thema nach dem Breschnew-Besuch immer wieder auf die Tagesordnung, so zum Beispiel beim Besuch des schleswig-holsteinischen Wirtschaftsministers Jürgen Westphal in mehreren Ostseehäfen der UdSSR im Juni 1983. Die Landesregierung führte eigene Verhandlungen mit der UdSSR, an deren Ende beide Seiten ein Memorandum unterzeichneten. Eine gemeinsame Expertengruppe sollte prüfen, ob sich die sowjetischen und westdeutschen Reedereien über eine regelmäßige Ostsee-Verbindung einigen könnten. Vier Schiffe, so hieß es in den ersten Konzeptionen, sollten 1987/88 den Verkehr aufnehmen. Die Gesamtkosten würden sich zwischen 500 Millionen und einer Milliarde D-Mark bewegen. Als Häfen auf der anderen Seite des Eisernen Vorhangs waren Klaipėda oder Tallinn im Gespräch. In deutschen Medien war immer wieder von der „Russenfähre" die Rede.

Vom Bau der Schiffe in Schleswig-Holstein erhoffte sich das Bundesland die Schaffung neuer Arbeitsplätze. Jede Fähre hätte mit 125 Millionen Mark zu Buche geschlagen. Mehrere Hundert Millionen wären zudem in die Hafeninfrastruktur geflossen. Die Bundesrepublik hätte damit außerdem Anschluss an das Breitspureisenbahnnetz der UdSSR erhalten. Das Handelsvolumen zwischen der BRD und der UdSSR hatte inzwischen sechs Millionen Tonnen pro Jahr erreicht. Schon damals wurden die meisten Güter zwischen beiden Staaten mit Handelsschiffen transportiert. Zwischen Bremen und Klaipėda bestand ein Liniendienst. Mit der Einrichtung einer regelmäßigen Fährverbindung hätte man nun eine weitere Million Tonnen Ladung jährlich vom den Seeweg verlagern können, die bislang auf dem Landweg transportiert wurde.

Die Sowjetunion war über Westphals klare Haltung erfreut. „Die sowjetische Seite schenkte dem Besuch Minister Westphals insgesamt eine ungewöhnlich große Aufmerksamkeit", hieß es in einem Bericht des Auswärtigen Amts. Die Moskauer Botschaft schrieb ans Auswärtige Amt: „Der Wunsch des Ministers nach baldiger Verwirklichung des Fährenprojekts stieß bei allen sowjetischen Gesprächspartnern auf großes positives Interesse."

Zu diesem Zeitpunkt war die Öffentlichkeit bereits über den Vorstoß von Westphal in Moskau informiert. Die Nachrichtenagentur dpa hatte unter der Überschrift „Deutsch-sowjetische Eisenbahnfährverbindung nimmt Gestalt an" am 7. Juni 1983 berichtet.

Kurz nach dem Besuch in Moskau informierte Westphal Bundeskanzler Helmut Kohl in einem Brief über das Ergebnis seiner Beratungen. „Nicht nur im Interesse des Landes Schleswig-Holstein, sondern auch für den Ausbau der deutsch-sowjetischen Wirtschaftsbeziehungen halte ich das Projekt für … sehr prüfenswert", schrieb Westphal am 13. Juni 1983.

Westphals Gespräche sorgten jedoch auch für Unmut im Auswärtigen Amt, da über Themen gesprochen worden sei, die nicht in der Zuständigkeit eines Bundeslandes, sondern der Bundesregierung lägen. Offenbar setzte sich die Landesregierung bewusst darüber hinweg, weil sie das Projekt umsetzen wollte und die zögerliche Haltung Bonns ablehnte.

Außenminister Hans-Dietrich Genscher beschwerte sich in einem Brief an den Bundeskanzler über Westphal, der Absprachen getroffen habe, die im außenpolitischen Interesse Deutschlands lägen. Genscher bat den Kanzler, diese Sicht der Landesregierung in Kiel zu vermitteln. Außerdem besitze das Memorandum rechtlich keinen Wert, wie das Auswärtige Amt feststellte. Der Besuch dürfe nicht ohne Widerspruch hingenommen werden. Der Bundeskanzler solle auf die Bundesländer einwirken. Kohl erfüllte Genschers Bitte.

Kurz darauf erhielt die Landesregierung einen Brief aus dem Bundeskanzleramt mit dem Hinweis, dass derartige Initiativen nur in engster Abstimmung mit der Bundesregierung erfolgen sollten. Nochmals wies Bonn auf die selbst auferlegte

„strikte Zurückhaltung" hin, die sich die Bundesregierung seit der Verhängung des Kriegsrechts in Polen auferlegt habe – ein deutlicher Rüffel aus Bonn für Barschel und sein Kabinett. Außerdem wies das Auswärtige Amt seine Diplomaten in der UdSSR an, „Schreiben deutscher Stellen derzeit nicht an sowjetische Stellen weiterzuleiten", sondern sie mit Verweis auf die erforderliche Zustimmung des Amtes zurückzusenden. Damit sollte verhindert werden, dass die Landesregierung erneut direkt mit sowjetischen Ansprechpartnern Kontakt aufnahm.

Doch die Landesregierung blieb bei ihrer Offensive – auch öffentlich. Ministerpräsident Uwe Barschel setzte sich nach Westphals Besuch in seiner Rede zur Eröffnung der Kieler Woche für das Projekt ein. Auch im Bundestag war das Fährprojekt Thema. Am 11. Juli 1983 antwortete die Regierung auf mehrere Anfragen. So hatte der SPD-Bundestagsabgeordnete und spätere Kieler Oberbürgermeister Norbert Gansel gefragt, ob die Bundesregierung weiter zu ihrem Angebot zur Zusammenarbeit mit der Sowjetunion stehe. Die Antwort fiel jedoch vage aus. Zwar habe die Sowjetunion 1981 den Wunsch nach einer Fährverbindung an die Bundesrepublik herangetragen, jedoch keine konkreten Pläne vorgelegt. Daher könnten auch Fragen zu regionalpolitischen Auswirkungen wie der Schaffung neuer Arbeitsplätze nicht beantwortet werden. Inhaltlich ähnlich antwortete die Bundesregierung auf die Fragen des SPD-Abgeordneten und Verteidigungsexperten Horst Jungmann.

Außerdem müsse das Projekt vor dem Hintergrund der gesamtpolitischen Lage bewertet werden, teilte die Bundesregierung mit. Auf eine weitere Frage Gansels antwortete die Bundesregierung, weder die deutsche noch die sowjetische Seite hätten das Projekt beim Besuch von Bundeskanzler Kohl in Moskau angesprochen. Die Verfahrensweise war zuvor innerhalb der Regierung in Bonn abgesprochen worden.

Bonn blieb also bei seiner Zurückhaltung. Am 20. Juli leitete das Bundeskanzleramt eine Bitte von Helmut Kohl an das Verkehrsministerium weiter. Demnach sollte das Projekt nicht weiterverfolgt werden, solange die UdSSR keine Projektbeschreibung vorlege – eine Argumentation, die sich mit den Antworten auf die Anfragen der SPD-Abgeordneten deckte.

In Bonn war man darüber hinaus über ein Schreiben der Oberbürgermeister von Kiel und Lübeck verärgert, die sich nach dem Westphal-Besuch in Moskau für ihre Häfen als Standorte stark gemacht hatten. Tichonows Antwort vom 18. August 1983 auf das Schreiben aus Kiel leitete die Botschaft angesichts der neuen Weisungen nicht direkt ins Rathaus weiter, sondern zunächst ans Auswärtige Amt. Von dort wurde es mit „zusätzlichen Anmerkungen" nach Kiel geschickt. Die Bundesregierung wolle um jeden Preis den Eindruck vermeiden, sie stimme dem Projekt zu, hieß es in dem Begleitschreiben. Tichonow hatte sich in seinem Schreiben nach Kiel für eine ausdrückliche Billigung durch die Bundesregierung ausgesprochen, die tatsächlich jedoch nicht zu erwarten war.

Gleichwohl blieb das Thema auf der Tagesordnung. Die Sowjetunion forderte eine „politische Wohlwollenserklärung“, hieß es in einer Vorlage des Auswärtigen Amtes für ein Gespräch zwischen Verteidigungsminister Gerhard Stoltenberg und Verkehrsminister Werner Dollinger am 14. September 1983. Das Verkehrsministerium ging von einem jährlichen Ladungsvolumen beim Einsatz von zwei Schiffen bis zu einer Million Tonnen aus. Die Kosten für ein Fährschiff lägen bei 125 Millionen DM, die Schaffung der Infrastruktur koste zwischen 100 und 300 Millionen.

Im November 1983 drängte Kiel in Bonn erneut auf eine „baldige, möglichst positive Grundsatzentscheidung“. Kurz zuvor hatte der Inspekteur der Bundesmarine, Ansgar Bethge, Ministerpräsident Uwe Barschel auf die Risiken hingewiesen. Barschel erklärte daraufhin, auf das Projekt verzichten zu wollen, wenn die Bundesregierung es aus sicherheitspolitischen Gründen ablehne.

Es folgte am 5. Dezember 1983 eine Amtsleiterbesprechung mit allen beteiligten Bundesministerien und einem Vertreter Schleswig-Holsteins. Dabei wies das Verteidigungsministerium erneut auf seine Bedenken hin. Die sicherheitspolitischen Folgen des Projekts seien nicht akzeptabel für die BRD und die Nato. Auch die USA hätten bereits auf die Probleme hingewiesen. Die Kritiker fürchteten das Entstehen einer weiteren „Rollbahn“ über die Ostsee mit direktem Anschluss an das sowjetische Eisenbahnnetz. „Sowjets könnten bei einer Eisenbahnverbindung aus der Tiefe ihres Raumes ohne Zeitverzögerung durch Umladung in Klaipėda durchgehende Logistik bis nach Schleswig-Holstein aufbauen“. Der Sowjetunion werde es erleichtert „Kräfte der zweiten Front in den Kampfraum“ zu transportieren. Die Nato-Planung müsse eine Eisenbahnfährlinie berücksichtigen und sich auf die Aufklärung und ihre Bekämpfung einstellen.

Die Eisenbahnfährverbindung sei nicht akzeptabel, weil sie dem Gegner erlaube, im Ernstfall Truppen und Panzer ohne Umladung und damit mit großem Zeitgewinn aus der Tiefe des eigenen Staatsgebiets in das Krisengebiet nachzuführen. Außerdem wies das Ministerium erneut auf die Gefahr durch Spionage hin.

Auch die Nato-Partner waren besorgt. Besonders die USA befürchteten, dass für die Sowjets eine leistungsfähige Verkehrsverbindung in den Westen entstehen würde, die im Kriegsfall als Stützpunkt und Brückenkopf der Armeen des Warschauer Vertrages in der BRD genutzt werden könnte. „Die hatten Angst, dass die Schiffe mit Panzern in Lübeck anlegen, die gleich nach Hamburg durchfahren“, spottete ein Beamter des Kieler Verkehrsministeriums. Fachleute hielten es für möglich, dass die östlichen Truppen bei einem militärischen Konflikt mit einem strategisch geschickten Vorstoß über die Ostsee den Norden Deutschlands und das dänische Jütland mit einem „Panzerkeil“ vom Rest der Nato hätten abschneiden können.

Militärs hatten errechnet, dass sechs Fähren für jeweils 75 Eisenbahnwagen ein komplettes sowjetisches Schützenregiment mit 2.500 Soldaten, 40 Kampfpanzern, 150 Schützenpanzern und 300 weiteren Fahrzeugen aufnehmen könnte. Damit, so die Sorge, entstehe eine leistungsfähige Nachschubverbindung für den Ernstfall. Das *Hamburger Abendblatt* zitierte einen Admiral mit den Worten: „Wir setzen uns eine russische Laus in den Pelz." Die Nato warnte vor einem sowjetischen Stützpunkt in der Vorneverteidigung der westlichen Allianz.

Eine andere Sorge der westlichen Militärs bestand darin, dass die UdSSR auf deutschem Boden hinter Stacheldraht einen eigenen Terminal installieren würde, von dem aus sie westliche Marinebasen und Versorgungswege ausspionieren könnte. Sicherheitsexperten des Verteidigungs- und des Innenministeriums nannten laut *Spiegel* den belgischen Hafen Antwerpen als abschreckendes Beispiel. Dort war es der UdSSR in den sechziger Jahren gelungen, Flächen im Hafen zu erwerben und für dieses Gebiet einen exterritorialen Status durchzusetzen. In der Folge seien auf diesem Wege unbemerkt Agenten nach Belgien eingeschleust worden. Das Bundesinnenministerium warnte bei den Beratungen ausdrücklich vor der Präsenz des KGB in einem deutschen Hafen.

Kiel komme aus Sicherheitsgründen als Standort für die Fährverbindung nicht in Frage, erklärten die Militärs. Die Landeshauptstadt an der Förde scheide unter anderem wegen ihres Marinehafens aus. Es blieben damit Lübeck und Puttgarden als Standorte im Gespräch.

Bei den Beratungen der Bonner Ministerien über eine Fährlinie in die Bundesrepublik war auch eine Verlängerung der sowjetischen Breitspur bis in die Bundesrepublik zur Sprache gekommen. Eine solche Verbindung nach Westeuropa, möglicherweise bis nach Hamburg, sei „sicherheitspolitisch relevant und begegne größten Bedenken", hieß es dazu aus dem Verteidigungsministerium.

Die Ressortberatungen endeten im Januar 1984 mit der Empfehlung, das Fährprojekt nicht abzulehnen, wegen der Bedenken jedoch das Bundeskabinett damit zu befassen. Gegenüber den Gesprächspartnern aus der Sowjetunion werde weiter „Diskussionsbereitschaft" signalisiert.

Die schleswig-holsteinische Landesregierung hatte unterdessen deutlich gemacht, dass sie die Sicherheitsbedenken nicht nachvollziehen könne. Ohnehin sei die „Ostblock-Präsenz" im Nord-Ostseekanal und auf den Kieler Werften groß. Die Fähre würde keine zusätzliche Belastung zur Folge haben. Außerdem machte die Landesregierung klar, dass sie keine gravierenden Folgen für die deutsche Handelsflotte fürchte und dass geklärt werden müsse, ob die Eisenbahnwagen in einem deutschen Hafen oder in Klaipėda umgespurt werden müssten. Die Fährverbindung liege im Interesse Deutschlands, hieß es aus Kiel.

Im Februar 1984 lagen dem Bonner Verkehrsministerium die Pläne der UdSSR vor, die den für die Linie Mukran-Klaipėda deutlich ähnelten:

- Zunächst zwei, später vier bis sechs Schiffe sollten auf der Linie fahren
- In der Anfangsphase sei mit einer Ladekapazität von 700.000 bis eine Million Tonnen zu rechnen. Der deutsch-sowjetische Außenhandel werde weiter wachsen
- Sowjetische Eisenbahnwagen werden in einem westdeutschen Ostseehafen umgeladen
- Die langen Transitwege durch Polen, die ČSSR und die DDR könnten entfallen.

Dass die DDR über die Gespräche zwischen der Bundesrepublik und der UdSSR gut Bescheid wusste, ahnte man in Bonn vermutlich nicht. Dennoch war dem Ministerium für innerdeutsche Beziehungen (BMB) die Passivität der Ost-Berliner Regierung nicht entgangen. „Aus der fachlichen Sicht des BMB sei darauf hinzuweisen, daß die DDR keine Irritationen wegen einer parallel zur Verbindung Mukran-Klaipėda evtl. zur Bundesrepublik Deutschland etablierten Verbindung erkennen lasse", hieß es in den Protokollen.

Im März 1984 wollte sich Kiels Oberbürgermeister Luckhardt per Brief direkt an das Ministerium der sowjetischen Hochseeflotte wenden und schickte das Schreiben kommentarlos an die deutsche Botschaft in Moskau, die es gemäß der neuen Anweisungen ans deutsche Auswärtige Amt weiterleitete. Das Schreiben war jedoch nicht mit den Bundesbehörden und der Landesregierung abgestimmt. Außerdem hatte das Wirtschaftsministerium bereits im Oktober 1983 darauf hingewiesen, dass direkte Gespräche von Gemeindebehörden mit dem Ausland nicht zulässig seien. Luckhardt wollte mit dem Brief noch einmal das große Interesse Kiels als Fährhafen für die Verbindung in die UdSSR bekunden.

Luckhardts Brief landete beim Staatssekretär im Wirtschaftsministerium, Jürgen W. Möllemann, der Luckhardt mitteilte, dass er den Brief nicht an die sowjetischen Behörden weiterleiten werde – eine Brüskierung des Oberbürgermeisters.

Im August 1984 brachte die UdSSR eine neue Variante ins Spiel. Nicht mehr Klaipėda, sondern ein anderer sowjetischer Hafen, zum Beispiel Riga oder Tallinn, sollte Ausgangspunkt für die Fährlinie werden. Außerdem sei man mit Lübeck als Hafen auf westdeutscher Seite einverstanden, hieß es. Die Reaktion aus dem Bonner Verteidigungsministerium kam prompt: Die Vorschläge aus Moskau änderten nichts an den Sicherheitsbedenken.

Im Oktober folgte im Verkehrsministerium in Bonn die nächste Beratungsrunde, um Expertengespräche mit der Sowjetunion vorzubereiten. Das Interesse der westdeutschen Häfen an dem Projekt sei groß, hieß es zur Begründung. Der Ost-Handel nehme weiter zu. Außerdem befürchtete die Bundesregierung, dass die Linie Mukran-Klaipėda Westeuropa-Verkehre anziehen könnte.

Und wieder meldete das Verteidigungsministerium Bedenken an. Marineinspekteur Bethge argumentierte, der Vorschlag, einen weiteren sowjetischen Hafen zu nutzen, führe in strategischer Hinsicht zu noch größerem Misstrauen, weil die UdSSR offenbar eine weitere Diversifizierung anstrebe. Auch der geplante Containertransport über die Fähre und die Transsibirische Eisenbahn sei bedenklich. Grundsätzlich sei eine Breitspuranbindung Westdeutschlands problematisch und werde auch von den USA sowie vom Nato-Oberbefehlshaber abgelehnt.

Im November 1984 wurde Luckhardt – trotz der Reaktionen Möllemanns und des Auswärtigen Amtes - erneut aktiv und wies das Auswärtige Amt auf die Eignung und das Interesse des Kieler Hafens an der Fährverbindung hin.

In dieser Phase war zunächst das Bestreben der Bundesregierung erkennbar, weiter mit der UdSSR im Gespräch zu bleiben, ohne jedoch zu wissen, wie die Sicherheitsbedenken der Militärs aus dem Weg geräumt werden könnten. Die Ministerien waren sich uneins.

Ende 1984 gewannen zunächst die Gegner des Projekts die Oberhand. Das Auswärtige Amt kam zu dem Schluss, dass die Verbindung mehr Schaden als Nutzen bringen würde. Das Verteidigungsministerium sprach von „unüberwindlichen" Sicherheitsbedenken.

Das Amt rechnete jedoch damit, dass Ministerpräsident Uwe Barschel und der Bundesverteidigungsminister und Schleswig-Holsteiner Gerhard Stoltenberg erneut für ihre regionalpolitischen Interessen eintreten würden. Auch die oppositionelle SPD sprach sich für die Fährverbindung aus. Der Lübecker Bundestagsabgeordnete Reinhold Hiller rief dazu auf, das Denken nicht zu „militarisieren" und wies auf viele „gute Argumente" dafür hin. Hiller wandte sich mit seinen Argumenten auch direkt an Bundeskanzler Helmut Kohl.

Am 7. Januar 1985 folgte die nächste Beratung, diesmal mit dem Chef von Kohls Bundeskanzleramt, Wolfgang Schäuble. Er bat das Verteidigungsministerium, seine Bedenken nochmals intensiv zu prüfen und die regional- und verkehrspolitischen Argumente nicht außer Acht zu lassen.

Nach Schäubles Vorschlag erklärte sich das Verteidigungsministerium bereit, seine Bedenken zurückzustellen, sofern die Nato-Partner keine schwerwiegenden Vorbehalte geltend machen würden. Auch in der Bundesregierung zeichne sich die Tendenz zu einer positiven Entscheidung ab, analysierte das Auswärtige Amt. Die Regierung stellte jedoch Bedingungen:

- Kein Fährsystem mit sowjetischer Breitspur
- Lübeck wäre Kiel und Flensburg vorzuziehen
- Das sowjetische Personal im deutschen Hafen ist auf ein Minimum zu reduzieren

Am 18. März 1985 kündigte Bundeskanzler Kohl in einem Hörfunkinterview an, dass das Kabinett noch vor Ostern über die Linie entscheiden werde. In dieser Phase wartete die Regierung auf die Stellungnahmen der Nato-Partner, insbesondere auf die der USA.

Am 29. März lagen die Rückmeldungen vor. Demnach hielten die Verbündeten die Bedenken nicht für schwerwiegend genug, um das Projekt scheitern zu lassen.

Allerdings legten sie größten Wert darauf:

- dass die Anlagen auf deutscher Seite im deutschen Besitz bleiben
- dass die Fähren nicht über eine sowjetische Breitspur verfügen und damit das Umachsen in der UdSSR zu erfolgen hat
- dass so wenig sowjetisches Personal wie möglich in Deutschland eingesetzt wird
- dass Lübeck und nicht Kiel als Fährhafen genutzt wird.

Konkrete Bedenken äußerten insbesondere Dänemark und die USA. Das Auswärtige Amt bezeichnete die Einhaltung dieser Bedingungen als „geboten".
In dieser Zeit befassten sich auch die Medien intensiv mit dem Projekt. „Militärs warnen vor der Fährlinie", hieß es beispielsweise am 25. März 1985 im Bonner *Generalanzeiger*. Das *Magazin für deutsche Seeschiffahrt* sprach sich unter der Überschrift „Schiffahrtsbeziehungen vorrangig regeln" gegen das Projekt aus, weil es in erster Linie sowjetischen Interessen diene. Auch der Verband deutscher Reeder und der Verband der Küstenschiffseigner lehnten die neue Linie ab.

Angeblich sollten die Schiffe als Zubringer für westdeutsche Exporte nach Ostasien dienen. Diese Vermutung sorgte bei westdeutschen Reedern und der Hafenwirtschaft für Spekulationen. Wären die Güterströme in den Fernen Osten in Zukunft vermehrt über Ostsee und Transsibirische Eisenbahn abgewickelt worden, hätte sich zwar die Transportzeit verkürzt, gleichzeitig wären aber große Kapazitäten in den eigenen Häfen und Schiffen überflüssig geworden. Die Reeder fürchteten Einbußen der Tonnage auf ihren bisherigen Routen von bis zu 800.000 Tonnen pro Jahr. Auch die deutsche Küstenschifffahrt reagierte besorgt.

Besonders markig formulierte diese Sorgen der Parlamentarische Staatssekretär im Verteidigungsministerium, Peter-Kurt Würzbach: „Es geht nicht an, dass wichtige Handelsströme von und in den asiatischen Raum schon fast erdrückend von der staatssubventionierten Handelsflotte der Sowjetunion befördert werden, die in Wirklichkeit ein Ausleger der roten Kriegsmarine ist."

Es war somit nicht nur die Angst vor Spionage, die die Sicherheitsexperten alarmierte: Ein deutsch-sowjetisches Gemeinschaftsprojekt sowie die wachsende Zahl sowjetischer Schiffe hätten zu einem weiteren Schrumpfen der deutschen Handelsflotte führen können, sodass im Kriegsfall nicht mehr ausreichend Kapazitäten für militärische und zivile Transporte zur Verfügung gestanden hätten. Der Osten mischte im Verdrängungswettbewerb auf See kräftig mit: Die Reedereien der RGW-Staaten unterboten die Frachtkosten der westlichen Konkurrenz um bis zu 60 Prozent.

„Die zunehmende Ausflaggung ist nicht nur ein wirtschaftliches, sondern auch ein militärisches Problem", hieß es aus dem Bundesverteidigungsministerium. Marineinspekteur Bethge fürchtete, im Falle eines Krieges nicht mehr genügend eigene Schiffe für die Versorgung der Bevölkerung und die Beschaffung von Rohstoffen aus Übersee requirieren zu können. Die gleichen Befürchtungen trug der ständige Vertreter der BRD bei der Nato, Hans-Georg Wieck, dem Kabinett in Bonn vor. Er berichtete außerdem von entsprechenden Warnungen der Verbündeten und der bundesdeutschen Marine, die zudem darauf hingewiesen hatte, dass sich das Gelände für den geplanten Terminal in Kiel direkt gegenüber einem Marinestützpunkt befand.

Von dort ist es nicht weit zum strategisch wichtigen Nord-Ostsee-Kanal. Marineoffiziere waren davon überzeugt, dass 80 Prozent des sowjetischen Personals aus Spionen bestehen würde, die mit modernster Horchelektronik Seestreitkräfte und wichtige Schifffahrtswege beobachten könnten.

Andererseits hätten die Fähren den deutsch-sowjetischen Handel beflügeln können. Mit einem Volumen von 23 Milliarden Mark war die UdSSR 1984 größter Abnehmer westdeutscher Waren im Osten. Immerhin 51 Prozent seiner Westimporte kaufte die Supermacht in der BRD, die ihrerseits für 4,4 Millionen Mark in der Sowjetunion einkaufte und damit ihr bester Kunde im Westen war.

Zu selben Zeit kursierten auch Gerüchte, die bereits bestehende Eisenbahnfährverbindung zwischen Lübeck und Finnland nach Leningrad zu verlängern. Auf der Linie wurden die Wagen in Finnland umgeachst. Im Leningrader Gebiet hatte sich eine Außenhandelsorganisation namens Lenfintorg angesiedelt, für die sich besonders der Ostausschuss der deutschen Wirtschaft interessierte.

In den Bonner Ministerien gingen die Meinungen weiter weit auseinander, ob man sich auf das Geschäft mit der UdSSR einlassen sollte. Die mit dem Projekt befassten Bundesministerien für Wirtschaft und Verkehr versprachen sich von der Fährverbindung gute Geschäfte mit der UdSSR, im Innen- und Verteidigungsministerium war man aus Sicherheitsgründen immer noch dagegen. Dann legte sich die Bundesregierung fest. Alle Argumente für und wider das Projekt flossen in einer Vorlage für das Bundeskabinett ein, das am 16. April 1985 tagte und den Verkehrsminister beauftragte, in Abstimmung mit dem Auswärtigen Amt in Gespräche mit der UdSSR einzutreten, wenn von dort die Initiative für Verhandlungen ergriffen werde. Grundsätzlich ging man in Bonn davon aus, dass sich der Eisenbahnfährverkehr über die Ostsee als „außerordentlich wirtschaftlich“ erwiesen hätte. Der Beschluss war jedoch nicht mit einer ausdrücklichen Zustimmung zur Verwirklichung der Linie gefallen. Zunächst wollte das Kabinett die anstehenden Seeverkehrsgespräche mit der Sowjetunion Ende Juni 1985 abwarten. Kohls Kabinett beschloss diverse Auflagen.

Zu den Festlegungen des Kabinettsbeschlusses des Jahres gehörten:

- die kommerzielle Basis ohne Beteiligung des Bundes als privatwirtschaftlich betriebenes Projekt („joint venture“)
- die Umspurung in Klaipėda
- kein sowjetischer Grundbesitz in deutschen Häfen.

Glaubt man den Akten, war die Staatssicherheit von Beginn an hervorragend darüber informiert, was am Kabinettstisch in Bonn zum Thema Fährverbindung in die UdSSR besprochen wurde. „Zuverlässige Informationen aus zuständigen BRD-Regierungsgremien geben Aufschluß über die grundsätzlich positive Haltung der BRD-Regierung zum Projekt des Baus einer Fährverbindung zwischen Klaipėda und einem Hafen in Schleswig-Holstein", hieß es in einem geheimen Bericht. Weiter war von „vorbereitenden Materialien für einen Kabinettsbeschluß der BRD-Regierung" die Rede, in dem festgelegt worden sei, dass bei einer Anfrage aus Moskau Gesprächsbereitschaft signalisiert werden sollte.

Der Berichterstatter wollte außerdem erfahren haben, dass die UdSSR schon 1981 wegen einer regelmäßigen Fährverbindung bei der BRD angefragt und eine entsprechende „Wohlwollenserklärung" gewünscht hatte. Doch 18 Monate später hätte die westdeutsche Regierung, einem Nato-Außenministerbeschluss vom 13. Januar 1982 folgend, das Projekt vorläufig auf Eis gelegt. Nach den Ereignissen in Polen und dem Einmarsch der Sowjetarmee in Afghanistan waren enge Kontakte der Mitgliedstaaten zur Sowjetunion nicht länger gern gesehen.

Besonders aufmerksam registrierte das Ministerium in Ost-Berlin, dass die UdSSR mit der neuen Fährlinie direkt an das westeuropäische Verkehrsnetz angebunden gewesen wäre und damit den Transit durch die DDR und die Volksrepublik Polen hätte vermeiden können. Der Informant berichtete vom sowjetischen Wunsch nach „bilateraler Verkehrsautarkie" und gab zu Protokoll, dass der Transit durch Polen von sowjetischer Seite als „Unsicherheitsfaktor" gewertet wurde. Die UdSSR hätte zudem die Errichtung der Umspurungsanlage auf westdeutscher Seite erbeten, weil sie die Zuverlässigkeit der eigenen Hafendienste als „sehr desolat" einschätzte.

Auch die Bedenken der Bonner Ministerien kamen in den Berichten zur Sprache: „Sie sehen in der ‚Verlängerung' der sowjetischen Breitspur auf das Gebiet der BRD ein militärstrategisches Sicherheitsrisiko bzw. erweiterte Spionagemöglichkeiten für die UdSSR." Auch vom Bundeskanzleramt und vom Auswärtigen Amt seien Bedenken vorgebracht worden. Abschließend hieß es in der streng geheimen Analyse des Ministeriums für Staatssicherheit: „Diese Information darf im Interesse der Sicherheit der Quelle nicht publizistisch ausgewertet werden." Wer diese Nachrichten von Bonn nach Ost-Berlin lieferte, ist bis heute unklar. Die Beschlüsse des Kabinetts führten zunächst dazu, dass die UdSSR ihr Interesse verlor – zumindest dem Anschein nach.

Doch nur wenige Monate später, am 3. Juni 1985, erhielt das Auswärtige Amt in Bonn einen Brief der sowjetischen Botschaft, die darauf hinwies, dass sich Eisenbahnfährverbindungen bewährt hätten und verwies auf die Beispiele im Verkehr mit Sachalin, auf dem Kaspischen Meer sowie zwischen der Sowjetunion und Bulgarien über das Schwarze Meer. Die Botschaft sprach davon, dass neue Verbindungen über die Ostsee die stark beanspruchten Bahnlinien in Polen und der ČSSR entlasten würden. Außerdem wies der Autor des Briefes auf die Chancen durch die Anbindung an den Containerverkehr per Bahn nach Asien hin.

Auch die Schleswig-Holsteiner traten weiter für das Projekt ein. Westphal hielt in einer Landtagsrede den Bedenkenträgern entgegen, dass von Exterritorialität keine Rede gewesen sei. Geplant sei ein „Fifty-fifty-Unternehmen", das beiden Seiten Mitspracherechte einräume, Arbeitsplätze schaffe und die Bedeutung des schleswig-holsteinischen Hafens stärke. Dass die Linie Mukran-Klaipėda eine Konkurrenz für die Route nach Schleswig-Holstein darstellen könnte, glaubte Wirtschaftsminister Westphal nicht. Dafür seien die Hinterlandverbindungen der Insel Rügen zu schlecht.

Welchen Hafen er im Westen im Auge hatte, ließ der Minister offen - vermutlich, um die Konkurrenz zwischen den Kandidaten Kiel und Lübeck nicht weiter anzuheizen. Kiels Oberbürgermeister Karl Heinz Luckhardt setzte sich weiter für seine Stadt als Standort ein und hatte im Wettstreit beider Städte um das Prestigeprojekt bereits für 25 Millionen Mark ein 300.000 Quadratmeter großes Grundstück auf dem ehemaligen Werftgelände der Howaldtswerke gekauft, das für die Fähranlegestelle genutzt werden sollte. Nebenan befand sich ein Gelände des Bundes, das Luckhardt pachten wollte.

Auch Lübeck engagierte sich weiter. Am 13. Mai 1985 führte ein Mitarbeiter des Lübecker Senats ein Telefongespräch mit der DDR-Staatsreederei Deutsche Seereederei (DSR) in Rostock, nachdem er sich zunächst an die sowjetische Agentur Transnautik in Lübeck-Travemünde gewandt hatte, um Einzelheiten der Verbindung zu besprechen. Die Stadt verhandelte im selben Monat auch direkt mit dem stellvertretenden Transportminister Trunow, der in der Hansestadt zu Gast war. Man kam überein, dass eine Delegation der Stadt und des Hafens die Anlagen in Mukran ansehen werde. Zu klären sei in Lübeck, wie der Flächenbedarf gedeckt werden könne, welche Probleme im Umweltschutz zu erwarten seien und wie der Umschlag vonstattengehen soll.

Als Betreiber des Terminals war das deutsch-sowjetische Unternehmen Transnautik im Gespräch, dessen Hauptanteilseigner die UdSSR war. Lübecks Bürgermeister Robert Knüppel warb mit der guten Schienenanbindung von Travemünde und mühte sich, die Sicherheitsbedenken zu zerstreuen. In seiner Hansestadt gäbe es nichts zu spionieren, schrieb er an Ministerpräsident Uwe Barschel.

Das scheinbar endlose Hin und Her ging weiter, bis die Sicherheitsbedenken im Westen im Herbst 1985 zu einem vorläufigen Abbruch der Gespräche führten, doch auch jetzt ließ Schleswig-Holsteins Ministerpräsident Uwe Barschel nicht locker und bekundete das große Interesse seines Bundeslandes an dem Projekt. Moskau habe die Verhandlungen beendet, weil es die Bedingungen des Westens nicht erfüllen wollte. Zuvor hatte Bonn nochmals klargestellt, dass die Sowjetunion kein Grundstück in der Bundesrepublik kaufen dürfe. Ein gemeinsames Unternehmen sei nur mit deutscher Mehrheitsbeteiligung oder bei der Parität möglich. Das Landesparlament stand hinter Barschel: Einstimmig hatten die Fraktionen für die

Fährverbindung nach Klaipėda gestimmt, ohne sich allerdings auf einen Hafen in Schleswig-Holstein festzulegen.

Die Seeverkehrsgespräche, die Bonn abwarten wollte, fanden erst am 28. September statt und führten jedoch zu keinem Ergebnis. In einem vertraulichen Schreiben aus dem Generalkonsulat in Leningrad vom 20. Januar 1986 zitiert ein Mitarbeiter einen sowjetischen Gesprächspartner, der erklärt habe, das Projekt sei „gestorben". Deutschland habe den richtigen Zeitpunkt verpasst. Außerdem habe sich Kritik in der DDR und Polen geregt. Als erneut die schleswig-holsteinische Landesregierung an die UdSSR herantreten wollte, lehnte der Staatssekretär im Bundesverkehrsministerium diesen Plan strikt ab.

Doch die Kieler Landesregierung steckte weiter ihre Fühler in Richtung Osten aus. Doch im Juni 1986, fünf Monate vor der Eröffnung der Linie Mukran-Klaipėda, kam dann ein weiteres Nein aus Moskau für die Fährlinie in die Bundesrepublik. Bei einem Besuch behauptete der sowjetische Verkehrsminister Timofej Guschenko außerdem, das ganze Projekt sei ursprünglich eine Idee von Vertretern der deutschen Hafenwirtschaft gewesen. Sein Land habe die Wirtschaftlichkeit nun geprüft und kein Interesse mehr an dem Projekt.

Dem Bau eines mit Mukran vergleichbaren Fährhafens in Westdeutschland standen ohnehin praktische Probleme im Weg: Es fehlte der Platz. Ein Areal von der Größe des Fährbahnhofes auf Rügen hatte kein westdeutscher Ostseehafen zu bieten.

Die Gültigkeit dieses „Njet" war jedoch ebenfalls von kurzer Dauer. Schon 1988 beschäftigten den Ministerrat der DDR Meldungen, nach denen es neue Überlegungen für eine regelmäßige Fährverbindung zwischen der UdSSR und der Bundesrepublik gab. Diesmal sollte die DDR jedoch beteiligt werden. Das Transportvolumen auf der Verbindung würde nur ein halbes Schiff auslasten, das von der Linie Mukran-Klaipėda abgezogen werden könnte, hieß es in einer vom Ministerrat abgesegneten Direktive für die Verhandlungen mit der UdSSR vom 1. August 1988. Die Sowjets hatten der DDR vorgeschlagen, für die Linie nach Westdeutschland die „Wismar" zu nutzen, die jedoch als sechstes Schiff im selben Jahr aus der Flottenplanung für Mukran-Klaipėda gestrichen und nicht gebaut wurde.

Grundsätzlich betrachtete die DDR in dieser Phase die Kontakte zwischen der BRD und der UdSSR weiterhin entspannt. In einem Bericht für die wöchentliche Lagebesprechung bei Staatssicherheitsminister Erich Mielke schrieb ein Mitarbeiter seines Hauses im September 1988: „Nach Ansicht von Experten des DDR-Verkehrswesens seien aus der Errichtung einer Fährverbindung UdSSR-BRD keine wirtschaftlichen Nachteile für die Effektivität der Fährverbindung Mukran- Klaipėda zu erwarten, da die beabsichtigte Verkehrsrelation ausschließlich der Abwicklung von Containertransporten zwischen Westeuropa und dem Fernen Osten (Japan) dienen soll."

Vier Wochen später meldete die Staatssicherheit der DDR-Führung, dass die UdSSR eine Vereinbarung mit der BRD beim Besuch von Bundeskanzler Helmut Kohl in Moskau im Herbst 1988 erwarten würde. Die Hinweise auf eine Nutzung der „Wismar" hätten sich offenbar verdichtet, der Plan wurde laut Stasi im Ministerium für Hochseeschifffahrt der Sowjetunion weiterhin diskutiert.

Tatsächlich stand im Oktober 1988 das Thema bei den Gesprächen von Bundeskanzler Helmut Kohl und Michail Gorbatschow auf der Tagesordnung. Die westdeutsche Seite sei hauptsächlich am Transport von Containern interessiert gewesen, die über Klaipėda aufs sowjetische Schienennetz gelangen und nach Asien rollen sollten. Für die DDR hätte die Umfahrung ihres Staatsgebietes einen Verlust von jährlich acht Millionen Rubel bedeutet, die sie sonst als Transitgebühren eingenommen hätte. Eine Einbuße, die sich offenbar verschmerzen ließ, weil Ost-Berlin nun sogar die Chance witterte, dringend benötigte Devisen zu verdienen, falls Moskau und Bonn sich über die Fährlinie einig würden.

Nach einem offiziellen Gespräch des sowjetischen Hochseeflottenministers Juri Volmer mit Bundesverkehrsminister Jürgen Warnke im April 1989 schienen die Chancen dafür gut zu stehen. Würde die DDR ein Schiff für Charterfahrten bereitstellen, so rechnete man, ließe sich damit je Rundreise ein Erlös von 150.000 bis 200.000 D-Mark erzielen. Als zweitbeste Variante galt der Verkauf einer Fähre an die BRD für 30 bis 50 Millionen D-Mark.

Drei Monate später kamen weitere Signale aus Moskau. Kaliningrad, das ehemals deutsche Königsberg, wurde als neuer Standort für den Hafen ins Gespräch gebracht, weil Klaipėda angeblich mit Umweltproblemen zu kämpfen hätte und die Anlagen dort ausgelastet seien. Schon früher hatte Hochseeflottenminister Volmer Organisationsmängel und bürokratische Schlamperei im litauischen Hafen kritisiert. Tatsächlich dürften auch andere Gründe dafür ausschlaggebend gewesen sein, dass sich die Sowjets zu dieser Zeit nach einer Alternative zu Mukran-Klaipėda umsahen. Die Litauer strebten nach Unabhängigkeit und reagierten zunehmend feindlich auf russische Einrichtungen, insbesondere im militärischen Bereich.

Auch die Sowjetunion war jetzt bereit, eines ihrer Schiffe von der Linie Mukran-Klaipėda abzuziehen und für den geplanten Verkehr mit der BRD einzusetzen. Dabei kam erstmals Bremen oder Bremerhaven als westdeutscher Hafen ins Spiel. Der „Inoffizieller Mitarbeiter der Abwehr mit Feindverbindung" (IMB) der Staatssicherheit der DDR, „K. Mehnert", berichtete am 28. März über die Einladung des Bremer „Bürgermeisters Wedekind" (gemeint war Bürgermeister Klaus Wedemeier) an den sowjetischen Schifffahrtsminister. „Gesprächsthema ist die Fährverbindung UdSSR-BRD", schrieb der Informant und berief sich auf den Geschäftsführer einer Firma, die im Hafen ansässig war. Der IMB wusste auch, dass die Bundesrepublik ein baugleiches Schiff chartern würde. Gemeint war vermutlich eines aus der DDR, über das parallel verhandelt wurde.

Bei der Tagung der deutsch-sowjetischen Wirtschaftskommission am 11. und 12. Mai 1988 in Moskau griff die sowjetische Seite das Thema ein weiteres Mal auf. Danach folgten informelle Gespräche und die Übereinkunft, dass auf Regierungsebene über die Fähren erst wieder gesprochen werde, wenn Wirtschaftlichkeitsuntersuchungen der Reedereien vorliegen. Im Juli begann die Staatsreederei Lisco Gespräche mit den deutschen Reedereien Bruno Bischoff (Bremen) und Horn-Linie (Hamburg). Auch die Lübecker Reederei Poseidon zeigte Interesse. Das Verkehrsministerium vermutete, dass der sowjetische Vorstoß auf die mangelnde Auslastung der Fähren zwischen Mukran und Klaipėda zurückzuführen ist. Offenbar war die Reederei Lisco bereit, eines ihrer Schiffe von der Mukran-Linie abzuziehen.

Die Ergebnisse der Wirtschaftlichkeitsuntersuchungen lagen im März 1989 vor und kamen zu einer grundsätzlich positiven Bewertung. „Die deutschen Reedereien sind entschlossen, sich an der Verwirklichung des Vorhabens zu beteiligen", schrieb das Bundesverkehrsministerium am 7. März ans Bundeskanzleramt. Gemeint waren die Horn-Linie und die Reederei Bischoff. Auch Lisco betrachtete die Linie als sinnvoll. Die drei Reedereien betrieben seit 1960 einen deutsch-sowjetischen Liniendienst zwischen Hamburg, Bremen und Klaipėda.

Voraussetzung sei die Zusicherung von sowjetischer Seite, genügend Güter zur Verfügung zu stellen, hieß es von den deutschen Reedereien. Die Kapazität der Warenströme reiche für ein bis zwei Fährschiffe. Das Auswärtige Amt schrieb von einem „wieder erwachtem großen Interesse" auf sowjetischer Seite und schlug vor, je ein deutsches und ein sowjetisches Schiff auf der Linie fahren zu lassen.
Eine Eisenbahnfährverbindung zwischen Klaipėda und einem westdeutschen Ostseehafen war auch ein Thema, als sich im Januar 1989 die Außenminister Hans-Dietrich Genscher und Eduard Schewardnadse in Paris trafen. Im Vorfeld verwies das Auswärtige Amt auf den weiterhin gültigen Kabinettsbeschluss aus dem Jahr 1985.

Im März 1989 wiederholte die sowjetische Seite ihr Interesse an einer Fährverbindung, die auch Thema des bevorstehenden Besuchs von Generalsekretär Gorbatschow im Juni werden sollte. Das Vorhaben werde auf deutscher Seite aus wirtschaftlichen, regional- und beschäftigungspolitischen Gründen begrüßt. Der Beschluss des Kabinetts vom April 1985 sei weiter gültig, hieß es ein weiteres Mal aus der Bundeshauptstadt.

Die Reedereien Bruno Bischoff aus Bremen und die Hamburger Horn-Linie kündigten an, das Projekt realisieren zu wollen. Das Bundesverkehrsministerium verwies ebenfalls darauf, dass die Voraussetzung für die Linie eine ministerielle Zusicherung aus Moskau sei, genügend Ladung bereit zu stellen.

Dass die Gespräche unter anderen Vorzeichen als in den Jahren zuvor standen, zeigte sich im März 1989 beim Besuch des sowjetischen Hochseeflottenministers Juri Vollmer in der Bundesrepublik. Jetzt war Jantarny im Kaliningrader Gebiet als Hafen im Gespräch. Außerdem schlug Vollmer vor, sich nicht allein auf den Eisenbahnfährverkehr, sondern auch auf Containertransporte und Passagierverkehr zu konzentrieren. Das Auswärtige Amt zog die Schlussfolgerung, dass die UdSSR die einstigen ostpreußischen Gebiete an der Ostseeküste erschließen wollte. Das Bundesverteidigungsministerium blieb auch jetzt bei den Vorbehalten, die es bereits 1985 geäußert hatte.

Vor dem Besuch des Generalsekretärs Gorbatschow im Juni 1989 in der Bundesrepublik trafen sich im März 1989 die Verkehrsminister beider Seiten, Jürgen Warnke und Juri Vollmer und besprachen das Thema. Die UdSSR stellte erneut ihr Interesse an dem Projekt heraus. In den Sondierungen vor dem Besuch stellte die sowjetische Seite noch einmal überraschend klar, dass Königsberg jetzt nicht mehr als Hafen in Frage kommt. Die Gegend sei militärisches Sperrgebiet und ohne die nötige Infrastruktur. Die Region des einstigen Ostpreußens blieb als Standort für einen Hafen jedoch im Gespräch, weil die Sowjetunion dort eine Freihandelszone plante.

Am 21. April 1989 trafen sich in Bonn Vertreter der beteiligten Ministerien, um das Projekt zu besprechen. Dabei stellte sich erneut heraus, dass die Fährlinie aus wirtschaftlichen Gründen erwünscht sei, jedoch aus sicherheitspolitischen Erwägungen immer noch kritisch gesehen werde. Wieder meldete sich der SPD-Bundestagsabgeordnete Reinhold Hiller zu Wort. Der Lübecker schrieb an Bundeskanzler Helmut Kohl und bat darum, die Hansestadt als Endpunkt der Fährlinie auszuwählen. Die Flächen stünden dort zur Verfügung.

Doch wieder kam es zu keiner Entscheidung. Wohl auch deshalb, weil die Bundesregierung erwartete, dass die DDR die Fähren von Mukran wegen mangelnder Auslastung auch im Transitverkehr ab 1990 einsetzen wollte.

Bei den Beratungen im Jahr 1989 äußerte das Bonner Verteidigungsministerium den Wunsch, in die Planungen einbezogen zu werden, wenn die Realisierung anstehe. Das Ministerium sprach sich wegen der Präsenz der Marine nochmals klar gegen Kiel aus und trat für Lübeck ein. Im Laufe der Beratungen zeigte sich weiter, dass der Beschluss aus dem Jahr 1985 zu restriktiv gefasst worden sei und sich das Kabinett erneut mit dem Thema befassen sollte, hieß es in einer Vorlage des Auswärtigen Amtes.

Die Bundesbahn, die Staatsbahn der BRD, zeigte wenig Interesse an einem westdeutschen Ostseehafen und favorisierte eine Schienenverbindung nach Mukran. Wenn doch eine Fährverbindung realisiert werde, komme für die DB der Fährhafen Puttgarden auf Fehmarn in Frage.

Am 27. November 1989 war bei weiteren Gesprächen mit der UdSSR nicht mehr Jantarny als Hafen im Gespräch, sondern die Region der Primorski-Bucht bei Baltijsk, dem früheren Pillau. Von einer Verbindung nach Klaipėda war die sowjetische Regierung endgültig abgerückt – vermutlich wegen der Unabhängigkeitsbestrebungen der Litauer.

Es folgten Friedliche Revolution und Mauerfall und damit völlig veränderte Vorzeichen für die geplante Fährverbindung. Plötzlich stand im Raum, dass die Fähren Mukran-Klaipėda im Transit Transporte für Westeuropa vornehmen könnte. Gleichzeitig überraschte die sowjetische Seite mit einem weiteren Vorschlag für einen Hafen. Auf deutscher Seite schwand dagegen die Sorge, dass Kiel sich zu einem Spionagestützpunkt entwickeln könnte. Gegenüber Lübeck wäre eine Realisierung in der Landeshauptstadt Schleswig-Holsteins günstiger, hieß es im Auswärtigen Amt im Februar 1990.

Am Ende wurde aus allen Plänen bis zum Zusammenbruch der sozialistischen Staaten nichts. „Aus für die Eisenbahnfähre" lautete beispielsweise am 12. Oktober 1989 die Schlagzeile der *Kieler Nachrichten*. Der Traum der Kieler Hafenwirtschaft, einen Fähranleger mit Güterbahnhof an der Spitze der Förde (Hörn) in der Nähe des Stadtzentrums zu bauen, war geplatzt. Der Magistrat lehnte das Vorhaben ab. Ein Jahr zuvor hatte sich der sowjetische Schifffahrtsminister Juri Volmer noch in Kiel und Lübeck ausführlich über die Hafenpläne informiert und mit Ministerpräsident Björn Engholm gesprochen. Angeblich seien sich beide Seiten zu diesem Zeitpunkt einig gewesen, die Eisenbahnfährverbindung so schnell wie möglich zu schaffen.

Das vorerst letzte Kapitel zum Thema „Breitspurfähren nach Schleswig-Holstein" präsentierte die *Ostsee-Zeitung* am 31. Januar 2003 unter der Überschrift „Breitspurpläne beunruhigen Sassnitzer – Kieler Hafen will russische Gleise legen". Ein Mitarbeiter der Kieler Seehafenbetriebe hatte von entsprechenden Plänen für den Ostuferhafen der schleswig-holsteinischen Landeshauptstadt berichtet. In Sassnitz beobachtete man die Vorgänge mit großer Sorge. Dort fürchtete man, die Position Mukrans als einziger Breitspurbahnhof Westeuropas zu verlieren. Grundlos: Auch diese Kieler Gedankenspielerei wurde bis heute nicht realisiert.

Mit einem Erfolg endete hingegen der Grundstückskauf des Kieler Oberbürgermeisters: Auf dem Gelände am nordöstlichen Stadtrand entstand der Ostuferhafen, von dem aus heute Schiffe nach Litauen fahren – mit Lastwagen an Bord und ohne Eisenbahnwagen.

„Alarmierende Signale“: Probleme im Fährbetrieb

Nur wenn die Schiffe stets vollbeladen waren, ging das ökonomische Konzept auf.

Der Bau des Hafens und die Einrichtung der Fährverbindung zwischen Mukran und Klaipėda wurden öffentlich als Beweis für die wirtschaftliche Stärke der DDR und als Symbol für die enge Verbindung der sozialistischen Bruderstaaten gefeiert. Tatsächlich verlief der Arbeitsalltag im Hafen, auf dem Bahnhof und auf den Schiffen selten reibungslos. Die Zusammenarbeit mit der sowjetischen Seite gestaltete sich kompliziert, in vielen Bereichen kämpften die Beschäftigten mit technischen und organisatorischen Tücken.

Gleich nach der Eröffnung der Fährlinie sorgten die neuen Gabelstapler für erhebliche Schwierigkeiten beim Umschlag der Güter von Breit- auf Normalspurwagen: Die 100 aus Bulgarien gelieferten Fahrzeuge vom Typ „Balcancar" funktionierten höchst unzuverlässig, meldete die Stasi. Manche seien bereits nach den ersten zwei Betriebsstunden ausgefallen. Die technische Konstruktion sei unausgereift, hieß es in den Berichten. Als „Abhilfe" schaffte die DDR neue Gabelstapler aus dem Westen an, die zwar deutlich zuverlässiger funktionierten, aber so schwer waren, dass einige durch die Holzböden der Eisenbahnwagen sackten. Über die organisatorischen Probleme im Fährhafen berichtete ein Meister für Umschlagtechnik aus dem Überseehafen Rostock, der im Januar und Februar 1987 auf Rügen im Einsatz war und zu den Spezialisten gehörte, die das Mukraner Reichsbahnpersonal in den Umschlag in einem Hafen einweisen sollte. Laut einem Bericht von „IM Rudolf Otto" habe der Fachmann folgendes geäußert: „Im gesamten Fährhafen Mukran läßt die Sicherheit und Ordnung stark zu wünschen übrig. Es gibt keine konkreten Abgrenzungen der Arbeitsaufgaben. Jeder kann machen, was er will. Jeder kann Technik bedienen, egal ob er die Bedienerberechtigung hat oder nicht. Die gesamte Organisation der Arbeit ist schlecht." Darunter leide die Umschlagleistung. Hinzu kämen mutwillige Beschädigungen und nicht funktionsfähige Gabelstapler. „Keiner der Verantwortlichen kümmere sich darum", hieß es.

Für Abhilfe musste der Bereich Kommerzielle Koordinierung (KoKo) von Alexander Schalck-Golodkowski mit Valuta sorgen. 1988 kaufte die Organisation als Ersatz Gabelstapler vom westdeutschen Hersteller Still. KoKo beschaffte darüber hinaus auf Bitten des Verkehrsministeriums aus dem Westen Material für die Fender an der Pier, drei explosionsgeschützte Gabelstapler für die Gefahrgutrampe sowie eine aktive Radarbake, die den Schiffsführungen das Ansteuern des Fährhafens bei jedem Wetter ermöglichte. Diese Technik sei derzeit im sozialistischen Wirtschaftsraum nicht erhältlich, schrieb der stellvertretende Verkehrsminister Rentner am 10. Februar 1986 an Schalck-Golodkowski.

Wie sehr die Seeleute auf die Radarbake angewiesen waren, hatte sich im Hafen 1985 bei Versuchen mit dem Eisbrecher „Stephan Jantzen" und mit dem Fährschiff „Saßnitz" bei vereister See und schlechten Sichtverhältnissen ergeben. Ohne die Bake sei bei schlechtem Wetter eine sichere Navigation ausgeschlossen, schrieb das Kombinat Seeverkehr und Hafenwirtschaft ans Ministerium. Die vorhandenen optischen Seezeichen seien bei schlechter Sicht kaum auszumachen. Das Leitfeuer in Prora und das Richtfeuer in Mukran seien wetterbedingt etwa 30 Tage im Jahr nicht sichtbar. Die Kosten bezifferte Kombinatsdirektor Artur Maul auf etwa 460.000 schwedische Kronen.

Zur Navigation in Mukran und im Stadthafen Sassnitz diente außerdem ein Unterfeuer. Der Betonturm stand 1.400 Meter nordwestlich vom Mukraner Fährhafen. Die Richtfeuerlinie markierte von 1987 bis 1999 das betonnte Fahrwasser bis zur Hafeneinfahrt. Das Oberfeuer Mukran stand im selben Zeitraum rund 650 Meter nordnordwestlich vom Unterfeuer. Die Betontürme sind baugleich mit dem Leitfeuer Prora. Im September 1999 wurde die Richtfeuerlinie Mukran gelöscht; im Frühjahr 2000 folgte der Rückbau der Feuerträger. Am Ende der Nordmole steht bis heute ein rot-weißer Leuchtturm.

Bei einer Probefahrt legt die „Mukran“ an der Pier an.

Im Jahr 1986 beförderte die Fähre „Mukran“ 181.000 Tonnen Güter auf 5.300 Güterwagen. Das entsprach einer Auslastung von 82 Prozent. Im Januar 1987 wurde der Rhythmus der Fährfahrten von 48 auf 72 Stunden pro Umlauf verlängert. Der Erfolg stellte sich schnell ein: Die Fähre war nahezu durchgehend zu 100 Prozent ausgelastet. Im Februar kehrte man zum 48-Stunden-Rhythmus zurück, der trotz schlechten Wetters ebenfalls zu guten Auslastungen führte. Allerdings stieg der Anteil der Leerwagen auf den Schiffen stark an. Beide Seiten sagten daraufhin zu, mehr Güter über die Fähren zu exportieren.

Die mangelnde Auslastung war in den beginnenden Zeiten von Glasnost und Perestroika auch Thema in der *Prawda*. Die beiden kritischen Berichte der Korrespondenten aus Klaipėda über die mangelnde Auslastung beschäftigten die DDR bis hinauf ins Politbüro.

Dass der Betrieb in Mukran nicht rund lief, war bereits einen Monat nach der Eröffnung Thema einer Dienstbesprechung im Verkehrsministerium. Dabei wurden klare Forderungen formuliert:

- Die Leistungsfähigkeit müsse stabilisiert werden.
- Der Waggonrückstau in Mukran wird beseitigt.
- Der Präsident der Reichsbahndirektion Greifswald hat umgehend eine Kaderkonzeption vorzulegen und den Posten eines neuen Dienststellenleiters zu schaffen, da der amtierende „den Aufgaben in keiner Weise gewachsen" sei.
- Die Arbeitszeit im Fährbahnhof muss effektiv ausgenutzt werden.

Um die Leistungen im Fährkomplex zu steigern, wies das Verkehrsministerium den Präsidenten der Reichsbahndirektion Greifswald, Wolfhard Noack, am 3. Februar 1988 an, eine Arbeitsgruppe unter seiner Leitung zu gründen. Wöchentlich solle die AG über ihre Arbeitsergebnisse Rechenschaft ablegen. Endgültige Ergebnisse forderte das Ministerium bis zum 15. März 1988 an.

Tatsächlich lag am 24. März der Bericht vor, den die Vertreter des Ministeriums, der Reichsbahn und der Politischen Abteilung der Reichsbahn im Fährkomplex innerhalb der AG erarbeitet hatten.

Dass bei Umladung, Umachsung und Einhaltung des Segelplans für die Schiffe Probleme vorlagen, habe die bisherige Leitung erkannt, aber nicht geändert, hieß es. Das habe auch Folgen für die „Arbeitshaltung" der Mitarbeiter gehabt. Die AG entwickelte eine Vielzahl von Maßnahmen, um die Effektivität der Arbeit in Mukran deutlich zu erhöhen.

Dass in Mukran effektives Arbeiten zuweilen schwierig war, war auch eine Folge der Größe des Komplexes, erinnerte sich der ehemalige Eisenbahnchef von Mukran, Rudi Dobbert. Er hatte am 26. März 1988 die Leitung des Fährkomplexes übernommen. Zuvor hatte er mehr als 20 Jahre das Fährschiffamt in Sassnitz geleitet.

Wenn die Arbeiter an einem der Busbahnhöfe zum Schichtbeginn eintrafen, mussten sie sich zunächst auf den mindestens einen Kilometer langen Fußweg ins zentrale Sozialgebäude am südwestlichen Ende des Fährkomplexes begeben, um sich dort umzuziehen. Von dort betrug der Weg zu manchen Arbeitsplätzen erneut mehrere Kilometer, die wiederum zu Fuß absolviert werden mussten, berichtete Dobbert. Erfolglos habe er sich dafür eingesetzt, dezentrale Gebäude zum Umkleiden errichten zu lassen, um die langen und zeitraubenden Wege zu vermeiden.

Weit war auch der Weg zum Essen in den Arbeitspausen. Zur zentralen Kantine „Vilnius" (Spitzname: „Fresswürfel") am Nordwestrand des Fährkomplexes, in der

1.600 Mitarbeiter gleichzeitig versorgt werden konnten und die rund um die Uhr Verpflegung anbot, sei mancher Arbeiter erneut mehr als einen Kilometer unterwegs gewesen, berichtete Dobbert. Auch die Schaffung zusätzlicher Imbisseinrichtungen und weiterer Gaststätten auf dem Bahn- und Hafengelände löste das Problem nicht. Nahe der Pier entstand die Betriebsgaststätte „Fährhafen“ mit 500 Plätzen, beim Örtchen Staphel kam die ebenso große Betriebsgaststätte „Klaipėda“ dazu.

Die Schwierigkeiten hätten sich bei schlechtem Wetter verschärft, wenn die Arbeiter nach den langen Märschen durchnässt ihr Ziel erreichten, berichtete Dobbert. Angekommen im „Fresswürfel“, standen die Beschäftigten dann Schlange. Die Reichsbahndirektion Greifswald erwog zwischenzeitlich sogar, auf dem Gelände Busse einzusetzen. Das scheinbar profane Problem der langen Wege zum Mittagstisch beschäftigte nicht nur die Leiter vor Ort, sondern war bereits im November 1986 Gegenstand einer Besprechung beim DDR-Verkehrsminister. Von einer „totalen Ruhe von 12 bis 14.30 Uhr auf dem Bahnhof“ war hier die Rede. Zweieinhalb Stunden, die aus volkswirtschaftlicher Sicht als Verlustzeit galten.

Zeitzeugen berichten auch von komplizierten und entnervenden Arbeitsbedingungen in den Umschlaghallen, beispielsweise beim Entladen von Baumwolle. Diese war in der Regel zuvor bei großer Hitze und geringer Luftfeuchtigkeit in den asiatischen Sowjetrepubliken in die Wagen geladen worden. Kam die Wolle nach manchmal wochenlangen Fahrten im deutlich kühleren und feuchteren Mukran an, war sie häufig aufgequollen und musste mühselig per Hand aus den Frachträumen gezerrt werden. Ebenfalls berüchtigt waren die Holztransporte. Sowjetische Arbeiter hatten die Wagen mit Brettern hoch beladen und mit Gurten gesichert. Sobald die Gurte gelockert wurden, rutschten die Bretter über die Wand des offenen Waggons seitwärts nach unten und drohten die Arbeiter in den Umladehallen am Bahnsteig zu erschlagen. Weil die Verriegelungen der Türen nicht selten defekt waren, hatten sich einige sowjetische Eisenbahner außerdem angewöhnt, nach dem Beladen der Waggons die Türen zuzuschweißen. In Mukran standen die Arbeiter nun vor dem Problem, an die Ware im Innenraum zu gelangen.

Beim Import von elf Tonnen des Sprengstoffs Okfol, der für die Waffenproduktion eingesetzt wurde, wäre es am 21. Mai 1988 beinahe zu einer Katastrophe in Mukran gekommen. In einem Waggon entdeckten Arbeiter drei aufgeschlitzte Säcke. Der Sprengstoff, der sich durch einfache Reibung entzünden kann, war herausgerieselt, hieß es in einem Schreiben an den Ingenieur-Technischen Außenhandel (ITA), der die Ware für die Rüstungsindustrie verschiffen ließ. Absender des Schreibens war der VEB Mechanische Werkstätten Königswartha, der vermutlich die brisante Ladung in der UdSSR für die Herstellung von Munition bestellt hatte. „Es genügt bereits, wenn ausgerieseltes Okfol zwischen die Rollen der Waggontür gelangt“, schrieb ein Mitarbeiter des Betriebes. Einer handschriftlichen Notiz auf dem Brief ist zu entnehmen, dass der ITA als

Konsequenz die sowjetischen Partner bitten wollte, den Sprengstoff künftig in Holzkisten zu transportieren. Außerdem sollten die Wagen mit Okfol nicht mehr umgeladen, sondern umgeachst werden.

Dass sowjetische Arbeiter und selbst Soldaten es mit dem fachgerechten Laden der Güterwagen nicht allzu ernst nahmen, belegt auch ein dramatischer Zwischenfall in Klaipėda, den der ehemalige Hafenchef Vytautas Vaicekauskas nie vergessen wird. Als Eisenbahner im Fährbahnhof einen Waggon öffneten, kullerten ihnen mehrere Fliegerbomben der sowjetischen Luftwaffe entgegen und rollten über die Gleisanlagen. „Glücklicherweise fehlten die Zünder", sagt Vaicekauskas.

Wolfhard Noack, damaliger Präsident der Reichsbahndirektion Greifswald, beschrieb weitere grundsätzliche Probleme, die besonders zu Beginn des Fährbetriebs auftauchten: Für die Praxis bei Seehafen-Umschlagsarbeiten habe der Deutschen Reichsbahn die Erfahrung gefehlt. Außerdem seien die Normzeiten für den Umschlag viel zu optimistisch angesetzt worden. Weil immer mehr Güter per Kran umgeschlagen werden mussten und im Verhältnis dazu das Stückgut abnahm, fehlte die Technik. Eine zusätzliche Freikrananlage musste erst gebaut werden. Für weitere Verzögerungen habe das schlechte Wagenmaterial der russischen Bahn gesorgt. Ungeplante Reparaturen in Mukran kosteten Zeit und Aufwand. Die Logistik sei nicht von Praktikern geplant worden, sondern im Wesentlichen vom Zentralen Institut für Verkehrswesen.

Die Probleme eskalierten weiter, sodass Noack 1987 Verkehrsminister Otto Arndt anbot, ihn von seinen Aufgaben freizustellen, um gemeinsam mit Fachleuten in Mukran die Organisation grundlegend zu verändern. Arndt lehnte zunächst ab, stimmte kurz darauf jedoch zu. Noack vermutete in der Rückschau, dass der Druck des Politbüros auf den Minister wegen der Probleme wuchs. Sechs Wochen habe die Arbeit gedauert, dann sei die notwendige Leistungsfähigkeit erreicht worden, berichtete Noack.

In Mukran war die Staatssicherheit ebenfalls alarmiert, als es auf dem Fährbahnhof zu Auseinandersetzungen zwischen Gastarbeitern und dem einheimischen Eisenbahn- und Hafenpersonal kam. 1988 waren 186 Arbeiter aus Vietnam und 87 aus Mozambique im Hafen beschäftigt. „Die Arbeitskräfte aus Mozambique zeigen eine geringe Arbeitsmoral, lassen sich häufig unbegründet krankschreiben und sprechen stark dem Alkohol zu", hieß es über die Gäste aus den Bruderländern, die sich für unterbezahlt hielten. „Im Arbeitsprozeß kam es wiederholt zu Streit und Tätlichkeiten", vermerkte die Stasi in einem Lagebericht.

Im Juli 1987 beschloss die Regierung, Verhandlungen mit der UdSSR über den Einsatz von 100 bis 150 sowjetischen, hochqualifizierten Hafenarbeitern in Mukran und den anderen Seehäfen aufzunehmen. Verkehrsminister Arndt und sein Vertreter Rentner sollten die Gespräche führen. Die Sowjetunion hatte den Vorschlag unterbreitet und erklärt, sie verfüge wegen des zurückgehenden Handels über See über freie Kapazitäten. In den Häfen der DDR fehlte dagegen Personal trotz des Einsatzes von bis zu 800 Mitarbeitern aus Angola, Mozambique und Kuba. Zeitweise war der Personalbestand in den Häfen so knapp, dass bis zu 250 Mitarbeiter von „bewaffneten Organen" aushelfen mussten. Die DDR-Regierung erhoffte sich von der Verstärkung aus der UdSSR steigende Umschlagzahlen in den Häfen. Der Abschluss einer Vereinbarung entspreche damit beiderseitigen Interessen. Zum Einsatz sowjetischer Arbeiter ist es in Mukran jedoch nie gekommen. Es arbeiteten lediglich Wagenmeister aus der UdSSR zeitweilig in Mukran, um den betriebssicheren Zustand der Breitspurwagen herzustellen. Die Arbeitskräfte aus afrikanischen Ländern waren im Umschlag beschäftigt.

In den überlieferten Dokumenten der Staatssicherheit sind weitere Probleme und Unstimmigkeiten im Fährverkehr zwischen Mukran und Klaipėda nachzulesen. In einem vertraulichen Gespräch mit einem Oberst der Staatssicherheit am 23. Februar 1987 äußerte der Generaldirektor der Deutschen Seereederei, Artur Maul, seine Unzufriedenheit. Die „Mukran" sei nicht ausgelastet und fahre Verluste ein. Der Bau von sechs Fähren sei politisch und ökonomisch nicht vertretbar. Er habe sich zudem stets gegen das Eisenbahnfährprojekt ausgesprochen und sei davon ausgegangen, dass es beim Bau in erster Linie um militärische Aspekte gegangen sei, zitierte der Oberst den Reederei-Chef in einem Bericht an seinen Vorgesetzten bei der für die Aufklärung der Seewirtschaft zuständigen Stasi-Hauptabteilung XIX.

Selbst Militärtechnik könne man billiger per Container oder auf RoRo-Schiffen transportieren, wie das Beispiel Großbritanniens während des Falkland-Krieges gegen Argentinien gezeigt habe, argumentierte Maul. Der Nachschub der britischen Flotte sei ausschließlich mit Containern erfolgt. Seine Unterlagen über Transporte im Falkland-Krieg habe Maul auch in die UdSSR geschickt. Adressat war der Chef der Baltischen Seekriegsflotte, Admiral Hoffrin. Maul fand jedoch kein Gehör für seinen Vorschlag, den Bau der letzten drei Fähren auszusetzen. Niemand habe sich getraut, einen eigenen Vorschlag an das Politbüro heranzutragen und den Beschluss zum Bau von sechs Schiffen zu korrigieren, beklagte sich Maul.

Schon im Jahr nach Eröffnung der Fährverbindung war es zu Dissonanzen zwischen der sowjetischen und der deutschen Seite über die Auslastung der Schiffe gekommen, die bald auch den Ministerrat der DDR beschäftigten. Der Stellvertreter von Verkehrsminister Arndt, Heinz Rentner, berichtete nach einem Besuch in Moskau im Oktober 1987 von „erheblichen Abweichungen" vom Konzept für die Ex- und Importe über Mukran. Für Transporte in die DDR habe die Sowjetunion nur die Hälfte der vereinbarten Güter, nämlich 1,1 Millionen Tonnen, avisiert. In die Gegenrichtung habe man nur 312.000 Tonnen verschifft – nicht einmal ein Drittel der vereinbarten Menge. Verärgert habe Rentner außerdem zur Kenntnis nehmen müssen, dass die sowjetische Seite eine Auslastung von sechs Fähren in Frage stellte. Arndt informierte daraufhin den für Wirtschaftsfragen zuständigen Sekretär des Zentralkomitees, Günter Mittag. Glaubt man Arndts Schreiben, hat Rentner in Moskau scharf reagiert: „Mein Stellvertreter hat sich damit nicht einverstanden erklärt und entsprechend unserer Konzeption sofortige Aktivitäten der zuständigen sowjetischen Ministerien zur Sicherung der vollen Auslastung aller Eisenbahn-Güterfähren 1988 gefordert."

Im selben Jahr führten die Abstimmungsprobleme zu weiteren wechselseitigen Beschwerden zwischen den Bruderstaaten. Der Chef der Staatlichen Plankommission der DDR, Gerhard Schürer, beklagte sich, dass 80 Prozent der importierten Güter mit Kränen umgeschlagen werden müssten, obwohl dies nur für 25 Prozent vereinbart gewesen sei. Jetzt fehle es in Mukran an Personal für die Kranarbeiten, berichtete Schürer. Die Sowjets konterten ihrerseits in einem Beschwerdebrief an Mittag, ihnen gehe in Mukran alles zu langsam.

Auch in der Sowjetunion wurden die Probleme beim Betrieb diskutiert. „Genügt es, Luft zu transportieren?" war als Überschrift am 12. November 1987 in der Tageszeitung *Vodnvj Transport*, dem Organ des See- und Binnenflottenministeriums und der Fachgewerkschaften, zu lesen. Der Leiter der litauischen Reederei, Alfonsas Ramanauskas, beklagte sich in dem Bericht über die Auslastung der Schiffe, die nur 88,9 Prozent betragen habe. Bei manchen Reisen hätten sich an Deck der „Mukran" nur 30 bis 50 Wagen befunden. Sein Ziel sei eine Auslastung von 98 Prozent, sagte Ramanauskas. Von ähnlichen Zahlen hatte bereits die *Prawda* am 8. September 1987 auf ihrer ersten Seite berichtet.

Die staatliche Spedition der DDR, Deutrans, überprüfte 1987, inwieweit die Eisenbahnfähren auch für den Transport von Trailern, also Lkw-Aufliegern ohne Zugmaschine, in Frage kommen könnten. Damit wäre auch eine erhöhte Auslastung möglich gewesen. Das Ergebnis: Nur das Befahren des Oberdecks wäre für Auflieger technisch machbar. Im unteren Hauptdeck sei eine Anfahrt nur schwer möglich, außerdem komme es dort zu Abgasentwicklungen. Auch das Oberdeck müsste technisch hergerichtet werden, zum Beispiel bei der Sicherung der Gleise.

In der Betriebsgaststätte „Vilnius" konnten sich die Beschäftigten rund um die Uhr versorgen.

Favorisiert wurde jedoch die Variante, die Trailer auf Flachwagen der Bahn zu verladen und wie andere Güterwagen auch auf das Schiff zu fahren.

Die Inbetriebnahme der Fährverbindung fiel in eine Zeit, in der Gorbatschows Politik der Perestroika zu einem Umdenken führte: Nicht mehr der Staat mit seinen zentralistischen Strukturen sollte die Wirtschaft in der UdSSR lenken, sondern die Betriebe sollten mehr Eigenständigkeit erhalten und nach marktwirtschaftlichen Prinzipien arbeiten. Ein Umbruch, der auch in Mukran zu spüren war. Bemerkenswert war, dass die neuen Konflikte nicht mehr nur in den Konferenzzimmern der Funktionäre ausgetragen wurden, sondern auch Thema der Medienberichterstattung in der Sowjetunion wurden. Bis dato hatten Kritik und ergebnisoffene Analysen von Problemen nicht zum Programm der Zeitungen sozialistischer Staaten gezählt. Nun schienen andere Regeln zu gelten: Obwohl die Fährverbindung Mukran – Klaipėda als Musterprojekt der deutsch-sowjetischen Freundschaft gefeiert worden war, gab man die Konflikte zwischen den Partnern öffentlich zu, sodass die Probleme im Betriebsablauf sichtbar wurden.

Für große Aufregung in der DDR sorgte zum Beispiel ein Bericht des Sonderkorrespondenten Nikita Sholkwer in der deutschsprachigen Moskauer Zeitschrift *Neue Zeit* aus dem Jahr 1987, der wegen seiner Kritik an der Fährverbindung umgehend auf dem Schreibtisch des ZK-Sekretärs Günter Mittag gelandet sein soll. Gleich zu Beginn seiner Reportage beschrieb Sholkwer jenen Engpass, der auch den DDR-Planern seit geraumer Zeit Sorgen bereitete. Der Rügendamm verband Festland und Insel nur über einen eingleisigen Schienenstrang, der zudem regelmäßig unterbrochen wurde, um die Brücke für den Schiffsverkehr hochzuklappen. Eine leistungsfähige Schienenverbindung zum Fährhafen hatte sich der Reporter aus Moskau anders vorgestellt. Dass der Baustellendirektor Rudi Sickert von einem reibungslosen Ablauf beim Gütertransport und -umschlag sprach, mochte Sholkwer kaum glauben: „Den Optimismus von Rudi Sickert müsste man haben!“ Sickert hatte vor dem Mukran-Projekt Eisenbahnbrücken und die Fähranleger in Warnemünde und Sassnitz konstruiert.

Dessen Kritik an der staatlichen Eisenbahngesellschaft der Sowjetunion SZD war im Bericht ebenfalls nachzulesen: „Wenn die UdSSR für den Fährbetrieb mehr passende Wagen einsetzt, könnten wir davon mehr auf unsere Fahrgestelle umsetzen und damit kostbare Zeit sparen.“ Die SZD habe häufig Wagen geschickt, die nicht umgespurt werden konnten und deren Inhalt aufwendig in die Reichsbahn-Fahrzeuge umgeladen werden musste. Ein enormer Arbeitsaufwand, da ein vierachsiger russischer Güterwagen fast doppelt so viel Ladung transportieren konnte wie das vergleichbare Reichsbahn-Modell. Zudem habe es bei den Waggons selbst logistische Mängel gegeben, wie die *Neue Zeit* berichtete: Die Wagen, mit denen die Sowjets Eisenerz oder Aluminium lieferten, seien nicht geeignet, in die Gegenrichtung Landmaschinen, Möbel oder Kinderwagen zu transportieren.

Die sowjetische Parteizeitung *Prawda* legte im selben Jahr öffentlich nach. „Ein alarmierendes Signal – Leerfahrten" lautete die Überschrift eines Artikels vom 8. September 1987. Die Litauische Seereederei warf der DDR und der sowjetischen Führung in dem Bericht vor, die gegenseitigen Vereinbarungen zu brechen, und sprach von einem chronischen Mangel an Exportfracht auf den Schiffen. Am 31. Dezember 1987 zitierte die *Prawda* in einem Bericht den Leiter des Fährbetriebes in Klaipėda, Vytautas Vaicekauskas. Zwischen den zuständigen Ministerien der Staaten herrsche „keine Vertragsdisziplin". Im Sommer seien einige Fahrten nur halb ausgelastet gewesen.

Am 7. November 1988 kam es zur einzigen schwerwiegenden Havarie im Fährbetrieb. Die „Mukran" geriet nach dem Passieren der beiden Molenköpfe in Klaipėda außer Kontrolle und lief mit dem Bug in einer Böschung am Ölhafen knapp an einem Tanker vorbei auf Grund. Die Seekammer der DDR macht einen Manövrierfehler des Kapitäns dafür verantwortlich. Sein Patent für die große Fahrt wurde ihm für sechs Monate auf Bewährung entzogen.

Im November 1988 durfte ein Abteilungsleiter im sowjetischen Eisenbahnministerium öffentlich über die „alarmierenden Signale" wettern, die auf ein Ansteigen der Kosten für den Fährbetrieb hindeuteten. Der Umweg der Güter über Klaipėda verlängere im Vergleich zur Direktroute durch Polen den Transport um 400 bis 800 Kilometer. Der Seetransport führe zu einem 16-tägigen Waggonumlauf. Außerdem rechnete er vor, dass die wachsende Zahl der Hafenarbeiter und Eisenbahner beim Seetransport jährlich mit mehreren 100.000 Rubeln zu Buche schlug. Die Umschlagarbeiten in Mukran seien wegen der unterschiedlichen Spurbreiten zu langwierig und zu kompliziert.

Die öffentliche Kritik trug jedoch nicht zur Lösung der genannten Probleme bei. Am 11. März 1989 zitierte das SED-Organ *Neues Deutschland* die sowjetische Regierungszeitung *Iswestija* mit den Worten „Ressortdenken bringt Verluste für Fährlinie Mukran – Klaipėda". Die Zeitung hatte bemängelt, dass die Zusammenarbeit zwischen Seeleuten, Eisenbahnern und Außenhandelsorganisationen nicht funktionierte. Erneut war von unzureichend ausgelasteten Schiffen und langen Liegezeiten die Rede.

Desorganisation und Chaos herrschte laut *Iswestija* auch im Außenhandelsministerium. „Die monatlichen Beratungen der zuständigen Dienststellen zur Planung der Gütertransporte sind keine Hilfe", hieß es in dem Artikel. Und weiter: „Das hat mit Vernunft nichts mehr zu tun." Am Schluss stellte der Autor die Frage: „Wäre es also nicht an der Zeit, dass jeder Teilnehmer am Fährverkehr für seine Sünden nicht mit Versprechungen, die Arbeit zu verbessern, sondern mit Geld zahlt – so wie es überall in der Welt üblich ist?"

Der *Iswestija*-Bericht wurde in der westlichen Fachpresse aufmerksam registriert. Die Bewertung der Deutschen Verkehrszeitung (DVZ) lautete: „Die vor drei Jahren mit großen Erwartungen gestartete Fährverbindung zwischen Mukran in der DDR und Klaipėda in der UdSSR, dem früheren Memel, bringt wegen großer Organisationsmängel auf sowjetischer Seite statt des erhofften Gewinns offenbar Verluste."

Zu Beginn des Jahres 1989 beschwerte sich das DDR-Verkehrsministerium bei der sowjetischen Botschaft, dass sich in Mukran ein Stau mit Zügen der Deutschen Reichsbahn gebildet hatte, weil die sowjetische Seite nicht genügend Breitspurwagen schickte, um alle Güter umladen und über die Ostsee bringen zu können. Die Liegezeiten der Schiffe verlängerten sich immer mehr. Das DDR-Verkehrsministerium errechnete, dass jede ausgefallene Fahrt mit 500.000 Valuta-Mark zu Buche schlug. Im Frühjahr und Sommer drohten umfangreiche Militärtransporte der sowjetischen Armee die Situation noch einmal zu verschärfen: Allein für Mai und Juni 1989 planten die Streitkräfte 89 Transporte mit 2.047 Wagen nach Klaipėda.

Hinzu kamen Betonelemente zum Bau einer Erdgaspipeline in der UdSSR sowie für das „Integrationsvorhaben Kriwoi Rog". An dem Aufbau des Bergbau- und Aufbereitungskombinats Kriwoi Rog waren die DDR und die anderen Ostblockstaaten beteiligt. Für 1990 bereitete ein Expertenstab außerdem den Transport von Containern mit Flachwagen der russischen Breitspur vor.

Die DDR musste jedoch feststellen, dass die Sowjetunion zu diesem Zeitpunkt bereits erste Auflösungserscheinungen zeigte. Die zentralistische Organisation der Wirtschaft funktionierte nicht mehr. Als Mukran bereits verstopft war, schnitt Polen im September die zweite Exportader über Land ab und stoppte die Transitzüge Richtung Sowjetunion noch vor dem Übertritt aus der DDR aufs eigene Territorium. Damit wollte Polen Transportstaus im eigenen Land verhindern, da die UdSSR wiederum Züge aus Polen kaum noch hineinließ. Tausende Güterwagen standen vor den Grenzen. Lebensmittel verdarben in den Waggons, während in Teilen der UdSSR die Versorgungsnöte immer größer wurden. Am 15. September wollten sich Vertreter der DDR, Polens und der UdSSR zu Beratungen in Warschau treffen. Doch die sowjetische Delegation reiste gar nicht erst an.

Bald waren die Eisenbahnfähren nur noch zu 60 Prozent ausgelastet, die Reedereien stellten die „Mukran" und die „Klaipėda" vorübergehend außer Dienst. Am 22. September kam kurzfristig doch noch eine Konferenz von Vertretern der DDR und der UdSSR zustande, bei der die sowjetische Seite „Sofortmaßnahmen" zusagte. Gleichzeitig wiesen die Abgesandten aus Moskau jedoch auf Streiks in ihrem Land und auf die Beanspruchung der Eisenbahnen durch die aktuelle Ernte hin.

Auch die Stasi beschäftigte sich 1989 intensiv mit den Staus in Mukran und den Exportproblemen in die UdSSR. In einem Quartalsbericht vom Oktober über den Fährverkehr hieß es wieder einmal, dass zu wenige Wagen aus der UdSSR in Mukran einträfen und damit nicht für Transporte zur Verfügung stünden, sodass die Exporte der DDR ins Stocken gerieten. Ursache sei der Prozess der Umgestaltung in der UdSSR mit einer wachsenden Eigenverantwortung sowjetischer Betriebe, der sich negativ auf den Warenaustausch auswirke. Außerdem sei es durch Streiks in einigen Sowjetrepubliken zu Problemen beim Gütertransport gekommen. Um sich dennoch selbst halbwegs versorgen zu können, brauche die Sowjetunion ihre Waggons im eigenen Land, schrieb die Stasi. Gleichzeitig nehme die wachsende Zahl an Militärtransporten der sowjetischen Streitkräfte über Mukran große Flächen in Beschlag. Technik und Soldaten der Westgruppe der Sowjetarmee würden nicht mehr wie vereinbart 20, sondern bis zu 50 Prozent der Fährkapazitäten belegen.

Hunderte Wagen mit militärischer Ausrüstung stauten sich im Fährhafen. In den Unterkünften für die Begleitkommandos, die für 20 Personen gedacht waren, hausten nun zeitweise bis zu 80 sowjetische Soldaten. „Begünstigt durch den langen Aufenthalt im Fährkomplex kam es zu Diebstählen und zu unbegründetem Schußwaffengebrauch durch Angehörige der Westgruppe der Sowjetischen Streitkräfte“, hieß es in einem Bericht der Staatssicherheit (siehe dazu Kapitel ***Der Streit um die Kommandantur***). „Das führte zu negativen Reaktionen der Beschäftigten im Fährkomplex, die sich durch Militär belagert vorkamen.“ Auch aus Sicherheitsgründen wurde das hohe Aufkommen an Rüstungsgütern am Fährhafen kritisiert, da die Munitionstransporte direkt neben einem Diesellager abgestellt worden seien.

Verkehrsminister Otto Arndt schickte angesichts der chaotischen Lage ein Fernschreiben an den Stabschef der sowjetischen Verbände in der DDR, Generalleutnant Waleri Fursin. Er sprach von „unvertretbaren Belastungen“. Dem Schreiben ist zu entnehmen, dass auf der sowjetischen Seite die Befehlskette nicht mehr funktionierte.

Selbst parallel geführte Gespräche des Präsidenten der Reichsbahndirektion Greifswald mit den sowjetischen Kollegen der Pribaltischen Eisenbahn in Klaipėda verliefen ergebnislos: „Es können keine Aussagen über die Verbesserung der Lage in der Waren- und Waggonzufuhr getroffen werden“, hatte die sowjetische Seite mitgeteilt und außerdem kurz und bündig klargestellt, dass sie die Pläne für eine sechste Fähre auf Eis gelegt hatte: „Nicht notwendig“, hieß es.

Zu weiteren Einbrüchen im Warenaustausch kam es, weil einige sowjetische Betriebe jene neuen Freiheiten einer begrenzten Autonomie nutzten, die ihnen im Prozess der Perestroika zugestanden worden waren. Viele einst staatlich verordnete Transporte gen DDR mit der Fähre entfielen, weil sich die Unternehmen wieder verstärkt für die Transitwege durch Polen interessierten.

1989 war das Jahr der großen politischen Veränderungen und Proteste in der DDR, die im Herbst in die „Friedliche Revolution“ mündeten. Bereits am 25. Oktober bereitete sich die Staatssicherheit auf ihre Weise vor und instruierte ihre Inoffiziellen Mitarbeiter bei der Reichsbahn im Norden: „Die inoffizielle Basis der Diensteinheit ist auf die veränderte innenpolitische Situation in der DDR einzustellen“, schrieb Stasi-Oberstleutnant Stolle von der für Verkehr zuständigen

Abteilung XIX der Bezirksverwaltung Rostock. „Ihre Haupteinsatzrichtung muss darauf gerichtet sein, Pläne, Absichten und Aktivitäten innerer und äußerer Feinde der DDR zum Wirksamwerden unter den Werktätigen des Verkehrs- und Nachrichtenwesens zu erkennen und zu bekämpfen. Vorrangig zu sichernde Bereiche bilden große Dienststellen." An erster Stelle nannte Stolle den Fährkomplex Mukran, erst danach folgen große Bahnhöfe und die Reichsbahndirektion Greifswald.

Auch in Mukran verschafften die Arbeiter während der Friedlichen Revolution ihrer Unzufriedenheit Luft. Mitarbeiter der Stasi, die eine Versammlung der Beschäftigten mit den „Leitungskadern" des Fährkomplexes überwacht hatten, meldeten, in den Gesprächen sei es zunächst um „Mängel in der Arbeitsorganisation" und „schlechte Informationsflüsse" gegangen. Die mangelhafte Ausnutzung der Umschlagkapazitäten hatte auch „zum Wegfall der Leistungszuschläge und zu Lohneinbußen der Schichtarbeiter" geführt.

Am 15. Oktober 1989 meldete sich gegen 7.15 Uhr der Schichtleiter von 80 Umschlagbeschäftigten im Hallenschiff 1 bei der Betriebsgewerkschaftsleitung (BGL) und teilte laut einem Bericht der Staatssicherheit mit: „Wir wollen ja nicht streiken, aber wir verlangen, daß sich in den nächsten Stunden die staatliche Leitung, der Parteisekretär und der BGL-Vorsitzende vor Ort sehen lassen und uns die gegenwärtige Lage erklären. Wir haben die letzten Dokumente gelesen. Sie stimmen nicht mit der Realität überein. Auch heute sitzen wieder 95 Prozent aller Kollegen der Frühschicht herum, weil keine Arbeit vorhanden ist."

Um 8.45 Uhr hätten sich die Leitungskader in die Halle begeben und die Schwierigkeiten erläutert. Die Volkswirtschaft der UdSSR befinde sich in einem Umbruch, daher kämen kaum Importgüter an. Die Fähren seien nur zu 20 Prozent ausgelastet. In der darauffolgenden Diskussion listeten die Arbeiter ihre Hauptkritikpunkte auf:

- mangelhafte Arbeitskoordination
- unzureichende Arbeitsmittel und Arbeitskleidung sowie der Zustand der Sanitäranlagen
- bürokratische und unpersönliche Behandlung durch die Kader
- Kritik an der Verteilung der Wohnungen: Familien leben in Ein-Raum-Wohnungen, alleinstehende Rentner in Drei- bis Fünf-Raum-Wohnungen
- unzureichender Berufsverkehr aus Richtung Dranske/Wiek.

Auch die politischen Entwicklungen seien thematisiert worden: „In einzelnen Meinungsäußerungen wurde darauf verwiesen, dass das Vertrauen zu Partei und Regierung angeschlagen sei und die gegenwärtig geplanten Maßnahmen zu spät kämen", hieß es in dem Bericht der Abteilung XIX der Staatssicherheit. Dieselbe Diensteinheit hatte bereits im Juni 1989 über Gespräche von aufgebrachten Beschäftigten mit der Führung informiert: „Damit verbunden trat wiederholt die Frage nach der Perspektive der sozialistischen Entwicklung in der DDR auf. Leitende und mittlere leitende Kader waren teilweise nicht in der Lage, auf diesbezügliche Fragen befriedigend zu reagieren."

In einigen Punkten argumentierten die Arbeiter in einer Weise, wie sie bis dahin unvorstellbar gewesen war:

- die Mitglieder des Politbüros und des Ministerrates seien völlig überaltert
- die mangelhafte Versorgung auf Rügen, die im krassen Widerspruch zu den Berichten in den Medien stehe
- Gründung eines „Neuen Forums" und Abschaffung des Ministeriums für Staatssicherheit und des Innenministeriums.

Am 3. November 1989, wenige Tage vor dem Fall der Mauer, berichtete auch die *Ostsee-Zeitung* über die „Erneuerung des Sozialismus in der DDR". Im Fährkomplex habe ein offener Dialog begonnen. Auf zwei Foren mit Schichtkollektiven stellten sich SED-Vertreter der Kreisleitung und des Bezirks den „sehr kritischen Fragen der Werktätigen". Dabei sei es um Probleme bei der Versorgung, des Arbeiterberufsverkehrs und um die effektivere Arbeit im Fährkomplex gegangen. Außerdem forderten die Arbeiter, dass sich die Betriebsleitung regelmäßig in den Kollektiven sehen lasse, um die Sorgen und Nöte der Arbeiter kennenzulernen. „Beide Genossen versicherten, sich mit aller Kraft dafür einzusetzen, daß die Unzulänglichkeiten schnell behoben werden", schrieb die *Ostsee-Zeitung*.

Auch Kritik am Militär war nicht mehr tabu. Unmut erregten in der Wendezeit die über Kreuz verschweißten Schienen („Spanische Reiter") und Stacheldrahtzäune, die neuerdings an der Landstraße nach Prora das Gelände der Offiziershochschule absperrten. Die Stadt versprach, sich beim Kommandeur für eine Beseitigung einzusetzen.

Ganz andere Probleme meldete die Stasi-Bezirksverwaltung in Rostock am 20. Oktober 1989 an die Ministeriumsspitze nach Ost-Berlin. Zwei Tage zuvor habe ein betrunkener sowjetischer Soldat in Mukran eine Maschinenpistole mit zwei Magazinen und 60 Patronen einem Rangierleiter zum Kauf angeboten – 500 Mark habe er dafür verlangt.

Zeitzeugenberichten zufolge führte der hohe Anteil von Kadern in Mukran selbst Monate nach der Maueröffnung bei vielen Beschäftigten nicht zu der Erkenntnis, dass die DDR bald Geschichte sein würde. Bis in den Juni 1990 hätten vielen Eisenbahner und Hafenarbeiter am System festgehalten. „Die Leute haben gar nicht glauben wollen, dass die Wende vollzogen ist", berichtete Jürgen Zier, Oberinspektor für gefährliche Güter in Mukran. „Viele sind bis in den Mai und Juni in der Partei geblieben und haben ihren Parteibeitrag bezahlt."

Ein Blick auf die andere Seite: Der Fährhafen von Klaipėda

In Klaipėda entstand der neue Fährhafen auf dem Gelände des alten Floßhafens.

Die Schiffe aus Mukran erreichten den Hafen von Klaipėda nach einer 273 Seemeilen und 20 Stunden langen Fahrt über die Ostsee. Das ehemalige deutsche Memel am Nordende des Kurischen Haffs gehörte zur Litauischen Sowjetrepublik. Den Hafen hatten die Behörden wegen seiner strategischen Bedeutung und der Werften weitgehend zum Sperrgebiet erklärt. Da er auch im Winter meist eisfrei bleibt, zählt Klaipėda noch heute zu den bedeutendsten Ostseehäfen. Klaipėda gehörte zu den sieben Standorten, die die Sowjetunion für die Fährverbindung untersucht hatte. Im Rennen waren außerdem Tallinn, Riga, Liepaja, Ventspils und Kaliningrad mit seinem Vorhafen Baltijsk und das benachbarte Jantarny.

Für den Fährverkehr hatten die Sowjets in Klaipėda im ehemaligen Floßhafen eine Gleisanlage mit Rampen errichtet, die mit denen in Mukran baugleich waren. Die jeweils 45 Meter langen und 470 Tonnen schweren Zwei-Etagen-Brücken für die Verladung der Züge waren beim VEB Stahlbau Dessau der Deutschen Reichsbahn produziert und per Schlepper nach Litauen geschafft worden. Auch die gewaltigen Portale kamen auf dem Seeweg nach Klaipėda. Das Spezialschiff „Brocken" transportierte sie im November 1985 dorthin. Die Montage der Fährbrücken in Mukran und Klaipėda im April 1986 war bereits im Jahr zuvor terminiert worden. Der Beginn der Arbeiten war „zu Ehren" des gleichzeitig stattfindenden XI. SED-Parteitages geplant.

Die Liegeplätze für die Fähren wurden am 3. Oktober 1986 mit festlichem Zeremoniell eingeweiht, als die „Mukran" zum ersten Mal im Linienverkehr in Klaipėda eintraf. An den Feierlichkeiten nahm auch eine Delegation von Offiziellen aus Mukran teil. Die Männer hatten am Tag zuvor erst auf Rügen die „Mukran" feierlich verabschiedet, fuhren dann zu einer Feierstunde nach Prora in den alten Kinosaal des KdF-Komplexes und feierten danach im Kurhaus Binz weiter. Im Anschluss daran flog die Gruppe nach Palanga in der Nähe von Klaipėda, um dort den Empfang der „Mukran" mitzuerleben.

Die Anlagen in Mukran und Klaipėda waren in weiten Teilen baugleich, die nautischen Verhältnisse in den Häfen unterschieden sich jedoch erheblich voneinander. Der Tiefwasserhafen von Mukran liegt am offenen Meer, in Klaipėda erreichten die Schiffe erst nach einer knapp einstündigen Revierfahrt durch den langgestreckten Hafen die Anlegestelle. Dort herrschten Bedingungen wie in einem Binnenhafen. Die Schiffsbewegungen vor dem Anlegen waren in Klaipėda und Mukran weitgehend identisch: Die Fähren fuhren in den Hafen hinein, wendeten vor der Pier und manövrierten rückwärts an den Liegeplatz heran.

Der Rangierbahnhof Draugyste („Freundschaft") liegt knapp zwei Kilometer vom Hafen entfernt und stand unter der Regie der Pribaltischen Eisenbahn, einem Ableger der sowjetischen Staatsbahn SZD. Anlagen zum Umladen oder Umspuren, wie sie mit großem Aufwand in Mukran errichtet worden waren, benötigte man hier nicht. In Klaipėda fuhr die Eisenbahn ausschließlich auf der heimischen Breitspur. In Draugyste wurden lediglich die Züge zusammengestellt.

Auch in Klaipėda drehten die Schiffe vor dem Anlegen.

Für die insgesamt 43 Kilometer langen Gleisanlagen zwischen dem Südrand der Stadt und dem Kurischen Haff hatten Bauarbeiter eigens eine einen Kilometer lange und etwa 300 Meter breite Landzunge aufgeschüttet. Die Planungen sahen vor, dass im neuen Fährkomplex etwa 1.000 Menschen arbeiten sollten.

Zu den Innovationen der Verbindung zwischen Mukran und Klaipėda zählte der Einsatz eines für damalige Zeiten hochmodernen Computersystems mit Direktleitung zwischen beiden Häfen, das vom Zentralen Forschungsinstitut des Verkehrswesens in Leipzig ausgearbeitet worden war und 6,2 Millionen Mark gekostet hatte. Das „Rechnergestützte Informationssystem im Fährkomplex Mukran“ (Rismu) sollte in Mukran Vorbereitung, Durchführung und Abrechnung des Umschlages erleichtern und für die Disposition des gesamten Betriebes sorgen. Dazu gehörten auch der Fährbetrieb und das Umspuren der Bahnwagen von der russischen auf die europäische Spurweite oder umgekehrt. Das Gegenstück in Klaipėda trug den Namen ASL Parom. Um die geheime Kommunikation sicherzustellen, wurde im Fährhafen eine Chiffrierstelle eingerichtet, die mit zunehmendem Militärverkehr immer mehr genutzt wurde. Zuständig für die Einrichtung und den Betrieb war die Reichsbahndirektion Greifswald.

Rismu gewährleistete eine kontinuierliche Wagenüberwachung, errechnete Staupläne sowie statistische Daten und erleichterte die Abrechnung. „Ohne Rismu ist die gegenwärtige und zukünftige Leistung des Fährkomplexes nicht realisierbar“, schrieben die Planer der Reichsbahn. Das System spare 89 Arbeitskräfte ein und gewährleiste den Transport von 30 Prozent mehr Güterwagen im Vergleich zu den Schwarzmeerfähren oder dem westlichen Railship-II-System. Ohne Rismu, das bis

1988 in drei Schritten ausgebaut wurde, würde die Bearbeitung sämtlicher Fracht- und Übergabedokumente 20 bis 24 Stunden dauern. Stolz schrieb die Leitungsrunde des stellvertretenden Verkehrsministers Heinz Rentner im April 1986: „Zu diesem erstmalig in der DDR entwickelten komplexen Informationssystem für den Fährkomplex Mukran gibt es international kein vergleichbares System." Rismu erleichterte auch der Hafenfeuerwehr die Arbeit, die bei Bränden sofort auf Informationen über die Ladung zugreifen konnte.

Zugriff auf die Daten hatten die Reichsbahn, der VEB Kombinat Seeverkehr und Hafenwirtschaft sowie der Zoll, die Spedition VEB Deutrans und die Vertreter der UdSSR. Dem Rechenzentrum in Klaipėda meldete Rismu, welche Güter auf dem Weg über die Ostsee waren und demnächst entladen werden mussten. Die Hafenchefs waren zusätzlich per Telefonstandleitung miteinander verbunden. Auch die Nutzung der Datenübertragung über das internationale Satellitensystem Inmarsat und Horizont sollte geprüft werden. Inmarsat bestand aus elf geostationären Satelliten und sollte vor allem die Kommunikation in der Seefahrt erleichtern und für mehr Sicherheit sorgen. Die DDR trat dem System aus Kostengründen jedoch nur zögerlich bei.

Auch für die Schiffsführungen war Rismu ein nützliches Instrument. Das System lieferte die Stabilitätsberechnungen und den Standort eines jeden einzelnen Wagens an Bord. Die Reichsbahn hatte beim Rangieren darauf zu achten, dass die Pläne eingehalten werden konnten, um die Stabilität des Schiffes zu garantieren und starke Neigungen zu vermeiden. Die Krängungsausgleichsanlage war nur in der Lage, ein Übergewicht auf einer Seite von 200 Tonnen auszugleichen. Neigte sich die Fähre beim Beladen zu sehr zur Seite, wären schwere Schäden an den landseitigen Ladebrücken die Folge gewesen, die mit dem Deck des Schiffes verbunden war.

Bei der Ausstattung hatten die Planer darauf zu achten, möglichst keine Technik aus dem „Nichtsozialistischen Wirtschaftsgebiet" (NSW) zu importieren und den Bedarf aus der eigenen Produktion zu decken. Bis auf den Datenfunk lieferte die DDR-Computerfabrik VEB Robotron die Komponenten, zu denen 50 Bildschirmterminals, vier Basisrechner und Drucker gehörten. „Die NSW-Unabhängigkeit der angeführten Gerätetechnik ist gewährleistet", hieß es in einem Bericht vom September 1983.

Die 200.000-Einwohner-Stadt Klaipėda gehört heute zu Litauen, das am 11. März 1990 seine Unabhängigkeit von der Sowjetunion erklärte. Von 1993 bis 2006 wurde der Hafen der Stadt vollständig modernisiert, er gilt heute als wichtigster maritimer Verkehrsknotenpunkt und bedeutender Wirtschaftsstandort des Landes.

Für den internationalen Fährverkehr stehen mittlerweile moderne Terminals in der Nähe der Innenstadt zur Verfügung. Der alte Hafenabschnitt, in dem die Schiffe aus Mukran ankamen, wurde stillgelegt und soll abgerissen werden (Stand Januar 2023).

Krieg auf Rügen!
Die Planungen für den Ernstfall

Die NVA-Soldaten, die in Prora ausländische Offiziere ausbildeten, gehörten zur der „Besonderen Gruppierung", die Rügen verteidigen sollte.

Die Fährverbindung zwischen der DDR und der UdSSR mit dem Hafen Mukran gehörte für beide Länder zu den strategisch bedeutsamsten Verkehrswegen in der zweiten Hälfte der 1980er-Jahre. Im Falle eines Krieges hätte die Verbindung eine wichtige Rolle für den Transport von Waffen und Truppen spielen sollen, so hatten es die Militärs vorgesehen. Daher dürften umfangreiche Pläne vorgelegen haben, wie die Häfen, Schiffe und Transportwege bei einer militärischen Auseinandersetzung mit der Nato genutzt worden wären. Die Quellenlage ist jedoch außerordentlich schwierig. Alle aussagekräftigen Dokumente der „Bruderarmeen" mussten nach Auflösung des Warschauer Vertrages an Moskau zurückgegeben werden. Außerdem vernichtete die Führung der Nationalen Volksarmee der DDR in Absprache mit den Sowjets wichtige operativ-technische Unterlagen für „sensitive Technik" oder übergab sie ebenfalls dem sowjetischen Militär.

Nur wenige Dokumente und Berichte von Zeitzeugen liefern Informationen darüber, was auf Rügen während eines Krieges geschehen wäre. Fest steht, dass die Insel wegen ihrer geografischen Lage einen hohen Stellenwert bei den militärischen Planungen einnahm. Der Ex-NVA-Offizier Fritz Minow schrieb: „Bei der operativen Vorbereitung des nördlichen Territoriums der DDR als Kriegsschauplatz nahmen die Insel Rügen und das angrenzende Küstenvorfeld stets einen besonderen Platz in den Plänen ein."

Der Militärwissenschaftler und Ex-NVA-Oberst Siegfried Lautsch berichtete, dass die Nationale Volksarmee für die Verteidigung der Insel Rügen eine „Besondere Gruppierung" gebildet hätte. Sie hätte ihre Einheiten im Raum Putbus konzentrieren sollen, um die flachen Küstenabschnitte zwischen Mukran und Binz sowie zwischen Glowe und Juliusruh zu verteidigen. Die Militärs der NVA und der Sowjetunion rechneten damit, dass die amerikanische Marineinfanterie, unterstützt von See- und Luftlandeeinheiten, Rügen und andere Küstenstreifen attackieren würde. Darüber hinaus sollte die „Besondere Gruppierung" taktische Luftlandungen des Feindes verhindern und den Fährhafen sowie den Rügendamm sichern. Der Einsatz der Gruppierung wurde im Februar 1988 bei der Kommandostabsübung „Sewer-88" trainiert.

Lautsch, der die operative Planung bei der fünften Armee mit Sitz in Neubrandenburg leitete, vermutete, dass auch polnische Luftlandeeinheiten die NVA auf Rügen unterstützt hätten. Um Angriffe von der Seeseite abzuwehren, wäre der Hafen mit Unterstützung der polnischen Seekriegsflotte und der baltischen Flotte der UdSSR blockiert worden. Sie bildeten gemeinsam mit der Volksmarine die „Verbündeten Ostseeflotten", die im Kriegsfall als „Vereinte Ostseeflotte" gekämpft hätten. Bei einer Invasion der DDR hätte Polen die sogenannte Küstenfront gebildet, die Streitkräfte der DDR und UdSSR hätten sich zur „1. Westfront" zusammengeschlossen. Geübt hatten die Militärs dieses Vorgehen bereits beim Stabstraining „Ikarus" im Jahr 1984.

Das Kommando über die „Besondere Gruppierung“ hätte der Leiter der Offiziershochschule „Otto Winzer“ in Prora mit seinen Offizieren und dem Personal der benachbarten militärtechnischen Schule „Erich Habersaath“ übernommen. Die Hochschule befand sich in direkter Nachbarschaft zu Block V, in dem die Bausoldaten kaserniert waren. Die Einrichtung war als Lehr- und Ausbildungsbasis für 550 ausländische Militärkader 1981 gegründet worden. Für den Ernstfall lag ein „Plan der Überführung der Offiziershochschule Otto Winzer vom Friedens- in den Kriegszustand“ vor. Mitglieder der Offiziershochschule, der benachbarten militärtechnischen Schule sowie Teile des Pionierbaubataillons hätten gemeinsam die 3.000 bis 4.000 Mann der „Besonderen Gruppierung“ geführt.

„Eine zusammengewürfelte Truppe“, sagte Generalleutnant a. D. Artur Seefeldt, der die Schule vom 1. November 1986 bis zum 30. September 1990 leitete. Als Material standen Panzer, Geschütze und Lastwagen zur Verfügung, die im Alltagsbetrieb als Lehrfahrzeuge dienten oder eingelagert waren. 1987 hätte die Schule zehn Artilleriegeschütze, sieben Panzer, einige Lastwagen und ein Flugabwehrgeschütz für den Kampf um Rügen bereitstellen können. Knapp 240 Mann hätten zur Verfügung gestanden, die Hälfte davon waren Offiziere.

Der Marine wäre die Aufgabe zugefallen, die Bucht vor Sassnitz abzuriegeln. Für die Luftabwehr waren die Flugabwehreinheiten in Neuenkirchen und Dranske zuständig. Sie sollten Angriffe auf Mukran verhindern.

Pläne aus dem Juni 1989 sahen zudem vor, dass Seestreitkräfte die Prorer Wiek südlich von Mukran verminen sollten. Nördlich des Hafens wären Grenztruppen, Volksmarine und Luftverteidigung massiv verstärkt worden, um den Küstenabschnitt zwischen Glowe und Kap Arkona zu sichern. Außerdem hätte die NVA bei Ausbruch einer Krise oder eines Krieges den Hafen Mukran für mindestens sechs Stunden sichern müssen, bis die sowjetischen Truppen eintrafen und ihre Transporte vorbereiten konnten.

In dem Überführungsplan der Offiziershochschule „Otto Winzer“ vom Friedens- in den Kriegszustand aus dem Jahr 1987 war vorgesehen, dass sich bei Auslösung der Gefechtsbereitschaft „während der Dienstzeit“ der Kommandeur und seine Offiziere binnen 20 Minuten in ihren Arbeitszimmern einzufinden hatten. Außerhalb der Dienstzeit hätte zunächst der diensthabende Offizier bis zum Eintreffen des Chefs das Kommando übernommen. An zentral gelegenen Punkten der Insel sollten Lastwagen bereitstehen, um die Soldaten in die Kaserne nach Prora zu fahren. Derlei Einzelheiten waren penibel geregelt, allerdings nur bis zur „vollen Gefechtsbereitschaft/Kriegsgefahr“. Danach wären „Maßnahmen nach besonderer Weisung“ erfolgt. Die Schule wäre aufgelöst worden, die Offiziere und ihre Schüler wären zu den Einheiten der Gruppierung gestoßen.

Die militärischen Stäbe hatten auch einen Plan entwickelt, was bei einer unmittelbaren Bedrohung oder Zerstörung der großen Häfen wie Mukran hätte geschehen sollen: In diesem Falle wären an der Küste „Zeitweilige Umschlagräume“

gebildet worden, um den Transport von Truppen und Material sicherzustellen. Dafür waren kleinere Häfen vorgesehen, in denen das Militär Truppenunterkünfte, Lagerkapazitäten und Eisenbahnanschlüsse vorbereitet hätte.

Die Militärs gingen davon aus, dass dort binnen 24 Stunden 12.000 Tonnen militärischer Ladung umgeschlagen werden können. Greifswald sollte davon 6.000 Tonnen übernehmen, Wismar 4.000 und Barth 2.000.

Die militärische Führung hätte im Ernstfall zudem eine größere Zahl ziviler Schiffe unter ihr Kommando gestellt, zu denen mit hoher Wahrscheinlichkeit auch die Mukran-Fähren gehört hätten. In einer „Geheimen Kommandosache“ der NVA aus dem Sommer 1986 hieß es, dass insgesamt 140 Zivilschiffe, darunter vier Eisenbahnfähren und zwölf Prahme, in die Mobilmachungspläne aufgenommen worden seien und damit in die Volksmarine eingegliedert worden wären.

Die Ostsee gehörte zu den wichtigsten Verkehrswegen bei einem militärischen Konflikt: Der Warschauer Vertrag hätte mit Schiffen der Sowjetunion und der DDR acht Divisionen des Belarussischen Militärbezirks sowie ein Panzerkorps aus Minsk übers Meer in Richtung Westen geschickt.

Der Kapitän des Fährschiffes „Mukran“, Gerhard Thiemann, ging davon aus, dass der Hafen wegen seiner Bedeutung für den Nachschub eines der ersten Ziele bei einem militärischen Schlagabtausch gewesen wäre. Die Fährlinie sei verwundbar gewesen, da die Schiffe auf die Anlagen in Mukran und Klaipėda angewiesen gewesen seien und in anderen Häfen nur begrenzt oder gar nicht hätten eingesetzt werden können. Wie die meisten anderen Zivilschiffe der DDR waren auch die Fähren begrenzt für den Ernstfall ausgerüstet und verfügten über eine militärische UKW-Funkanlage.

Auch die Besatzungen der Fähren selbst sollten gegen Angriffe gewappnet sein. Wie die meisten DDR-Schiffe, die seit den siebziger Jahren gebaut wurden, waren die Aufbauten der Fähren so konstruiert, dass sie luftdicht abgeschlossen werden konnten, um die Mannschaft vor Kampfstoffen oder radioaktiver Verseuchung zu schützen. Die Versorgung mit Frischluft wäre über Filtersysteme erfolgt. „Geübt haben wir den Ernstfall nie“, sagte Thiemann. Zum Glück ist er nie eingetreten.

Mukran und der Abzug der sowjetischen Truppen

Die Fähren transportierten fast die Hälfte der Materials der sowjetischen Streitkräfte.

Mit dem Erfolg der Friedlichen Revolution in der DDR und dem Zerfall der Sowjetunion änderten sich die Rahmenbedingungen für die sowjetischen Soldaten im Land innerhalb weniger Monate. Der Zwei-plus-vier-Vertrag zwischen den vier alliierten Besatzungsmächten und den beiden deutschen Staaten legte am 12. September 1990 fest, dass die Truppen bis Ende 1994 Deutschland verlassen sollten. Ein deutsch-sowjetischer Truppenabzugsvertrag vom 12. Oktober 1990 regelte die Einzelheiten. Der Abtransport von Waffen und Technik sollte laut Artikel IX der Anlage 1 insbesondere über die Fährlinie von Mukran nach Klaipėda erfolgen – jene Verbindung, die für militärische Transporte von Ost nach West konzipiert worden war, übernahm jetzt den Abzug in die Gegenrichtung.

Die Armee stand vor gewaltigen logistischen Herausforderungen: Die Westgruppe der Sowjetunion verfügte nach eigenen Angaben über 4.116 Kampfpanzer, 7.948 gepanzerte und 94.000 normale Fahrzeuge, 3.578 Artilleriesysteme, 615 Hubschrauber, 623 Flugzeuge und 2,6 Millionen Tonnen Material. Hinzu kamen 546.200 Soldaten, Angestellte und Familienangehörige, die in Deutschland stationiert waren. „Im Januar 1991 begann die größte Truppenverlegung zu Friedenszeiten in der Geschichte des Militärwesens", wie die Historiker Ilko-Sascha Kowalczuk und Stefan Wolle schrieben.

Der Oberkommandierende der Gruppe der sowjetischen Streitkräfte in Deutschland, Generaloberst Matwej Burlakow, berichtete in seinen Memoiren von einer „beispiellosen Militäroperation", die die sowjetischen Truppenverlegungen im Zweiten Weltkrieg und den Aufmarsch der alliierten Armeen im ersten Golfkrieg an Aufwand noch übertroffen habe. Fast gleichzeitig erfolgte der Abzug der sowjetischen Truppen aus Polen (Nordgruppe), der ČSSR (Zentralgruppe) und aus Ungarn (Südgruppe). Insgesamt verließen in Europa damit etwa eine Million Soldaten ihre Standorte.

Der Abzug aus der ČSSR und Ungarn verlief aus Sicht der Sowjets reibungslos, zumal beide Staaten unmittelbar an die UdSSR grenzten. Die Verlegung der Einheiten aus der DDR gestaltete sich komplizierter. Zunächst erwog die Armeeführung, 80 Prozent der Transporte aus Deutschland auf dem Landweg abzuwickeln. Die meisten Wagen sollten durch Polen rollen. Erst drei, dann zwei Marschstraßen waren dafür vorgesehen. Sie mussten ausgebaut werden mit kompletter Infrastruktur. Die Offiziere stellten jedoch fest, dass dieser Plan nicht funktionieren konnte. Die Verkehrswege in Polen seien in einem schlechten Zustand gewesen, schrieb Burlakow. Außerdem erhob das Land hohe Gebühren für die Durchfahrtserlaubnis: 16.000 Dollar pro Zug, 180 Dollar für jedes Auto und eine Milliarde Dollar für die Rekonstruktion der Straßen und Schienenwege sollen die Polen von der Sowjetunion gefordert haben. Die Gesamtkosten wären damit immens gewesen. Burlakow sagte, dies seien „räuberische und offensichtlich nicht erfüllbare Forderungen bei der Bezahlung des Transitverkehrs". Auch die ČSSR hatte für den Bahntransit zunächst unannehmbare Forderungen gestellt.

Die Nutzung des Seewegs war die billigere Alternative. Für Soldaten der Landstreitkräfte wie ihn habe die See etwas Beängstigendes ausgestrahlt, hieß es in Burlakows Memoiren. Er habe große Zweifel gehegt, ob ein Kontingent dieser Größenordnung tatsächlich per Schiff transportiert werden könne. Erst im Dezember 1990 hatte er das Kommando über das sowjetische Militär in Deutschland übernommen. Als „Abzugsprofi" hatte man ihn mit Vorschusslorbeeren bedacht, da er schon in Ungarn den Abzug von Soldaten und Material geleitet hatte. Nun musste er nicht nur eine geordnete Transportlogistik über See und Land auf die Beine stellen, sondern auch für Disziplin in der desorientierten Truppe sorgen. „Das Selbstwertgefühl der Soldaten ist erschüttert, und sie sehen in eine in jeder Hinsicht unsichere Zukunft", schrieb Generalmajor Hartmut Foertsch, der als Beauftragter der Bundesregierung und Leiter des deutschen Verbindungskommandos zur Westgruppe der sowjetischen Truppen deren Abzug mitkoordinierte. Diebstähle in den Kasernen, Disziplinlosigkeit bis hin zu Desertionen waren an der Tagesordnung. Die Antwort der sowjetischen Militärführung lautete: „politisch-patriotische Erziehung" – ein anderes Wort für Führung mit harter Hand und die Durchsetzung strenger Sanktionen.

Drei Hafenstädte kamen für den Abzug über See in Frage: Rostock, Wismar und vor allem Mukran. Für Rügen sprachen besonders die Breitspurgleise, die an den anderen Standorten fehlten. Das Material konnte in der Kaserne auf die Wagen geladen und direkt über die Ostsee und Klaipėda zum Bestimmungsort in der UdSSR beziehungsweise Russland transportiert werden.

1990 hatte das Ministerium für Abrüstung und Verteidigung der DDR geprüft, ob sogar der komplette Abzug über Mukran hätte erfolgen können. Zwei Fähren im Dauereinsatz wären dafür notwendig gewesen, die Kosten hätten sich auf 750 Millionen D-Mark belaufen. Dieser Plan wurde zwar nicht umgesetzt, doch nachdem die Bundesregierung am 6. Februar 1991 politische und finanzielle Unterstützung für den Seetransport zugesagt hatte, entwickelte sich Mukran zum größten Umschlagplatz für den Abzug der Sowjetarmee: 43 Prozent des riesigen Materialbestandes verließen Deutschland über den Rügener Hafen. Bei den Truppenteilen, die 1992 abzogen, hatte der Anteil sogar noch höher gelegen: 65 Prozent der Transporte in diesem Jahr übernahmen die Eisenbahnfähren. 20 Prozent wurden über die Häfen Wismar und Rostock verschifft.

Rostock sollte in den kommenden Jahren weitere zehn Prozent des Ladevolumens übernehmen. Dort mussten die Güter jedoch zunächst auf RoRo-Schiffe geladen werden, die nach St. Petersburg oder nach Wyssozk an der Nordostküste des Finnischen Meerbusens fuhren. Hier begann das Prozedere erneut – diesmal vom Schiff auf die Breitspurwaggons. Der Aufwand war im Vergleich zum Umschlag in Mukran erheblich größer. Als die Rostocker Hafenbehörden unerwartet die Gebühren erhöhten, verlegten die Sowjets ihre Transporte zeitweise komplett von Rostock nach Wismar, bis die Preise wieder gesenkt wurden.

Neben den Fähren und RoRo-Schiffen nutzte die Armee vor allem Transitzüge durch Polen und die ČSSR sowie Flugzeuge für ihre Transporte. Die Luftwaffe startete von den Militärflugplätzen in Damgarten bei Rostock, Mahlwinkel bei Magdeburg, Sperenberg südlich von Berlin und Großenhain in Sachsen. Die Züge fuhren über Bad Schandau südlich von Dresden durch die ČSSR oder über Frankfurt (Oder) durch Polen nach Brest und von dort weiter in das Gebiet der früheren Sowjetunion.

In den ersten 17 Tagen des Septembers 1989 wurden von Klaipėda nur 329 beladene und 1.300 leere Waggons verschifft. Das Eisenbahnverkehrsministerium hatte den Transport von 24 beladenen und 151 leeren Waggons täglich geplant. Dann sorgte der Truppenabzug noch einmal für eine Belebung des Fährverkehrs, der 1990 mit dem Ende des Warenaustauschs zwischen der DDR und der Sowjetunion weitgehend zum Erliegen gekommen war. Anfang 1992 lag der Kostendeckungsgrad im Hafen gerade mal bei zehn Prozent

Das Transportvolumen beim Truppenabzug war immens: „Mit dem Beginn des Truppenabzugs auf dem Seeweg begann für die Fähre (...) ein neues Leben“, schrieb Burlakow. „Ich sah die leuchtenden Gesichter der Deutschen, die die Fähre bedienten. Sie hatten wieder einen sicheren Arbeitsplatz.“

Auf den Schiffen achteten die deutschen Besatzungen auf Sicherheit und Sauberkeit. Die persönlichen Handfeuerwaffen der sowjetischen Soldaten wurden während der Überfahrt eingeschlossen, um Schießereien zu verhindern. Ausgehändigt wurden sie in Klaipėda - wenn die Gäste Unterkunftsräume und Toiletten gereinigt hatten. Für den Transport der Mannschaften spielte Mukran jedoch nur eine kleine Rolle. Knapp drei Prozent der sowjetischen Soldaten verließen Deutschland auf dem Seeweg.

Burlakow hatte in Mukran und Rostock zentrale Umschlagpunkte mit Fachleuten eines Verladebataillons unter der Führung von zwei Fregattenkapitänen errichten lassen. Sogenannte Operativgruppen hatten den Auftrag, die Ladung in den Häfen vor Diebstahl und Sabotage zu schützen. Zwischenfälle in Klaipėda hatten die Truppe alarmiert. Auf einer Länge von zwölf Kilometern waren Züge mit Militärgütern ohne Überwachung geblieben. „Sturmtrupps“ hätten sich dort bereichert, hieß es.

Der Zeitplan sah vor, in den Jahren 1991 bis 1993 jeweils 30 Prozent des Kontingents abzuziehen, den Rest im Jahr 1994. Am Beginn des Abzuges stand auf Wunsch der deutschen Regierung zunächst der Transport der atomaren Munition. Mit der Genehmigung des deutschen Verkehrsministers Günther Krause verschiffte die Armee ihre brisante Ladung teilweise über Mukran. Bergungs- und Rettungstrupps, die bei Havarien eingreifen sollten, standen in ständiger Bereitschaft. Burlakow ließ sich kontinuierlich über die Standorte der Züge und ihren Zustand informieren. In der DDR gab es etwa 1.000 Kernwaffen in 21 Lagern.

Zum Zeitpunkt des Abzugs befanden sich auf dem Gebiet der ehemaligen DDR ausschließlich Kurzstreckenwaffen. Transportiert wurden nukleare Sprengköpfe und Artilleriegranaten sowie Atombomben, die für den Abwurf aus Flugzeugen vorgesehen waren. Hinzu kamen Trägersysteme wie Raketen und Fahrzeuge, die in die Sowjetunion gefahren wurden. Deklariert waren die Fahrten als „Gefahrguttransporte", durch Polen als „technisches Gerät mit nuklearer Strahlungsquelle". (s. dazu Kapitel: ***Mukran und die Schiffe im Fokus der Geheimdienste***). Bereits am 24. Juni 1991 sollen sich sämtliche Atomwaffen der Sowjetarmee, die zuvor in der DDR stationiert gewesen waren, wieder in der UdSSR befunden haben.

Über Mukran verließen aber nicht nur Waffen, Fahrzeuge und Soldaten die DDR. Die Truppe hatte den Befehl erhalten, verwendbare Gegenstände aus ihren Garnisonen zu deinstallieren, soweit sie sich transportieren ließen – von der Kloschüssel über den Lichtschalter bis zum Laternenmast. „Ich fordere von den Kommandeuren, sorgsam mit materiellen Werten umzugehen und nach Möglichkeit alles mitzunehmen, weil man praktisch alles am neuen Stationierungsort in Russland gebrauchen könnte", lautete die Anweisung des Oberkommandierenden. Wenn das Material nicht dem eigenen Bedarf diene, könne es zum Tausch eingesetzt werden. Burlakow: „Installiert man zum Beispiel irgendwo tief in Rußland auf einer Dorfstraße eine Beleuchtung auf jenen Betonmasten, von denen es bei jedem unserer Truppenteile in Deutschland hunderte gibt, kann man vielleicht im Gegenzug drei bis fünf Ferkel bekommen". Mittelfristig habe er sich vor allem darum gesorgt, den Soldaten und ihren Familien in der Heimat ein gutes Zuhause bieten zu können.

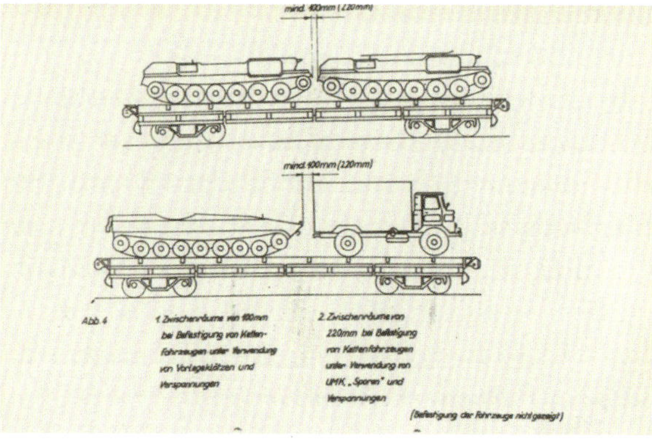

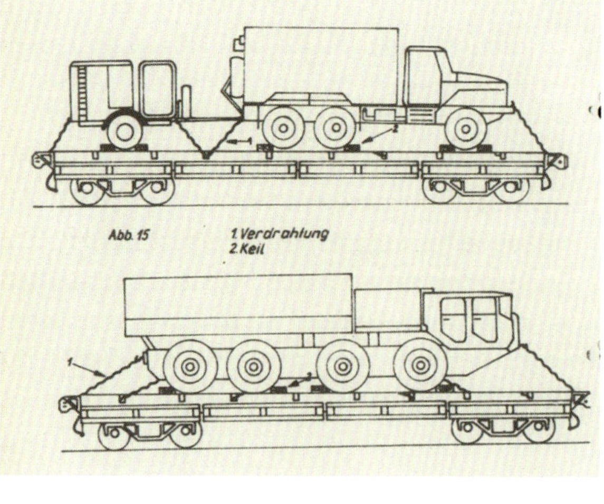

Für den Transport der Militärfahrzeuge auf Eisenbahnwagen und Schiffe galten besondere Sicherheitsregeln.

Die meisten Verbände und Truppenteile zögen aus gut eingerichteten Garnisonen praktisch auf freies Feld. Auch in den sowjetischen Einrichtungen von Mukran wurde eingepackt, was sich abbauen ließ.

Den Abzug finanzierte weitgehend die Bundesregierung. Sie stellte Mittel in Höhe von 15 Milliarden D-Mark zur Verfügung, die zur Hälfte in den Wohnungsbau für die Soldatenfamilien in der Heimat investiert wurden. Material für 36.000 Wohnungen wurde dabei über Mukran verschifft. „Der Fährhafen mit seiner Schienenanbindung nach Stralsund wurde zur perfekt funktionierenden Haupttrasse des Abzugs der WGT (Westgruppe der Truppen) aus Deutschland", schrieb der Historiker Ingo Pfeiffer.

Bereits im Dezember 1990 hatte die Bundesregierung 250.000 Tonnen Lebensmittel, Bedarfsgüter und Medikamente freigegeben, die aus der bis dahin für den Fall einer weiteren Blockade der Stadt eingelagerten Berlin-Reserve und aus Beständen der Bundeswehr stammten. Ein Teil der Güter wurde über die Militärflughäfen Sperenberg und Brand ausgeflogen, für den Transport über Mukran stellte die UdSSR 200 Eisenbahnwagen bereit. 110.000 Tonnen humanitärer Güter wurden mit den Fähren verschifft. In einem Abkommen sicherten die sowjetischen und deutschen Zollbehörden zu, die Abwicklung der Transporte „in einfachster Weise" zu gewährleisten.

Viele der Soldaten waren in sichtlich schlechter körperlicher Verfassung. Heiko Herzig, Wirtschaftshelfer an Bord der „Mukran", berichtete: „Wir haben häufig abends denen tablettweise Stullen geschmiert, weil sie uns einfach leidtaten. Offiziell durften wir das nicht, aber die hatten einfach nichts zu essen."

Die sowjetischen Truppen feierten 1994 mit militärischem Zeremoniell das Ende des Abzugs über Mukran.

Die Bundeswehr war während des Abzugs mit einer eigenen Einheit im Fährkomplex vertreten. Sie unterstand dem Verbindungskommando zu den sowjetischen Streitkräften. Im Juni 1992 trafen sich dort Transportspezialisten der Streitkräfte und berieten über die Kapazitäten, die für den Abzug zur Verfügung standen. Dabei kam erneut ein Problem zur Sprache, das seit der Anfangsphase des Fährbetriebs immer wieder aufgetreten war: der Mangel an Breitspurgüterwagen, die aus Klaipėda nach Mukran verschifft werden sollten. Zum Zeitpunkt des Treffens fehlten 160 Wagen für den Transport von 3.100 Tonnen Munition.

Nach dem Besuch wandte sich die Bundeswehr an das Oberkommando der sowjetischen Streitkräfte mit der Bitte, die Munitionstransporte besser zu überwachen. Bundeswehr und Mitarbeiter hatten festgestellt, dass Waggons mit dieser brisanten Ladung unbewacht abgestellt worden waren.

Die Offiziere und die Leitung des Hafens gingen davon aus, dass täglich 52 Güterwagen sowjetischer Breitspur umgeachst und weitere 15, mit Munition beladene Wagen umgeladen werden können. Hinzu kämen zwei bis drei Züge mit Mannschaften und Gerät sowie die Umschlagkapazitäten in den Hallen und auf den Freiflächen mit ihren Kränen.

Was im Umschlag des Fährkomplexes beim Abzug bewegt wurde, war der Reichsbahn und der Seereederei und damit ihren Mitarbeitern nicht immer klar, weil sich die sowjetischen Truppen mit Informationen zurückhielten oder falsche Informationen lieferten. So erreichte das Bonner Wirtschaftsministerium im September 1991 die Nachricht der Deutschen Seereederei (DSR) über einen Transport, bei dem die WGT „Schwarzpulver, gepreßt oder als Pellets“ angemeldet hatte. „Tatsächlich wurden in den Waggons Bomben, Artilleriemunition, Panzerminen etc. transportiert. Auf Grund dieser Angaben ist die DSR-Stauplanzentrale nicht in der Lage, das sichere Stauen und Trennen der Waggons auf der Fähre zu gewährleisten“, hieß es weiter in dem Schreiben. Der Absender wies auf eine „ernsthafte Gefahr“ hin.

Schwere Sicherheitsmängel hatte die DSR bereits im April 1991 bei einer Inspektion in Mukran festgestellt. Darin wurden „grobe Verstöße gegen Verpackungsvorschriften“ und zerstörtes oder nicht geeignetes Verpackungsmaterial für die Gefahrgüter festgestellt. Sprengstoffe und Zünder aus Panzerminen seien kombiniert transportiert worden.

Am 30. Juli 1994 verließen die letzten Soldaten den Hafen von Mukran mit der Fähre „Greifswald“. Eine feierliche Zeremonie begleitete den Abschied. Gegen 13 Uhr verabschiedete Generaloberst Matwej Burlakow die Soldaten, die an der Pier und an Bord angetreten waren. In knapp vier Jahren hatten die Fähren beim Abzug bis zu diesem Tag 1.560 Überfahrten geleistet. 57.000 Eisenbahnwaggons mit mehr als 1,3 Millionen Tonnen militärischen Geräts wurden verschifft. Die Kommandantur in Mukran war die letzte, die Deutschland verließ. Der Beauftragte für den deutsch-russischen Aufenthalts- und Abzugsvertrag der deutsch-russischen

Kommission, Claus Jürgen Duisberg, konnte später feststellen: „Der Abzug wurde weitgehend nach Plan und mit großer Disziplin vollzogen.“

Die Bilanz des Abzugs, die Eisenbahner und Seeleute ziehen konnten, war beeindruckend:

- 43,4 Prozent aller Transporte gingen über Mukran
- 43,7 Prozent per Eisenbahn durch Polen.
- 8,7 Prozent über die anderen Seehäfen
- 4,2 Prozent per Eisenbahn über die Tschechoslowakei

Zwischen dem 1. Januar 1991 und dem 31. Juli 1994 fuhren 144.000 Güterwagen mit Material der WGT, davon 62.458 über Mukran. Davon mussten 15.077 umgeachst werden.

Die Bahnen transportierten außerdem 130.600 Container für Umzugsgüter.

Mukran nach der Wende

Weite Teile des Gleisnetzes wurden demontiert, um die Rohre für die Nord Stream-Pipelines zu lagern.

Ganz oben unter dem Dach steht der Gruß eines Sowjetsoldaten aus der sibirischen Altai-Region. „Hallo Landsleute!“, hat er auf Russisch in die gekalkte Wand geritzt. Ein paar Zentimeter weiter schrieb ein Soldat namens Wasjok aus der Stadt Ufa die Buchstraben und Zahlen „DMB 92“ in das Wartehäuschen auf dem Bahnhof von Mukran auf Rügen. Für Wasjok war es mit Sicherheit ein Tag der Freude: Die Abkürzung DMB steht für „Demobilisazija“, das Ende des zweijährigen Wehrdienstes in der sowjetischen beziehungsweise russischen Armee.

Züge halten heute an der kleinen Haltestelle nicht mehr, in der Soldaten aus der gesamten Sowjetunion ihre kurzen Botschaften hinterließen. An der Wand hängt noch ein Fahrplan der DDR-Reichsbahn. Die Spalten mit den Abfahrtzeiten und den Zielbahnhöfen sind leer. Davor erobert die Natur den Bahnsteig. Gräser durchbrechen den Beton. Auch das schwarz-weiße Schild mit der Aufschrift Mukran-Mitte stammt noch aus DDR-Zeiten. Zu Beginn der neunziger Jahre war dies die letzte Station Tausender sowjetischer Soldaten, bevor die Züge zum nahen Hafen und auf die Eisenbahnfähren in Richtung Osten rollten.

Auch auf der anderen Seite des Fährkomplexes blieben nach der Wende Relikte der untergegangenen DDR erhalten. Journalisten des NDR entdeckten in einem Zollgebäude nahe der Grenzübergangsstelle eine ganze Etage, die angeblich für die Staatssicherheit reserviert und mit vergitterten Fenstern gesichert war. Dort sollen Stasi-Mitarbeiter in Zolluniformen gearbeitet und eine große Anhörzentrale für den Telefonverkehr betrieben haben. Außerdem waren von hier aus direkte Verbindungen zur NVA und zur sowjetischen Armee möglich, die besonders bei Militärtransporten genutzt wurden. Außerdem fanden NDR-Journalisten und der Autor in den neunziger Jahren auf Fähren Einrichtungen für den Truppentransport. Teilweise waren die Etagenbetten für die Soldaten noch vorhanden. Taucher suchten an der Pier nach Spuren von U-Bootbunkern, von denen gerüchteweise immer wieder die Rede war. Sie konnten jedoch keine Hinweise finden.

Nach dem Ende der DDR und der UdSSR brach der Verkehr auf der Fährlinie weitgehend zusammen, lediglich der Abzug der sowjetischen Armee brachte noch einen kurzen Aufschwung. Große Träume wie beispielsweise 1991 der Bau einer Dependance der Meyer-Werft Papenburg in Mukran erfüllten sich nicht. 1.200 Arbeitsplätze wollte das Unternehmen auf einer 60 Hektar großen künstlichen Insel schaffen. Im Juni 1992 verzichtete man jedoch auf die Realisierung des umstrittenen Projekts. Zur Entscheidung des Werft-Chefs Bernard Meyer dürften die massiven Proteste von Umweltschützern beigetragen haben. Im selben Jahr übernahmen die Stadt Sassnitz und das Land Mecklenburg-Vorpommern von der Deutschen Seereederei Rostock den Hafen.

In den fünf Jahren seit der Eröffnung hatten die Fähren insgesamt 9,04 Millionen Tonnen Güter befördert. 1989 waren es noch 3,1 Millionen Tonnen und damit der höchste Wert seit Eröffnung gewesen, 1991 wurden nur noch 1,35 Millionen umgeschlagen, 1992 nur noch 463.000. Besonders stark fielen die Rückgänge bei den Hauptgutarten Holz und Metall aus. Transporte mit diesen Gütern gingen auf nahezu null zurück.

Der Verkehr verlagerte sich zunehmend von Eisenbahnwagen auf Lastwagen und Trailer. Um die Ladedecks befahrbar zu machen, wurden die Zwischenräume zwischen den Schienen zunächst provisorisch mit 75 Millimeter hohen Metallplatten oder Holzbohlen ausgelegt – so wie es auch ein Szenario für den Kriegsfall vorgesehen hatte. Die Besatzung sprachen vom „Ausfluren". Die Bohlen lagen an Land bereit. Erst nach und nach wurden die Schiffe für den Lkw-Transport umgebaut.

Ein Einsatz der deutschen Schiffe im Golf-Krieg 1990/91 blieb den Besatzungen erspart. Eine hochranginge Militärdelegation hatte an Bord geprüft, ob die Fähren für Transportaufgaben eingesetzt werden können. Doch die Maschinen erfüllten damals nicht die technischen Voraussetzungen, weil das warme Meerwasser an den Golfküsten nach dem damaligen Stand der Technik nicht zur Kühlung eingesetzt werden konnte.

Die „Arbeitsgruppe Staatlicher Leiter - Fährverkehr DDR-UdSSR" tagte am 29. Mai 1990 zum 76. und letzten Mal. Danach löste sie sich das Gremium auf, das seit 1982 den Aufbau des Hafens und der Linie geleitet hatte. Die Mitglieder der Arbeitsgruppe gingen davon aus, dass das Investitionsvorhaben 1993 beendet sein werde. Die Führung sollte die Reichsbahndirektion Greifswald übernehmen. Die Ferienheime Völkerfreundschaft, Fortschritt und Glück wurden geräumt. Die Arbeiter zogen aus, die Räume waren wieder für Feriengäste frei.

Die Deutsche Bahn nutzt die freien Gleise in Mukran für das sogenannte Stillstandsmanagement.

Auch die Arbeit des internationalen Fährausschusses ging dem Ende zu, Das Gremium hatte sich seit dem Start des Projekts regelmäßig unter der Leitung der beiden Direktoren der Reedereien, Artur Maul (DSR), und Alfonsas Ramanauskas (LISCO) getroffen. Weitere Teilnehmer waren der Präsident der Reichsbahndirektion Greifswald, Wolfhard Noack, Fährhafendirektor Lutz Reimann, der Leiter des Fährhafens in Klaipėda, Vytautas Vaicekauskas sowie ein Vertreter des Eisenbahnministeriums in Moskau und Präsident Moschenko von der Pribaltischen Eisenbahn mit Sitz in Kaliningrad.

Seit 1989 war es wegen der Unabhängigkeitsbestrebungen in dem Gremium zu Spannungen zwischen den litauischen und den russischen Vertretern gekommen. Seitdem sich Litauen am 11. März 1990 als erste Unionsrepublik der Sowjetunion für unabhängig erklärt hatte, nahmen die AG-Mitglieder aus Russland immer seltener an den Sitzungen teil.

1998 wurde der Fährverkehr vom Sassnitzer Stadthafen in den Ortsteil Mukran verlegt.

1992 legten die Deutsche Bundesbahn und die Deutsche Reichsbahn eine Untersuchung mit dem Titel „Fährkomplex Mukran – aktueller Sachstand – Entwicklungsmöglichkeiten“ vor. Die Autoren gingen davon aus, dass keine Stilllegungen im Normalspurbereich erfolgen sollten, da die Anlage bei den über den Hafen Mukran zu erwartenden Neuverkehren mit seiner vollen Kapazität benötigt werde. Ein Optimismus, der sich nicht bestätigte. Geplant war außerdem die Erweiterung des Breitspurverkehr mit der Gemeinschaft unabhängiger Staaten (GUS), einem Zusammenschluss mehrerer ehemaliger Sowjetrepubliken, und Finnland.

Die Analyse zitierte ein Gutachten, das vom Bundesverkehrsministerium in Auftrag gegeben wurde. Demnach seien bis zum Jahr 2.000 Transportleistungen von 2,5 Millionen Tonnen zu erwarten. Die Bahnen und der Hafen hätten bereits umfangreiche Aktivitäten für die Akquise neuer Kunden gestartet. Außerdem sei eine Studie in Auftrag gegeben worden, um den Fährverkehr vom Sassnitzer Stadthafen nach Mukran zu verlegen.

Am 25. Februar 1992 trafen sich die Verkehrsminister der Bundesrepublik und Litauens und unterzeichneten ein „Memorandum of Understanding zur Eisenbahnfährverbindung Mukran-Klaipėda“. In einem weiteren Memorandum des deutschen Verkehrsministers mit seinem Kollegen für Eisenbahnwesen aus Russland hieß es: „Beide Seiten unterstrichen die Bedeutung des Fortbestands der Eisenbahnfährverbindung Mukran-Klaipėda, deren wirtschaftliche Ergebnisse zur Zeit unbefriedigend sind, im Interesse der zuverlässigen Beförderung von Gütern zwischen der Bundesrepublik Deutschland und der Russischen Föderation und im Transit durch dritte Länder.“

Auch Mecklenburg-Vorpommerns Ministerpräsident Bernd Seite erklärte 1992, das Land messe der Entwicklung des Fährhafens Mukrans große Bedeutung zu. Mehrere Reedereien hätten ihr Interesse am Standort Mukran ernsthaft bekundet. Eine Arbeitsgruppe unter der Leitung des Bundesverkehrsministeriums prüfe, wie der Hafen umstrukturiert werden müsse, um die Chancen des wachsenden Fährverkehrs im Ostseeraum zu nutzen. Die Kapazität der Anlage liege bei maximal fünf Millionen Tonnen pro Jahr, hieß es in der Untersuchung. Beim Export konnten die Ausfälle durch neue Verkehre und den Rücktransport der sowjetischen Truppen teilweise kompensiert werden. Der Anteil der Militärtransporte lag 1992 bei 79,5 Prozent.

Als größte Konkurrenz für die Transporte über Mukran listete das Gutachten den Lkw-Verkehr mit seinen sehr niedrigen Kosten sowie die Schienenwege über Polen und Tschechien, die Seeschifffahrt und die Eisenbahnfährlinie von Travemünde nach Finnland (Railship) auf. In den Gutachten weisen die Autoren auf die Bedeutung der gemeinsamen Marktaktivitäten der Eisenbahnen mit der Deutschen Seereederei hin.

1994 wurden alle RoRo- und Fährverkehre in der 100-prozentigen DSR-Tochter Euroseabridge gebündelt, auch die Fähren „Mukran“ und „Greifswald“ gehörten dazu. 1993 hatte auf der Stettiner Werft Gryfia der Umbau der „Greifswald“ begonnen, die für den Transport von Lastwagen und Passagieren ausgerüstet wurde. Am 12. April 1994 waren die Arbeiten beendet und Kapitän Reinhard Müller übernahm das Kommando. Er war bereits seit 1988 an Bord. Gemeinsam mit den Schiffen der litauischen Lisco fuhren die „Greifswald“ und die „Mukran“ auf der Linie Mukran-Klaipėda.

1995 folgte der Umbau der „Mukran“ auf der Schiffsreparaturwerft in Danzig. Auch ihre Passagierkapazitäten wurden erheblich erweitert. Außerdem erhielt die Fähre eine neue Heckrampe, die auch ein Anlegen außerhalb von Mukran und Klaipėda ermöglichte. Statt der erwarteten 14,7 Millionen kostete der Umbau 18 Millionen Mark. Fortan hieß das Schiff „Petersburg“ und fuhr zunächst zwischen Travemünde und St. Petersburg. Ein Jahr später verkaufte Euroseabridge die „Greifswald“ und die „Petersburg“.

Der regelmäßige Liniendienst nach Klaipėda wurde nach dem Abzug der sowjetischen Truppen immer weiter ausgedünnt. Trafen Güterwagen in Mukran ein, kamen die einzigen deutschen Breitspurloks zum Einsatz. Das Reichsbahnausbesserungswerk „Wilhelm Pieck“ in Karl-Marx-Stadt (heute Chemnitz) hatte diese Diesellokomotiven der Baureihe 105/106 gebaut.

Die „Vilnius“, zeitweise „Vilnius Seaways“ und ihre vier Schwesterschiffe wurden zunehmend auf anderen Linien eingesetzt. Die „Vilnius“ fuhr im Liniendienst auf dem Schwarzen Meer zwischen Constanza in Rumänien und Batumi in Georgien und ist heute zwischen Algeciras bei Gibraltar und Tanger (Marokko) unterwegs.. Die „Kaunas“ pendelte unter litauischer Flagge zwischen Kiel und Ust Luga bei Sankt Petersburg. Danach fuhr das Schiff, wie zuvor die „Vilnius“, zwischen Karasu in der Türkei, Chornomorsk in der Ukraine sowie

Varna in Bulgarien. Auch die „Greifswald“ war auf dem Schwarzen Meer unterwegs und verband Chornomorsk mit Batumi in Georgien. Die Verkehre mit dem Hafen Chornomorsk wurden mit dem Beginn des russischen Angriffskriegs gegen die Ukraine 2022 eingestellt.
Die einstige „Mukran“ fuhr viele Jahre als „Petersburg“, verkehrte zwischen den russischen Häfen Ust Luga und Baltijsk (früher Pillau) im Kaliningrader Gebiet und sollte ab 2019 als „Odeep one“ unter der Flagge Panamas zur Trinkwassergewinnung aus Salzwasser eingesetzt werden. Das Projekt scheiterte jedoch. 2021 erhielt das Schiff den Namen „Lotus“ und wurde in Indien verschrottet.
Die „Klaipėda“ wurde 2006 in „Celtic Mist“ umbenannt, hieß von 2007 bis 2010 „Saronic Star“ und verkehrte dann unter dem Namen „Tulip“. Seit 2011 hieß das Schiff „Ruzgar“ und verband das italienische Bari mit der Insel Korfu und dem Hafen von Igoumenitsa in Griechenland. Als „Aziz Express“ fährt das Schiff heute unter der Flagge Saudi-Arabiens zwischen Digna im Sudan und Dschidda in Saudi-Arabien (Stand Januar 2023).

1991 erhielten alle Fähren der Linie Mukran-Klaipėda einen Eintrag ins Guinness-Buch der Rekorde – als größte Eisenbahnfähren der Welt. Der Liniendienst von Mukran nach Klaipėda wurde im Jahr 2016 eingestellt. Bereits 1995 wurde der Robotron-Großrechner RISMU abgeschaltet und wird seitdem im Heinz-Nixdorf-Museum in Paderborn ausgestellt.

Es wirkt wie eine Ironie der Geschichte, dass zwei der ehemaligen DDR-Schiffe ihren ersten Kriegseinsatz unter der Regie der Bundeswehr absolvierten: Die „Petersburg“, ehemals „Mukran“, transportierte im März des Jahres 1999 Kampfpanzer von Cuxhaven nach Griechenland, die wenige Monate später beim Einmarsch der Nato im Kosovo eingesetzt wurden.

Die „Greifswald“ fuhr später auch Transporte für die britische Armee in Richtung Balkan. In einem britischen Hafen bei Southampton holte die Besatzung Container mit Technik, Munition und vier Rangierloks ab, die für den Einsatz im Kosovo-Krieg vorgesehen waren, und löschte die Ladung im griechischen Hafen von Thessaloniki. Für die Loks wurden Normalspurgleise auf den Ladedecks montiert.

Am 31. Januar 1996 kam es im Hafen von Mukran zu einer Havarie. Gegen 7.30 Uhr kollidierte die „Klaipėda“ während eines Drehmanövers im vereisten Hafen mit dem Betonkopf der Fingerpier. Dabei wurde das auf einem Betonturm stehende Leuchtfeuer auf der Pier zerstört. Der Schaden belief sich auf rund 360.000 D-Mark. Am Bug des Schiffes entstanden leichte Schäden. Das Seeamt in Rostock machte den Kapitän für das Unglück verantwortlich. Er habe das Tempo des Schiffes nicht dem 20 Zentimeter dicken Eis angepasst.

Heute kommen manchmal Eisenbahnfreunde zum Fährhafen, die an Wochenenden mit der Digitalkamera Reichsbahn-Nostalgie festhalten wollen, aber zumeist von einem Sicherheitsdienst vertrieben werden. Schaffen sie es aufs

Gelände, treffen sie nur selten Rangierer und Arbeiter zwischen den Stellwerken, Betonstraßen und Gleisen. Die meisten der großen Hallen mit den Breitspur- und Normalspurgleisen, in denen die Güter umgeladen wurden, sind abgeschlossen. Sie tragen noch immer den typisch gelblich-bräunlichen DDR-Anstrich.

In der früheren Hafenkantine „Vilnius" und den großen Verwaltungsgebäuden hängen noch die Gardinen an den Fenstern. Die Gleise unter den Kränen nutzt die Deutsche Bahn als Parkplatz für eine Flotte von ausgemusterten Lokomotiven, die unter freiem Himmel vor sich hin rosten. Die Loks zu verschrotten wäre teuer. Gegenüber vom Wartehäuschen Mukran-Mitte verrottete bis zu ihrem Abriss eine Baracke, in der einst die sowjetische Armee ihre Transporte abwickelte. „Die Russen wurden auf dem Fährkomplex ein bisschen außerhalb untergebracht", sagt ein ehemaliger Hafenmitarbeiter. „Das war politisch so gewollt." Die Fenster fehlen. Jede Steckdose, jeder Wasserhahn, jede Kloschlüssel – die Soldaten haben alles Brauchbare mit nach Hause genommen. Die Baracke wurde wegen Einsturzgefahr abgerissen.

Auf dem Gelände des Fährhafens entstand eine Basis für Offshore-Windparks.

Einen Teil der alten Gebäude auf dem Güterbahnhof hat das internationale Konsortium Nord Stream abreißen lassen. Die Flächen nutzte das Unternehmen für die Lagerung und Bearbeitung der Rohre für die beiden, je 1200 Kilometer langen Erdgas-Pipelines zwischen Deutschland und Russland. 500 Meter vom Passagierterminal entfernt wurden die 12,5 Meter langen Rohre mit Beton ummantelt und anschließend zur Verlegung verschifft. Etwa 70 Häfen hatte Nord Stream auf ihre Tauglichkeit für das Projekt untersucht und sich schließlich für Mukran und das finnische Kotka als Standorte entschieden. Im Oktober 2011 brachte ein Zug die letzten Rohre des nordrhein-westfälischen Herstellers Europipe nach Rügen Die Pipeline Nordstream I wurde im Herbst 2011 in Betrieb genommen, im November des Jahres erhielten die ersten 58 Arbeiter des Mukraner Betonummantelungswerks ihre Kündigung. Die zweite Pipeline, Nordstream II, wurde im Herbst 2021 fertig gestellt Das Projekt sorgte für heftigen Streit zwischen der Bundesrepublik und den USA, die ebenso wie die Ukraine und andere osteuropäische Staaten eine Abhängigkeit ihres Verbündeten von Russland fürchtete. Drei US-amerikanische Senatoren drohten mit der „wirtschaftlichen Zerstörung" des Hafens. Die Administration des US-amerikanischen Präsidenten Donald Trump verhängte Sanktionen gegen Firmen, die am Bau beteiligt waren. Mecklenburg-Vorpommerns Ministerpräsidentin Manuela Schwesig wies die Kritik zurück. Der damalige Bürgermeister von Sassnitz, Frank Kracht, sprach von einem „Gipfel der Unverfrorenheit".

Nordstream II wurde zunächst wegen juristischer und politischer Unstimmigkeiten nach der Fertigstellung nicht in Betrieb genommen. Das endgültige Aus kam mit den Sanktionen gegen Russland nach dem Angriff auf die Ukraine im Februar 2022. Das zweite Projekt hat knapp zehn Milliarden Euro gekostet. Ein Teil der unterseeischen Pipelines wurde im September des Jahres bei Bornholm mit Sprengstoff zerstört. Bislang ist unklar, wer für den Anschlag verantwortlich ist.

Die Betreiberfirma aus der Schweiz musste Insolvenz anmelden. Im Hafen Mukran blieben 5000 Erdgasrohre zurück, die vor der dänischen Insel Bornholm verlegt werden sollten. Der Wert der Rohre wird auf etwa 75 Millionen Euro geschätzt. Alle Kontaktmöglichkeiten seien gekappt worden, berichtete der parteilose Bürgermeister Frank Kracht über seine Versuche, mit der Schweizer Firma Verbindung aufzunehmen. Beim Wirtschaftsministerium des Landes habe man ebenfalls nicht helfen können. Eine Weiterverwertung für andere Projekte sei schwierig, berichtete der NDR weiter. So haben die Rohre des Konkurrenzprojekts Baltic Pipe, an dem sich Polen, Dänemark und Norwegen beteiligen, einen geringeren Durchmesser als Nord Stream II.

Das alte Arbeiterwohnheim in Staphel verfällt.

Während auf dem Güterbahnhof die alten Anlagen langsam vor sich hin rotten, wurde dem angrenzenden Hafen eine grundlegende Modernisierung verpasst. Wo früher ausschließlich die Schiffe in die UdSSR ablegten, befindet sich heute einer der größten Ostseehäfen Deutschlands mit Verbindungen nach Skandinavien. 1998 wurde der neue Fährterminal in Betrieb genommen und der Schwedenverkehr nach Trelleborg, die traditionsreiche Königslinie, vom Sassnitzer Stadthafen hierher verlegt.

Der Eisenbahngüterverkehr mit den Fähren kam jedoch wegen mangelnder Rentabilität weitgehend zum Erliegen. Die Fährverbindungen nach Litauen und Russland wurden eingestellt. Einer der Gründe für die mangelnde Auslastung waren Embargos gegen Russland nach dem Einmarsch auf der Krim im Jahr 2014. Der stark eingeschränkte Handel zwischen Deutschland und Russland führe auch zum Scheitern eines Projekts im Hafen Sassnitz-Mukran. 2015 bekräftigen Ministerpräsident Erwin Sellering und der Gouverneur des Leningrader Gebiets, Alexander Drosdenko, ihren Plan, ein Logistikzentrum für den Warenaustausch mit der Region zu gründen, zu der auch die Metropole St. Petersburg und der Hafen Ust Luga gehören. Der Fährverkehr mit Ust Luga begann 2012 und wurde ebenfalls wegen der mangelnden Rentabilität ausgesetzt.

Die „Vilnius" gehörte zu den letzten Fähren der Linie, die regelmäßig Mukran anliefen.

Anfang der 2000er-Jahre nahm die Zahl der Waggons auf den Fähren nach Skandinavien deutlich ab. Die Verkehre wurden zunehmend über die Linie Rostock-Gedser oder über den Landweg via Flensburg abgewickelt. 2000 durchliefen noch 56.000 Güterwagen den Hafen Mukran. Vier Jahre später waren es 31.000. Als 2013 das Aufkommen auf 20.000 sank, beendete die Reederei Stena-Line die Verschiffung von Güterwagen nach Skandinavien. Auch der Eisenbahnverkehr ins Baltikum und nach Russland nahm immer weiter ab. Waren 1989 noch 113.000 Wagen per Fähre transportiert wurden, so blieben 2015 nur noch 1.500 übrig.

Der Fährverkehr auf der Königslinie nach Schweden wurde nach 111 Jahren im April 2020 eingestellt. Bereits 2014 hatte die Reederei Stena Line den Eisenbahnverkehr nach Schweden gestoppt und den Güterverkehr zum Rostocker Hafen verlegt. Als Alternative verkehrte seit September 2020 im Sommerhalbjahr ein Katamaran mit einem Fassungsvermögen von 650 Passagieren und 210 Autos zwischen Sassnitz und dem schwedischen Ystad. Außerdem verbinden Fähren von Sassnitz aus Deutschland mit der dänischen Insel Bornholm. Neue Pläne sehen vor, ab April 2023 den Katamaran zwischen Trelleborg und Sassnitz pendeln zu lassen und damit die alte Königslinie wiederzubeleben. Auch Kreuzfahrtschiffe laufen Mukran an.

Bevor der Fährhafen 2008 erweitert wurde, untersuchten ehrenamtliche Bodendenkmalpfleger Felder östlich des Geländes und stießen auf Spuren aus der Jungsteinzeit und der Bronzezeit. Bei Sassnitz-Lancken legten sie eine Siedlung aus der ausgehenden Bronzezeit frei. Die Wissenschaftler fanden 36 Pfostengruben eines Gehöfts bestehend aus Häusern mit einer Länge von 15 Metern und einer Breite von vier Metern mit Vorrats- und Silogruben in den Erdkellern. Zu den weiteren Fundstücken gehören Feuersteingeräte, Gießformen und Lanzenspitzen.

Von der einst mehr als einen Kilometer langen Nordmole ist nur noch ein Rest übriggeblieben. Aufschüttungen für neue Flächen lassen den Hafen immer weiter ins Meer hineinwachsen. Der Fährhafen Sassnitz wirbt mit seiner günstigen Lage als Tiefwasserhafen direkt an der offenen See, den kurzen Verbindungen nach Skandinavien und Russland und einer leistungsfähigen Schienenanbindung – noch immer ist Sassnitz der einzige Hafen Westeuropas mit Breitspuranschluss. Seit 2012 sind Sassnitz und Klaipėda Partnerstädte

Die Hafengesellschaft firmierte als Fährhafen Sassnitz und gab sich im April 2016 die Dachmarke Mukran Port. 90 Prozent der GmbH-Anteile hält die Stadt, zehn Prozent das Bundesland Mecklenburg-Vorpommern. Auf den Gleisen sollten künftig wieder verstärkt Eisenbahnwagen auf die russische Breitspur umgerüstet und verschifft werden, so hatte es Hafenchef Harm Sievers 2011 angekündigt. Für den Betrieb auf den Breitspurgleisen hat der Fährhafen Sassnitz-Mukran die Hafenbahn Baltic Port Rail Mukran gegründet, die die Anlagen von der Deutschen Bahn übernommen hat und über ein Gleisnetz mit einer Länge von 22 Kilometern verfügt. Für den Umschlag der Güter im Hafen stehen heute fünf Terminals bereit, darunter eine neue Umspurhalle.

Die Betreibergesellschaft hat das Gelände als Standort für Logistik und Industrie etabliert und versucht, die freien Flächen in der Umgebung weitegehend neu zu bebauen. Bisher haben sich dort neben dem einstigen Rohrummantelungswerk Logistikfirmen, Kleingewerbe und ein fischverarbeitender Betrieb angesiedelt. Außerdem hat sich Mukran als Basishafen und Drehscheibe für Offshore-Windkraftanlagen in der Ostsee etabliert.

Darüber hinaus hat der Fährhafen einen neuen, 205 Meter langen Liegeplatz geschaffen, der eine Umschlagfläche von 10.000 Quadratmetern bietet. Der südliche Hafenbereich an der kleinen Mole wurde deutlich erweitert, um weitere Kapazitäten für die Offshore-Technologie zu schaffen. Doch auch danach reichte der Platz nicht, sodass der Hafen Mukran und der Sassnitzer Stadthafen 2019 eine engere Kooperation vereinbarten.

Die ehemals sowjetischen Schiffe erhielten das Logo der Reederei DFDS.

Der Fährhafen Sassnitz ist nach Rostock der zweitgrößte in Mecklenburg-Vorpommern. Seine Bedeutung für den Verkehr nach Osteuropa und nach Skandinavien hat er verloren. Ziel der Betreiber ist es in jüngster Vergangenheit gewesen, Containerverkehr der Neuen Seidenstraße von Asien nach Europa über Mukran abzuwickeln. Die Hafengesellschaft hofft auf eine Position als Drehkreuz zwischen China, Russland und dem Westen. Das Projekt trägt den Namen Baltic Sea Bridge. Damit noch größere Frachtschiffe Mukran anlaufen können, wurde das Hafenbecken 2021 auf bis zu 15 Meter vertieft.

Im Februar 2022 nahm im Rahmen des Projekts Seidenstraße zwischen Russland und Mukran eine neue Containerlinie mit dem Namen „Baltic Sea Bridge" den Betrieb auf, die auf der Etappe über die Ostsee Transport von China nach Nord- und Westeuropa übernahm. Die Container kommen aus Wuhan in Zentralchina und sind neun Tage mit der Bahn bis nach Ust Luga bei St. Petersburg unterwegs. Dort übernehmen Schiffe die Ladung. Der Transport von Wuhan nach Mukran dauert 21 Tage. Nach dem Überfall Russlands auf die Ukraine und wegen der verhängten Sanktionen im Februar 2022 kam es jedoch zu einem deutlichen Einbruch der Umschlagzahlen auf dieser Linie.

Außerdem hat sich im Güterbahnhof die Firma Baltic Port Services angesiedelt, die sich auf die Reparatur von Schienenfahrzeugen spezialisiert hat und die umfangreichen Gleisanlagen nutzt. Seit 2021 gehört der Hafen Mukran darüber hinaus zum Kreuzfahrtprojekt „MV Cruise Net", an dem mehrere Häfen, Reedereien und andere Institutionen beteiligt sind. Ziel ist es, die Kreuzfahrtbranche zu stärken und zu vernetzen.

Sollten sich die Beziehungen zwischen Westeuropa und Russland wieder verbessern und ein neuer Bedarf für Eisenbahngüterfähren entstehen, könnten die je 200 Meter langen, unter russischer Flagge fahrenden Schiffe „Marshal Rokossovskiy" und „General Chernjahovskij" eingesetzt werden. Jedes der beiden Fährschiffe kann 78 vierachsige Eisenbahnwagen der russischen Breitspur oder 80 Lkw aufnehmen. Die Fähren wurden für den Einsatz zwischen den russischen Häfen Ust Luga bei St. Petersburg, Baltijsk im Kaliningrader Gebiet und optional für den Hafen Sassnitz entworfen und gebaut. Sie verfügen über jeweils 960 Meter Gleise und können auch Fahrzeuge aufnehmen. Beide Neubauten nahmen ihren Dienst im Jahr 2022 auf.

Im Jahr 2022 hat das Landesamt für Kultur und Denkmalpflege Teile des Fährkomplexes unter Schutz gestellt. Dazu zählen folgende Einrichtungen und Bauwerke:

- die beiden östlich gelegenen Eisenbahn-Wartehäuschen mit den Inschriften der sowjetischen Soldaten
- zwei weitere Beobachtungs- und Wachtürme
- vier großflächige Kunstwerke im Inneren des ehemaligen Sozialgebäudes, gelegen im südwestlichen Verlauf des Wostevitzer Weges

Der ehemalige Wachturm an der Brücke der Landesstraße stand bereits vorher unter Denkmalschutz. Werbeplakate, die daran befestigt waren, mussten entfernt werden.

Im selben Jahr wurde der Bahnverkehr mit Personenzügen nach Mukran wieder aufgenommen. Die Hanseatische Eisenbahn GmbH verband den Passagierterminal des Hafens mit Bergen und damit mit dem Gleisnetz der Deutschen Bahn. Die Fahrten wurden an den Fahrplan der Fähren der Bornholm und Schweden angepasst. Ob der Service fortgesetzt wird, ist noch offen.

(Stand der Informationen: Januar 2023)

Noch gehört der Hafen von Mukran zu den größten Umschlag- und Eisenbahnanlagen in Deutschland.

Schlussbetrachtung

Sonnenaufgang am Leuchtturm von Mukran.

Mit dem Aufbau der Fährverbindung von Mukran nach Klaipėda war der DDR eine Meisterleistung gelungen: Die größten Eisenbahnfähren der Welt waren „Made in GDR". Leistungsfähig, schnell und mit moderner Technik ausgestattet, hatten sie selbst im Westen für Aufmerksamkeit gesorgt. 13 Patente wurden für die technologischen Neuheiten angemeldet. In technischer Hinsicht, das belegen die historischen Quellen, funktionierten die Abläufe in den Häfen und Zweideck-Schiffen. Auch volkswirtschaftlich stellte sich der langfristig erhoffte Nutzen ein: Bis zur Friedlichen Revolution in der DDR fuhr die Fährlinie 32 Prozent der Investitionskosten wieder ein - insbesondere durch Einsparungen bei den Transitkosten an Polen. Im April 1989 errechnete das Verkehrsministerium, dass die Idee aufgegangen war, durch Einsparung der Gebühren für den Transit durch Polen eine positive Bilanz zu erzielen. So lagen die vermiedenen Zahlungen im Wert deutlich über den Aufwendungen für den Fährbetrieb. Das Ministerium ging für 1989 von Einsparungen in Höhe von 409,3 Millionen Valuta-Mark aus. Bis 1989 habe sich ein Valuta-Nutzen von 600 Millionen Valuta-Mark ergeben.

Eine ähnliche Rechnung legt der ehemalige Präsident der Reichsbahndirektion Greifswald, Wolfhard Noack vor. In den Jahren von 1986 bis 1989 sparte die DDR mit der neuen Relation über die Ostsee und dem Wegfall von Transitgebühren an Polen 684 Millionen Valuta-Mark. „Und diese fast 700 Millionen waren schon 27 Prozent Refinanzierung der 2,2 Milliarden Mark der DDR, der dieser Fährkomplex einschließlich Schiffe gekostet hat", sagte Noack.

„Die fehlende Effizienz und Stabilität in der DDR-Wirtschaft ist oft beschrieben und kommentiert worden. Diese Tatsache war ein wesentlicher Punkt, der den Staat scheitern ließ und zum Untergang führte", schrieb Noack 2021 und fuhr vor: „Nicht so der Fährkomplex Mukran." Nach der Inbetriebnahme habe er gegenüber dem Ursprungskonzept fast Höchstleistungen erreicht. Noack bezeichnete Mukran als ein Beispiel ostdeutscher Planung, Bauausführung und Betreiberfunktion der anderen, der besseren Sorte. „Er konnte damals und kann heute als Vorzeige-Industrieanlange bezeichnet werden", schrieb Noack.

Die Probleme im Alltagsbetrieb der Eisenbahngüterfähren waren vor allem auf die organisatorischen Schwächen der Planwirtschaft zurückzuführen. Zudem war das Handeln jener Staaten, die sich gegenseitig stets als Freunde und Bruderländer priesen, in der Realität oft von nationalen Egoismen geleitet. Die unzuverlässige Bereitstellung von Breitspurwagen aus der Sowjetunion oder die schlampige Beladung der Waggons mit zivilen Handelsgütern stehen exemplarisch für solche Schwierigkeiten.

Mukran kann aus heutiger Sicht kaum als gelungenes Projekt im friedlichen Wettstreit der Systeme gelten. Am Beispiel der stets neu aufflammenden Konflikte zwischen der DDR und der Sowjetunion – von der Planungsphase bis zu den historischen Umbrüchen Ende der achtziger Jahre – lässt sich ablesen, wie das wirtschaftliche Handeln in der DDR immer auch von militärstrategischen

Überlegungen geprägt war. Offiziell als Transportschiffe für den zivilen Außenhandel zwischen der DDR und der Sowjetunion konzipiert, musste von Beginn an die geheime militärische Nutzung der Fähren in die Planungen einbezogen werden. Angesichts der unsicheren politischen Lage in Polen hatte vor allem die sowjetische Führung darauf gedrängt, Schiffe und Hafenanlagen für den Transport von Soldaten und Kriegsgerät auszustatten, um die strategisch wichtigen Militärverbände an der Westgrenze des Warschauer Vertrages jederzeit problemlos versorgen zu können.

Die Linie von Mukran nach Klaipėda war somit mehr als eine Handelsroute über die Ostsee. Sie diente der Sicherstellung von militärischen Lieferungen an die sowjetischen Truppen in der DDR und dem Transport von Soldaten in beide Richtungen. Nicht zuletzt war sie wichtiger Bestandteil der militärischen Planungen in Zeiten des Kalten Krieges für den militärischen Ernstfall.

Die Geschichte von Mukran ist zudem eng verknüpft mit dem Schicksal Hunderter Bausoldaten, die hier unter widrigsten Bedingungen als billige Arbeitskräfte Schwerstarbeit leisteten und sich dabei in den Dienst eines Staates stellen mussten, dessen Ideologie die meisten von ihnen ablehnten – eine Erfahrung, die einige traumatisierte und viele in ihrer oppositionellen Haltung gegenüber der DDR-Regierung bestärkte. Prora, wo die Bausoldaten untergebracht waren, entwickelte sich so zu einer der Keimzellen der Friedlichen Revolution.

Der Einsatz von Verweigerern des Wehrdienstes mit der Waffe auf der Baustelle und die militärische Nutzung der neuen Fährverbindung führte in der Logik des Staates zu der Konsequenz, die gesamte Anlage intensiv zu überwachen, um sie gegen jede Art „feindlicher Angriffe" zu verteidigen, wie es im Jargon des Ministeriums für Staatssicherheit hieß. Auf Geheiß Erich Mielkes sollten 4.000 Menschen – Hafenpersonal, Eisenbahner, Arbeiter, Soldaten, Schiffsbesatzungen und Anwohner – „lückenlos aufgeklärt" werden.

Mit dem Ende der zentralstaatlichen Planwirtschaft und dem Beginn der Währungsunion war auch das Ende dieses Regierungsprojektes gekommen, dessen Dimensionen politisch begründet waren und in der Marktwirtschaft nicht benötigt wurden. Wenn der Hafen heute eine neue Funktion hat und das einstige Sperrgebiet frei zugänglich ist, sollte nicht vergessen werden, dass die weitläufigen Anlagen bei Mukran mit einer ganz besonderen Geschichte verbunden sind.

Modelle des Hafens sind im Museum der Deutschen Bahn in Nürnberg, im Litauischen Meeresmuseum in Klaipėda und im Pommerschen Landesmuseum in Greifswald zu sehen. Die Reederei Laiesz in Rostock hat fünf Kunstwerke aus der Zeit des Hafenbaus sowie ein Modell einer Fähre in ihrem Bestand.

Der Abriss der Hafenanlagen für die Fähren in Klaipėda begann im Frühjahr 2023.

Beginn der Abrissarbeiten in Klaipėda.

Daten und Fakten

Das Gesamtprojekt

- Etwa 5000 Menschen haben in der DDR an der Fährverbindung gearbeitet Gesamtkosten: mehr als zwei Milliarden DDR-Mark, davon:
  - 550 Millionen für die Schiffe
  - 146 Millionen für den Ausbau der Werft in Wismar
  - 693 Millionen für den Hafen
  - 550 Millionen für Bahnanlagen und Umschlag
  - 112 Millionen für den Wohnungsbau

Die Bauarbeiten

- Im April 1982 arbeiteten 50 Menschen auf der Baustellen, 1984 waren es 3300
- DDR-weit waren 5000 Menschen mit dem Projekt beschäftigt
- 13 Patente wurden angemeldet
- 1200 neue Wohnungen eigens für Arbeiter neu errichtet.
- 4,3 Millionen Kubikmeter Erde wurden bis zur Eröffnung bewegt, zwei Millionen Kubikmeter Seegrund ausgebaggert.

Der Fährkomplex in Mukran

- 204 Hektar
- 65,5 Kilometer Gleise Normalspur (1435 mm)
- 29 Kilometer Breitspur (1520 mm), 4,2 Kilometer Gemischtspur mit 375 Weichen

- Vier Stellwerke in zwei Gebäuden
- Fingerpier: 216,5 Meter lang und 28,5 Meter breit
- Wassertiefe am Anleger: 10,5 Meter
- Durchmesser der Wendeplatte: 600 Meter.
- 2050 Beschäftigte, davon 1576 Eisenbahner im Jahr 1990, in der Endausbaustufe sollten es 3000 sein.
- 100 bis 150 Sowjetbürger, außerdem Gastarbeiter aus Vietnam und Mozambique
- Täglicher Transport mit 30 Bussen und acht Sonderzügen zu den drei Personenbahnhöfen im Fährkomplex.

Die Verbindung Mukran – Klaipeda

- Entfernung der Häfen: 506Kilometer (273 Seemeilen).
- Geplante Fahrzeit: 18 bis 20 Stunden.
- Geplante Hafenliegezeit: vier Stunden.
- Geplante Umlaufzeit: 48 Stunden.
- Geplante Transportkapazität: 5,4 Millionen Tonnen pro Jahr. 75 Prozent mussten zwischen Breitspur- und Normalspur umgeladen werden, 25 Prozent der Wagen wurden laut Plan umgespurt.

Die Schiffe

- „Mukran“ (Indienststellung am 27. Juni 1986)
- „Klaipėda“ (27. Juni 1987)
- „Vilnius“ (30. Oktober 1987)
- „Greifswald“ (25. November 1988)
- „Kaunas“ (20. Oktober 1989)
- „Wismar“ (nicht gebaut)

  Maße:
  - Länge: ca. 190,5 Meter.
  - Breite: ca. 28 Meter.
  - Vermessung: ca. 22 000 BRT.
  - Kapazitäten für 103 russische oder 128 deutsche Wagen (umgespurt) auf zwei Ladedecks
  - ca. 1500 Meter Breitspurgleise,
  - zwölf Passagiere und 42 Mann Besatzung.
  - Tragfähigkeit: 11.700 tdw.
  - Geschwindigkeit: 17 Knoten (31 km/h).
  - Antrieb: 4 x 3600 PS.
  - Tiefgang in Spezifikationsladefall (103 Waggons à 70 t): 6,80 Meter.
  - Aktionsreichweite: 2200 Seemeilen (ca. 4074 Kilometer).

QUELLEN UND LITERATUR

ZITIERTE QUELLEN DES BUNDESARCHIVS (BArch)

B 108 / 81427
DC 20/4/6075
DC 20 / 8971
DC 20 / 11136
DC 20 / 26960
DH 1 / 32760
DL 203 1647
DL 226 643
DL 226 644
DL 227 1176
DM 101 / 1526
DM 101 / 1573
DM 1 1793
DM 1 8380
DM 1 8804
DM 1 10494
DM 1 10720
DM 1 11900
DM 1 11901
DM 1 11905
DM 1 13164
DM 1 19212
DM 1 19213
DM 1 19220
DM 1 19228
DM 1 19311
DM 1 19351
DM 1 19354
DM 1 19412
DM 1 19412
DM 1 19412
DM 1 19412
DM 1 19478
DM 1 19867
DM 1 20004
DM 3 26100
DM 3 26147
DO 1 104314

ZITIERTE QUELLEN DER STIFTUNG ARCHIV DER PARTEIEIN UND MASSENORGANISATIONEN DER DDR IM BUNDESARCHIV (BArch SAPMO)

DY 30 /43921
DY 30/43922
DY 30 /43923
DY 30/46582
DY 30/46583
DY 30 /70258
DY 30 /879
DY 30 / 1231
DY 30/IV 2/2.039 (alte Signatur, Büro Egon Krenz)

ZITIERTE QUELLEN BUNDESARCHIV /MILITÄRACHIRV (BArch-MA)

BW 44-149
BW 55-342
BW 55-348 Teil 1-2
DVH-7 45664
DVH 8-12 47503
DVH 8-12 47534
DVH 8-12 47579
DVW-1/39592
DVW-1/13297
DVW-1/39589
DVW-1/43670
DVW-1/44505
DVW-1/67041
DVW-1/67043
DVW-1/67073
DVW 115509
DVM 10/50174
DVW 14-3 / 99200
DVW 14-3 99202
DVW 14-3 / 99203
DVW 14-3/99205
DVW 14-3 / 99206
DVW 14-3 /99221, Dank an Detlef Ulbrich, der die Quelle gefunden und mir zugänglich gemacht hat.
DVW 14-3/99758
DVW 14-3 / 99759
RM 7/1232

ZITIERTE QUELLEN BUNDESARCHIV/STASIUNTERLAGENARCHIV (BArch MfS)

AIM 2539/90 Bd.2
AIM 4175/91
AP Nr. 71488/92
Sekretariat Mittig, 180
ZAIG, 18491
ZOS, 216
ZOS, 226
ZOS, 227
ZOS, 228
ZOS, 963
ZOS, 952 Teil 1
ZOS, 3135
AOibE 7428/87
HA I, 12898
HA I, 15542
HA II, 20941
HA II, 30815
HA II, 32533
HA VIII, 1846/2
HA IX/11 SV 2/77 Bd. 1
Abt. X, 1166
Abt. X, 1167
HA X, 1301
HA XVIII, 2661

HA XVIII, 3440
HA XVIII, 8369
HA XIX, 2121
HA XIX, 2139
HA XIX, 3175
HA XIX, 4140
HA XIX, 4044
HA XIX, 4936
HA XIX, 5274
HA XIX, 5275
HA XIX, 5624
HA XIX, 8594
HA XIX, 9131
JHS 20102
JHS MF GVS 0001–63/85
JHS 20270
JHS-20735
JHS 20752
JHS 21550
RWD Nr. 438, Band 1 und 2
BArch MfS BV Rostock. Leiter der BV Nr. 166
BV Rostock, AIM 1398/82
BV Rostock, AIM 2270/90 Teil II Band 3
BV Rostock, AIM 2539/90 Band 2
BV Rostock, AIM 4175/91
BV Rostock, AOP 3004 /87
BV Rostock, BdL 007590
BV Rostock, Abt. II, 35, 1 und 2
BV Rostock, Abt. II, 74
BV Rostock, Abt. VIII, 6
BV Rostock Abt. VIII, 134
BV Rostock, Abt. VIII, 208
BV Rostock Abt. VIII, 278
BV Rostock, Abt. XI, 40
BV Rostock, Abt. XI, 42
BV Rostock Abt. XI, 127
BV Rostock Abt. XIX, 14 Bd. 1
BV Rostock, Abt. XIX, 157
BV Rostock Abt. XIX, 217
BV Rostock Abt. XIX, 322
BV Rostock, Abt XIX, 329
BV Rostock, Abt XIX, 426
BV Rostock, AKG, 163
BV Rostock KD Greifswald, 136
BV Rostock KD Rügen, 25
BV Rostock KD Stralsund, 343

POLITISCHES ARCHIV DES AUSWÄRTIGEN AMTS (PAAA)
B 38 ZA 139236
B 41 ZA 133258
B 41 ZA 139381
B 41 ZA 147196
B 57 ZA 240027
B 57 ZA 240028
B 63 ZA 141351
M 37 18103
M 37 18203
M 37 18303
M 37 18403
M 37 18503
MAV 48 Leningrad 77993

LANDESARCHIV GREIFSWALD (LAGw)
Rep. 200 II 3.1 / 1937
Rep. 200/3.1 / 1909
Rep. 200 II 4.7 / 287
Rep. 200 II 4.7 / 324
Rep. 200 II 4.7 / 343
Rep. 200 II 4.7 / 344
Rep. 200 II 4.7 / 346
Rep. 202/3 / 49
Rep. 202/3 / 226
Rep. 209 X 4478
Rep. 258 / 59
Rep. 258 / 64
Rep. 272 / 814
Rep. 272 / 816
Rep. 272 / 818
Rep. 272 / 819

LANDESARCHIV SCHLESWIG-HOLSTEIN, Schleswig (LAS)
Abt. 605 Nr. 6599

THÜRINGER ARCHIV FÜR ZEITGESCHICHTE – „MATTHIAS DOMASCHK“, Jena (Thüraz)
P-GS-K-01.03
P-GS-K-01.07
P-IA-K-02.05
P-SR-K-02.01
P-SR-K-02.02

WEITERE ARCHIVALIEN:
Nachlass D. Strobel, Archiv Schiffbau- & Schifffahrtsmuseum Rostock
Russisches Staatsarchiv für Zeitgeschichte, Bestand 52, Findbuch 1, Akte 558

ZEITZEUGEN- und EXPERTENGESPÄCHE
Bernardas Aleknavičius (†)
Frank Biederstaedt, Leiter Stadtarchiv Sassnitz
Rudi Buchweitz, Dispatcher Deutsche Reichsbahn
Vitalijus Čiapas, Journalist Klaipėda
Fred Cravaack, Chefprojektant auf der Mathias-Thesen-Werft, Wismar
Rudi Dobbert (†) Vizepräsident Fährverkehr der Deutschen Reichsbahn, ab 1988 Leiter Fährkomplex Mukran
Sascha Gunold, Militärhistoriker
Thomas Hahn, Führungszugführer einer Flugabwehr-Raketenbatterie der NVA
Heiko Herzig, Steward der „Mukran"
Wolfgang Höfer (†), Major der NVA-Raketentruppen
Dr. Volker Höffer, Leiter des Stasi-Unterlagenarchivs Rostock
Andreas Ilse, Bausoldat in Prora und Mukran
Peter Klemm, Hauptdispatcher der Deutschen Seereederei in Mukran
Lutz Langenhan (†), Direktor des Investitionsauftraggebers (IAG)
Wolfhard Noack, Präsident der Reichsbahndirektion Greifswald
Roland Preller, Matrose der „Mukran"
Wolfgang Ramson, Chief der „Mukran"
Reiner Rodig, Leiter Militärtransporte Deutsche Reichsbahn
Joachim H. Rudek, Autor
Peter Sädtler, Kapitän der „Greifwald"
Stephan Schack, Bausoldat in Prora und Mukran
Gerhard Thiemann, Kapitän der „Mukran"
Matthias Uhl, Deutsches Historisches Institut Moskau
Detlef Ulbrich, er forscht seit Jahren zum Rügenhafen. Sein Vater war als Ingenieur bei dem Projekt tätig.
Vytautas Vaičekauskas, Leiter der Hafenbehörde Klaipėda
Berndt Zeitlow, Mitarbeiter der Deutschen Reichsbahn und der Deutschen Bahn in Mukran
Jürgen Zier, Oberinspektor für gefährliche Güter in Mukran

ZITIERTE LITERATUR und ANDERE QUELLEN

Auerbach, Horst: Preußens Weg zur See - Pommern, die Wiege der Königlich-Preußischen Marine, Berlin 1995

Auerbach, Horst: Auf Kurs zur Marine: Die Seepolizei/Volkspolizei See und Stralsund, Schriftenreihe Marinemuseum Dänholm, Heft 6 / 1998, Stralsund

Autorenkollektiv: Das Militärtransportwesen der Nationalen Volksarmee der Deutschen demokratischen Republik, Strausberg 2009

Baritko A./ Strelzow A.: Alarmierende Signale – die Kosten des Fährbooms, in: Oekonomitscheskaja Gaseta, 45/1988 zit. nach: BStU, MfS, HA XIX, 5275, Bl. 132 ff.

Bauer, Georg: Ja zur Fähre nach Memel mit Auflagen verbunden?, in: Die Welt vom 16. 4. 1985

Behling, Klaus: Spione in Uniform: Die alliierten Militärmissionen in Deutschland, Stuttgart 2004

Behnke, Herbert/ Fred Cravaack, Lothar Krause: Eisenbahn-Großfähre „Mukran“ – größtes Zweideckfährschiff der Welt für die neue Ostsee-Fährschiffslinie Mukran – Klaipėda, in: Deutsche Seewirtschaft, 2/1987, S. 69 – 80

Behrendt, Hans-Dieter : Die alliierten Militärverbindungsmissionen im Kalten Krieg auf deutschem Boden, in: Hefte zur DDR-Geschichte, Band 77, Berlin, 2002

Bley, Peter: Die DDR-Reichsbahn und „Vorbereitung“ - Von GRN (E)-Strecken, Eisenbahnbautruppen und Brückendublierungen, Berlin 2005

Bönisch, Otto/ Wenzel, Harry/ Stübner, Joachim: DSR-Lines. Die Deutsche Seereederei Rostock, Hamburg 1996.

Bock, Bruno: Mukran – Klaipeda, in: Schiffahrt international, 11/1986

von Brandt, Ahasver: Die nordischen Länder von 1448 bis 1654, in: Theodor Schieder (Hrsg.): Handbuch der Europäischen Geschichte, Bd. 3, 4. Auflage, Stuttgart 1994, S. 962 –1002

Brech, Jan: Beim Für und Wider überwiegen Nachteile, in: Die Welt vom 18. 4. 1985, S. 4.Brockhaus – Die Enzyklopädie, 20. überarbeitete und aktualisierte Auflage, Leipzig / Mannheim 1996

Bruce, Gary: Die Sowjetunion und die ostdeutschen Krisen 1953 bis 1961, in: Diedrich, Torsten/ Kowalczuk, Ilko-Sascha (Hrsg.), Staatsgründung auf Raten. Auswirkungen des Volksaufstandes 1953 und des Mauerbaus 1961 auf Staat, Militär und Gesellschaft der DDR, Berlin 2005

Brysch, Thomas: Marinepolitik im preußischen Abgeordnetenhaus und Deutschen Reichstag 1850-1888, Hrsg.: Deutsches Marineinstitut und Militärgeschichtliches Forschungsamt, Hamburg, 1996

Bub, Dieter: Wir sind der letzte Dreck. Wehrdienstverweigerer berichten über ihren Alltag bei den „Bausoldaten“ auf Rügen, in: Stern, 22/1983, S. 202 – 206

Buchweitz, Rudi/ Dobbert, Rudi/ Noack, Wolfhard: Eisenbahndirektionen Stettin, Pasewalk und Greifswald 1851–1990, Berlin 2007

Burlakow, Matwej: Sowjetische Truppen in Deutschland 1945 –1994, Moskau 1994
Burlakow, Matwej: Wir verabschieden uns als Freunde, Fribourg 1994
Cammin, Franziska: Die Deutsche Seereederei als Staatsreederei der DDR - Die Handelsflotte zwischen staatlicher Kontrolle und Freiheit auf See, Dissertation, Universität Rostock 2013
Cammin, Franziska: Die Deutsche Seereederei als Staatsreederei der DDR. Die Handelsflotte zwischen staatlicher Kontrolle und Freiheit auf See, Hamburg 2014
Diedrich, Torsten: Die DDR zwischen den Blöcken - der Einfluss des Warschauer Pakts auf Staat, Militär und Gesellschaft der DDR, in: Der Warschauer Pakt - von der Gründung bis zum Zusammenbruch, 1955 bis 1991, Hrsg.: Diedrich Torsten im Auftrag des Militärgeschichtlichen Forschungsamtes, Bonn 2009
Diedrich, Torsten (Hrsg.): Der Warschauer Pakt - von der Gründung bis zum Zusammenbruch, 1955 bis 1991, Bonn 2009
Diedrich, Torsten/ Kowalczuk, Ilko-Sascha: Staatsgründung auf Raten - Auswirkungen des Volksaufstandes 1953 und des Mauerbaus 1961 auf Staat, Militär und Gesellschaft der DDR, Berlin 2005
Diedrich, Torsten/ Wenzke, Rüdiger: Die getarnte Armee - Die Geschichte der Kasernierten Volkspolizei der DDR 1952-1956, Berlin 200
Diedrich, Torsten: Gegen Aufrüstung, Volksunterdrückung und politische Gängeleien. Widerstandsverhalten und Politische Verfolgung in der Aufbau- und Konsolidierungsphase der DDR-Streitkräfte 1948 bis 1968, in: Rüdiger Wenzke (Hrsg.): Staatsfeine in Unform? Widerständiges Verhalten und politische Verfolgung in der NVA, Berlin 2005, S. 31–195
Diedrich, Torsten: Zur Rolle der Nationalen Volksarmee der DDR in der operativen Planung des Warschauer Paktes unter besonderer Berücksichtigung der 1960er Jahre, in: Rüdiger Wenzke (Hrsg.): Die Streitkräfte der DDR und Polens in der Operationsplanung des Warschauer Paktes, Potsdam 2010, S. 13 – 33
Diedrich, Torsten: Waffen gegen das Volk: der 17. Juni 1953 in der DDR, München, Oldenbourg, 2003
Diedrich, Torsten: Prägende Veränderungen im Militär- und Sicherheitssystem der DDR nach 1953 und 1961 im Vergleich, S. 119 - 138, in: Diedrich, Torsten/ Kowalczuk, Ilko-Sascha (Hrsg.), Staatsgründung auf Raten. Auswirkungen des Volksaufstandes 1953 und des Mauerbaus 1961 auf Staat, Militär und Gesellschaft der DDR, Berlin 2005
Dobbert, Rudi/ Meyer, Günter: Das Projekt 3700. Zur Vorgeschichte des Fährhafens Mukran auf Rügen, in: Verkehrsgeschichtliche Blätter 6/2012, S. 163-170
Dobbert, Rudi/ Seilert, Helmut: Über die Ostsee … 25 Jahre Fährhafen Sassnitz-Mukran, Sassnitz 2011, Schriften zum 100-jährigen Jubiläum der Eisenbahnfährlinie Sassnitz-Trelleborg, hrsg. vom Verein 100 Jahre Königslinie Sassnitz-Trelleborg e. V.
Domhardt, Joachim: Zivile Flotten im Krieg – technische Vorbereitungen der Zivilschiffe der DDR, in: Zur Geschichte der Rüstungsindustrie in Mecklenburg und Vorpommern 1900 bis 1989, Hrsg: Wolf Karge, Schwerin 2002, S. 144-152

Duisberg, Claus Jürgen: Der Abzug der russischen Truppen aus Deutschland. Eine politische und militärische Erfolgsbilanz, in: Europa-Archiv – Zeitschrift für internationale Politik, 1/1994, S. 461– 469

Eggebrecht, Joachim/Hasselbach, Henry/Seifert, Ernst/Wiesner, Erhard: Umladung im Fährkomplex Mukran, in: DDR-Verkehr 22/1989, S. 50-53

Ehlert, Hans (Hrsg.): Armee ohne Zukunft. Das Ende der NVA und die deutsche Einheit. Zeitzeugenberichte und Dokumente, 2. Auflage, Berlin 2002

Ehmer, Hans-Jochen: Ost-West-Verkehre im Spannungsfeld zwischen ökonomischer Entwicklung und politischer Restriktion, in: Beiträge aus dem Institut für Verkehrswissenschaft an der Universität Münster, Hrsg.: Hellmuth St. Seidenfus, Heft 118, Perspektiven des Weltverkehrs, 1989, Göttingen, S. 111 - 185

Eisenfeld, Bernd/ Schicketanz, Peter: Bausoldaten in der DDR. Die „Zusammenführung feindlich-negativer Kräfte" in der NVA, Berlin 2011

Elchlepp, Friedrich u.a.: Volksmarine der DDR - deutsche Seestreitkräfte im Kalten Krieg, Hamburg 2000

Ellwitz, J./ Zwer H.: Schienen übers Meer, in: Jugend + Technik, 10/1986, S. 726 ff.

Engelhardt, Heinrich: Das Mobilmachungssytem der NVA, in: NVA - Anspruch und Wirklichkeit nach ausgewählten Dokumenten, Hrsg.: Klaus Naumann, Hamburg Berlin Bonn, 1996, S. 301 – 316

Eyermann, Karl-Heinz: Leinen los!, in: Freie Welt 21/86

Fischer, Siegfried (Hrsg.): Der Zerfall einer Militärmacht. Das Ende der Sowjetarmee, Bremen 1992

Foertsch, Hartmut: Eine erste Bilanz: Abzug der Westgruppe der Truppen aus Deutschland, in: Europäische Sicherheit, 4/1992, S. 229 – 231

Flohr, Dieter: 17. Juni 1953 vereitelte Rügener Kriegshafen, in: Ostsee-Zeitung vom 11. 3. 2006

Förster, Thomas: Schiffe der Hanse, Rostock 2009.

Förster, Thomas: Schiffswracks als Quelle für die Marinegeschichte S.50-77, in: Berichte aus dem maritimen Kosmos. Festschrift der DGSM für Dr. Heinrich Walle zu seinem 80. Geburtstag, Hrsg.: Vorstand und wissenschaftlicher Beirat der Deutschen Gesellschaft für Schiffahrts- und Marinegeschichte

Freiherr Grote, Otto: Die Westgruppe verlässt Deutschland. Der Abzug aus der Perspektive des Chefs des Stabes des Verbindungskommandos zur WGT, S. 74-89, in: Der Abzug. Die letzten Jahre der russischen Truppen in Deutschland. Eine fotografische Dokumentation von Detlev Sternberg. Hrsg.: Deutsch-Russisches Museum Berlin-Karlshorst, Berlin 2016

Gehrke, Thilo: Das Erbe der Sowjetarmee in Deutschland, Berlin 2000

Görtz, Rolf: Die Panzerfähre, in: Die Welt vom 18. 4. 1985

Görtz, Rolf: Militärische Nutzung durch Moskau befürchtet, in: Die Welt vom 18. 4. 1985

Götz, Brigitte/ Wenzel, Harry: DSR Deutsche Seereederei Rostock, Hamburg 2004

Goos, Diethard: Sowjets favorisieren nun Fährhafen in Ostpreußen, in: Die Welt vom 27. 7. 1989, S. 1.

Grafe, Harald: Militärtransporte auf der Schiene, Eisenbahn-Journal exklusiv 1/2013, Band 3

Graf Schwerin, C.: Die Sowjets drängen zur Eile, in: Die Welt, 2. Juli 1983

Großer, Roland (Hrsg.): Raketentruppen der NVA-Landstreitkräfte - Geheimhaltungsgrad aufgehoben, Halle (Saale) 2012

Gunold, Sascha: Withdrawal Under Observation. How German Military and Foreign Intelligence Contributed to the Withdrawal Of Soviet/Russian Forces From Germany, 1990-1994, S.161-180, in: Meißner,Christoph/ Morré, Jörg (Hrsg.): The Withdrawal of Soviet Troops from East Central Europe. National Perspectives in Comparison, Göttingen 2021

Hader, Arnulf/Meier, Günther: Eisenbahnfähren der Welt: Vom Trajekt zur Dreideckfähre, Herford 1986.

Heilig, René/Kalkbrenner, Jörn: Premiere in Mukran, in: Neues Deutschland vom 29. 9. 1986

Heinemann, Winfried: Die DDR und ihr Militär, in: Beiträge zur Militärgeschichte, Hrsg.: MGFA, München 2011

Heitmann, Clemens: Soldaten und Strafgefangene als Stützen der DDR-Staatswirtschaft, in: Deutschland Archiv 42, 2009, S. 451–458.

Hemberger, Marcus: „Mein Gehorsam gehört ausschließlich Gott und keinem militärischen Vorgesetzten“. Wehrdienst-„Totalverweigerer“ in der DDR, in: Gerbergasse 18, 1/2022, Heft 102, S. 3- 8

Herold, Frank: Fähre Mukran zum ersten Mal an den Kais von Klaipeda, in: Neues Deutschland vom 22. 7. 1986

Hildebrand, Gerold: Blockübergreifende Kontakte – europäische Kriegsdienstverweigerer in den 1980er Jahren, in: Prora-Zentrum e. V. (Hrsg.): Waffenverweigerer in Uniform, Prora 2011, S. 60 –72.

Hoffmann, Theodor: Kommando Ostsee, Hamburg 1995

Holz, Martin: Drei Versuche, einen Kriegshafen im Jasmunder Bodden zu bauen, und ihr Scheitern, Kreisvolkshochschule Rügen, Heft 6, S. 6-17, Bergen 1997

Ilse, Andreas: Musik aus der Kleiderkammer – das Kulturprogramm, in: Koch, Uwe (Red.): Zivilcourage und Kompromiss: Bausoldaten in der DDR 1964 –1990, Berlin 2006

Jahn, Olaf: Rügen – die gespaltene Insel, in: Hamburger Abendblatt vom 26. 2. 1992

Jahn, Olaf: Keine neue Werft auf Rügen, in: Hamburger Abendblatt vom 6. 6. 1992

Janning, Heinz/ Pokatzky, Klaus/ Röder, Hans Jürgen/ Tobiassen, Peter (Hrsg.): Kriegs-/ Ersatzdienstverweigerung in Ost und West, Essen 1990

Jantzen, Detlef/ Kuhlmann, Norbert: Bauern und Bronzegießer - die Siedlung am Fährhafen Mukran, Landkreis Rügen, in: Archäologische Entdeckungen in Mecklenburg-Vorpommern, Hrsg.: Abteilung Archäologie und Denkmalpflege im Landesamt für Kultur- und Denkmalpflege durch Detlef Jantzen und Ewa Prync-Pommerencke und der Archäologischen Gesellschaft für Mecklenburg und Vorpommern e.V. durch Thomas Terberger, Schwerin 2009

Juretzko, Norbert: Bedingt dienstbereit. Im Herzen des BND – Die Abrechnung eines Aussteigers. Berlin 2004.
Keßler, Heinz: Zur Sache und zur Person, Berlin 1996
Klietz, Wolfgang/ Ast, Daniel/ Ast, Jürgen (Hrsg.): Mukran – Honeckers Superhafen. Gespräche über einen Seeweg im Kalten Krieg, Elmenhorst 2020
Kobylinski, Alexander: Der verratene Verräter – Wolfgang Schnur: Bürgerrechtsanwalt und Spitzenspitzel, Halle (Saale) 2015
Koch, Uwe/ Eschler, Stephan (Hrsg.): Zähne hoch, Kopf zusammenbeißen: Dokumente zur Wehrdienstverweigerung in der DDR 1962 –1990, Kückenshagen 1994
Koch, Uwe: Bausoldaten im Wandel ihrer Geschichte, in: Zivilcourage und Kompromiss. Bausoldaten in der DDR 1964 – 1990, 2. korr. Auflage, Berlin 2006, S. 34 – 44
Köhler, Siegfried: Die Fährverbindung Mukran – Klaipeda. Ein Sonderbauvorhaben im Griff der Staatssicherheit (1982 bis 1989), Schwerin 2007
Kökert, Klaus (Hrsg.): Eisenbahn-Fährverkehr DDR – UdSSR, Berlin 1988
Köpke, Jörg: Norweger planen Ostsee-Tunnel von Stralsund nach Schweden, in: Ostsee-Zeitung vom 8. 10. 2011
Kowalczuk, Ilko-Sascha/ Wolle, Stefan: Roter Stern über Deutschland. Sowjetische Truppen in der DDR, Berlin 2001.
Kramer, Mark: Die Sowjetunion, der Warschauer Pakt und blockinterne Krisen während der Breschnew-Ära, in: Diedrich, Torsten (Hrsg.): Der Warschauer Pakt - von der Gründung bis zum Zusammenbruch, 1955 bis 1991, Bonn 2009
Kramer, Reinhard/Kramer, Wolfgang/Foerster, Hans-Dieter: Zwischen Gestern und Morgen - Die Fährverbindung Sassnitz-Trelleborg, Rostock 2009
Krauel, T. W.: Auf weichem Grund droht dem Fährhafen Mukran ein Debakel, in: Die Welt vom 18. 7. 1984
Künzel, Lutz: Mukran verändert das Gesicht einer ganzen Insel, in: Junge Welt vom 18. 12. 1982
Kuhlmann, Bernd: Auf Normal- und Breitspur über die Ostsee, Berlin 2016
Kuhlmann, Bernd: Deutsche Reichsbahn geheim – Giftzüge, Militärtransporte, Geheimprojekte, München 2013
Kuhlmann, Bernd: Brisante Zugfahrten auf den Schienen der DR - Geheime Technik, gefährliche Frachten, „Rote Prominenz“, Berlin 1999
Kuhlmann, Bernd: Auf Normal- und Breitspur über die Ostsee - Der frühere Fährkomplex Mukran und dessen Fährbetrieb, in: Verkehrsgeschichtliche Blätter 3/2009, S. 66-73
Kuhn, Friedrich: An der Fähre nach Memel führt kaum ein Weg vorbei, Hamburger Abendblatt vom 25. 3. 1985
Kuhn, Friedrich: Thema „Russenfähre“: Einen sowjetischen „Brückenkopf“ soll es nicht geben, Flensburger Tageblatt vom 25. März 1985
Kujawa Helmut/ Zerbe, Peter: Eine Fährlinie für den Nachschub der Roten Armee, in: Die Welt vom 28. 7. 1986
Lautsch, Siegfried: Zur Operativen Einsatzplanung der 5. Armee im Rahmen einer Front

der Vereinigten Streitkräfte der Warschauer Vertragsorganisation in den 1980er Jahren, in: Wenzke, Rüdiger (Hrsg.): Die Streitkräfte der DDR und Polens in der Operationsplanung des Warschauer Paktes, Potsdam 2010, S. 35 – 59.

Lincke, Günter: Eisenbahnfährverbindung zwischen der DDR und der UdSSR, Deutschlandfunk 13. Februar 1986, 12 Uhr

Mahler, Gerhard: Die operative Vorbereitung des Territoriums der DDR als Teil des Kriegsschauplatzes, in: NVA - Anspruch und Wirklichkeit nach ausgewählten Dokumenten S. 249 -285, Hrsg.: Klaus Naumann, Hamburg Berlin Bonn, 1996

Makajew, S.: Sturm auf der Fährenroute, in: Iswestija zit. nach: Neues Deutschland vom 11. / 12. 3. 1989

Meier, Günther: Neue Bahnfähre über die Ostsee, in: Eisenbahntechnische Rundschau, 11/1986

Meier, Günther: Eisenbahnfähren auf dem Schwarzen Meer und dem Kaspischen Meer, in: Deutsche Seeschiffahrt, 4/2002

Meißner, Christoph/ Morré, Jörg (Hrsg.): The Withdrawal of Soviet Troops from East Central Europe. National Perspectives in Comparison, Göttingen 2021

Minow, Fritz: Die NVA und Volksmarine in den Vereinten Streitkräften - Geheimnisse der Warschauer Vertragsorganisation, Friedland 2011

Minow, Fritz: Führung, Gefechtsbereitschaft und Mobilmachung der Seestreitkräfte, in: Friedrich Elchlepp: Volksmarine der DDR - deutsche Seestreitkräfte im Kalten Krieg, S. 87-126, Hamburg 2000

Mörbitz, Eghard: Totgesagtes Projekt belebt, in: Frankfurter Rundschau vom 22. 3. 1989

Müller, Klaus: Die Lenkung der Strafjustiz durch die SED-Staats- und Parteiführung der DDR am Beispiel der Aktion Rose, Frankfurt am Main 1995

Müller, Wolfgang D.: Geschichte der Kernenergie in der DDR - Kernforschung und Kerntechnik im Schatten des Sozialismus, Stuttgart 2001

Müller-Enbergs, Helmut: Inoffizielle Mitarbeiter zur politisch-operativen Durchdringung und Sicherung des Verantwortungsbereiches (IMS), in: Engelmann, Roger Florath, Bernd u. a. (Hrsg.): Das MfS-Lexikon. Begriffe, Personen und Strukturen der Staatssicherheit der DDR, Berlin 2011

Mußgnug, Dorothee: Alliierte Militärmissionen in Deutschland 1946-1990, in: Zeitgeschichtliche Forschungen 9, Berlin 2001

Naumann, Dieter: Die Kogge von Neu Mukran, in: Jasmunder Heimatheft Nr. 9 Stralsund 2021, Seite 61-74

Noack, Wolfhard: Vortrag am 20.10.2016 anlässlich der Jubiläumsveranstaltung in Mukran zum 30-jährigen Bestehen des Hafens

Peifer, Douglas C.: Drei deutsche Marinen - Auflösung, Übergänge und Neuanfänge, in: Kleine Schriftenreihe zur Militär- und Marinegeschichte (14), Bochum 2007

Peters, Gerd: Planung, Bau und Betrieb der Eisenbahnfährverbindung Mukran/Rügen-Klaipeda/Litauische SSR, in: Jahrbuch 2005/2006 Deutsche Gesellschaft für Schiffahrts- und Marinegeschichte

Peters, Gerd: Eisenbahnfährschiffslinie Mukran – Klaipeda, Folge 1: Planung, Bau und Betrieb, in: Hanse-Anzeiger vom 14. 2. 2007

Peters, Gerd: Eisenbahnfährschiffslinie Mukran – Klaipeda, Folge 3: Moskau hat eine kühne Idee, in: Hanse-Anzeiger vom 7. 3. 2007

Peters, Gerd: Eisenbahnfährschiffslinie Mukran – Klaipeda, Folge 12: Zur Eröffnung: Drei Pressekonferenzen in drei Tagen, in: Hanse-Anzeiger vom 16. 5. 2007

Pfeiffer, Ingo: Do swidanija Germanija. Stationierung-Abzug-Hinterlassenschaften. Westgruppe der Truppen, Berlin 2021

Pfeiffer, Ingo: Do swidanija Germanija - 20 Jahre Abzug der russischen Truppen aus Deutschland, in: Leinen los! 7-8/2014, S. 35-39

Pfeiffer, Ingo: Marineprojekt am Volksaufstand gescheitert, in: Marine-Forum 12/92, Band 67, S. 437-439

Pfeiffer, Ingo: Ende eines gigantischen Marineprojekts. Der 17. Juni 1953 und der Rügenhafen bei Glowe, Vortrag an der Volkshochschule Stralsund, 30. Mai 2013

Posch, Michael: Chronik: Von den ersten Studien bis zum feierlichen Baustart 2010, http://www.welt.de/print/wams/vermischtes/article13704430/Chronik.html abgerufen am 8. 11. 2011

Presse- und Informationsstelle der Landesregierung Schleswig-Holstein: Landesregierung begrüßt Kanzlererklärung zur Memel-Fähre, Pressemitteilung vom 19. März 1985.

Preuß, Erich/ Preuß, Reiner: Deutsche Reichsbahn intern, München 2011

Rathke, Martina: Waffenloser Dienst fürs Vaterland - ein „schlechter Kompromiss", dpa 27. Juni 2014

Rogg, Matthias: Armee des Volkes? Militär und Gesellschaft in der DDR, Berlin 2008

Rosenthal, Reinhold: Randerscheinungen? Anmerkungen zum Bau des Hafens Sassnitz-Mukran, in: Pommern - Zeitschrift für Kultur und Geschichte, 3/2018, S.32-34

Ross, Corey D.: Wird der Frieden nicht an der Werkbank verteidigt? Die Soldatenwerbung in der DDR in den 50er und frühen 60er Jahren, in: Hans Ehlert/Matthias Rogg: Militär, Staat und Gesellschaft in der DDR, Berlin 2004, S. 439 – 457

Roth, Günther: Militärische Objekte und Truppenbewegungen als Angriffsziele der Dienste, in: Heiße Schlachten im Kalten Krieg - unbekannte Fälle und Fakten, von **Kierstein**, Herbert (Hrsg.), Berlin 2008

Rudek, Joachim H.: Der Rügenhafen, Rostock 2000.

Rudek, Joachim H.: Mecklenburg, Vorpommern und seine U-Boote, in: Zur Geschichte der Rüstungsindustrie in Mecklenburg und Vorpommern 1900 bis 1989, Hrsg: Wolf Karge, Schwerin 2002, S. 65-91

Rutow, Gertrud: Die neue Fährverbindung von Rügen nach Litauen, in: Mare Balticum, 1986

Salewski, Michael: Die Deutschen und die See, Stuttgart 1998

Satjukow, Silke: Besatzer. „Die Russen" in Deutschland 1945 –1994, Göttingen 2008

Sehn, Marie-Luise: Bausoldaten im „Koloss von Prora", http://www.proraer-bausoldaten.de/html/jahresarbeit.html, abgerufen am 22. 11. 2011.

Schack, Stephan/ Ilse, Andreas/ Liersch, Hendrik: Erfahrungen und Erinnerungen – ein Zeitzeugengespräch über die Zeit als Bausoldat in Prora, in: Prora-Zentrum e. V. (Hrsg.): Waffenverweigerer in Uniform, Prora 2011, S. 24 – 47

Sholkwer, Nikita: Die Fähre, in: Neue Zeit (Moskau), 16/1987

Sholkwer, Nikita: Eine Fähre zur Hanse, in: Neue Zeit (Moskau), 32/1988

Šniukas, Domas: Ein alarmierendes Signal – Leerfahrten, in: Prawda vom 8. 9. 1987 zit. nach einer internen Dienstmeldung des ADN vom 8.9.1987

Šniukas, Domas: Brücke der Freundschaft – zweiter Abschnitt der Eisenbahnfähre UdSSR –DDR, in: Prawda vom 31. 12. 1987 zit. nach einer internen Dienstmeldung des ADN vom 31. 12. 1987

Sommer, Ralph: Zug bringt letzte Rohre für Ostseepipeline nach Rügen, http://www.mz-web.de/servlet/ContentServer?pagename=ksta/page&atype=ksArtikel&aid=1286091891884 abgerufen am 7. 12. 2011

Springmann, Maik-Jens: Fundort Ostsee. Eine maritim-archäologische Zeitreise entlang der deutschen Ostseeküste, Rostock 2000

Stehr, Volker: Entwicklung und Aufbau der Seestreitkräfte in der DDR, Hamburg, Universität der Bundeswehr, Magister-Arbeit, 1996

Sternberg, Detlev: Der Abzug. Die letzten Jahre der russischen Truppen in Deutschland. Eine fotografische Dokumentation, Hrsg.: Deutsch-Russisches Museum Berlin-Karlshorst, Berlin 2016

Streckel, Söhnke: Lizensierte Spionage - die alliierten Militärverbindungsmissionen und das MfS, Hrsg.: Der Landesbeauftragte für die Unterlagen des Staatssicherheitsdienstes der ehemaligen DDR, Magdeburg, 2008

Strobel, Dietrich/ Dame, Günter: Mit MTW zur See - Schiffbau in Wismar, Rostock 1996

Strobel, Dieter: Fährschiffe auf Integrationskurs, in: Marinekalender der DDR 1986, Berlin, S.159-164

Stoldt, Hans-Ulrich: Ein Schiff soll kommen, in: Die Zeit, 10/1985, S. 21

Szandar, Alexander: Schiffe unter fremder Flagge, in: Süddeutsche Zeitung vom 4. 11. 1983

Szandar, Alexander: In 16 Tagen nach Fernost, in: Süddeutsche Zeitung vom 1. 2. 1985

Thoma, A.: Neue Fährlinie zwischen DDR und UdSSR ab 1986, in: Eisenbahntechnische Rundschau, 5/1984

Trettin, Maik: Breitspurpläne beunruhigen Sassnitzer, in: Ostsee-Zeitung (Rügen-Ausgabe) vom 31. 1. 2003

Vesting, Justus: Zwangsarbeit im Chemiedreieck - Strafgefangene und Bausoldaten in der Industrie der DDR, Berlin 2012

Vetter, Ulrich: Laserscanner entschlüsselt Geheimnis, Informationsdienst Wissenschaft, Universität Rostock vom 8. 6. 2011

Wagner, Armin/ Uhl, Matthias: BND contra Sowjetarmee. Westdeutsche Militärspionage in der DDR, Berlin 2007 und 2008

Wagner, H.: Warum eine neue Fährverbindung DDR - UdSSR? - In: Was und wie? Informationen, Argumente, Übersichten für den Agitator, Hrsg: Zentralkomitee der SED, Abt. Agitation, Heft 8/82

Wauschkuhn, Franz: Das Duell zweier Hafenstädte, in: Hamburger Abendblatt vom 9. 7. 1983

Wenzel, Otto: Kriegsbereit - der Nationale Verteidigungsrat der DDR 1960-1989, Köln 1995

Wenzke, Rüdiger: Sozialistische Waffenbrüder? Über die Beziehungen der Nationalen Volksarmee der DDR zu anderen Warschauer-Pakt-Armeen, in: Diedrich, Torsten (Hrsg.): Der Warschauer Pakt - von der Gründung bis zum Zusammenbruch, 1955 bis 1991, Bonn 2009

Werner, Sebastian: Der Rügendamm. Die feste Verbindung zur Insel Rügen (S. 14-27), in: Eisenbahn-Kurier Special 145 (2. Quartal 2022), Rügen. Geschichte und Gegenwart des Eisenbahnbetriebes

Werner: Sebastian: Der regelspurige Bahnverkehr. Von Stralsund aus auf die Insel Rügen (S.28ff) in: Eisenbahn-Kurier Special 145 (2. Quartal 2022), Rügen. Geschichte und Gegenwart des Eisenbahnbetriebes

Widera, Thomas: Der Kalte Krieg, Deutschlandpolitik und die NVA-Bausoldaten, in: Prora-Zentrum e. V. (Hrsg): Waffenverweigerer in Uniform, Prora 2011, S. 8 – 22.

Widera, Thomas: Die DDR-Bausoldaten - Politischer Protest gegen die SED-Diktatur, Erfurt 2014

Wienhöfer, Hartmut: Saßnitz Port von MS „Rügen", in: Poseidon 6/89

Wilke, Uta: Der Krieg der Städte um die Fähre, Kieler Rundschau, 21. 2. 1985

Witthöft, Hans-Jürgen: Beim Eisenbahnfährschiffsprojekt zeigt Moskau besonders große Eile, in: Schiff & Hafen/Kommandobrücke, Heft 10/1981, S.18-22

Wolf, Stephan: „Bausoldat ist eben ein Status" – Bausoldaten und MfS in Prora, in: Prora-Zentrum e. V. (Hrsg.): Waffenverweigerer in Uniform, Prora 2011, S. 74 – 92.

Wolter, Stefan: Kurze Chronologie der Geschichte von Block V, www.proraer-bausoldaten.de/html/chronologie.html, abgerufen am 22. 11. 2011

Zeeck, Malte: NDR1 Welle Nord: Kommentar vom 13. 6. 1983, 17.55 - 18 Uhr

Zimmermann, Horst: Die Eisenbahnfährverbindung Mukran – Klaipeda und ihre Nutzung für Militärtransporte, Militärwesen VVS-Nr.: B 855 509, 1987, S. 23 in: BArch, MfS, ZAIG, 15918

Zimmermann, Horst: Fährverbindung Saßnitz–Mukran nach Klaipeda, http://www.mdr.de/damals/artikel7662.html, abgerufen am 7. 12. 2011

Zimmermann, Thomas: Klapperndes Schutzblech am Prunkwagen des Sozialismus, in **Janning**, Heinz/ Pokatzky, Klaus/ Röder, Hans Jürgen/ Tobiassen, Peter (Hrsg.): Kriegs-/ Ersatzdienstverweigerung in Ost und West, Essen 1990, S. 278

Zwass, Adam: Der Rat für gegenseitige Wirtschaftshilfe 1949-1987, Wien/New York 1988

WEITERE QUELLEN

TV:

ARD-Tagesthemen, 1. 10. 1986
Aktuelle Kamera, Fernsehen der DDR, 2. 10. 1986
Seeweg der Zukunft, Film von Gerhard Mackat und Bernd Scharioth, Fernsehen der DDR, 1986
Kinobox 57, Buch und Regie: Heinz Brinkmann, Defa-Studio für Dokumentarfilme 57/1987
Aktuelle Kamera, Fernsehen der DDR, 17. 9. 1988
Nordmagazin des NDR, 5. 10. 1993
Dienen bei der NVA. Die Spatensoldaten, Fernsehdokumentation von Kerstin Mauersberger und Nicole Standtke, rbb, 2. 3. 2003
Waffenlose Front - Bausoldaten in der DDR, ein Film von Sven Stephan 2014
Der große Abzug - die Alliierten gehen, Film von Christian Klemme, rbb 2014
Waffenlose Front - Bausoldaten in der DDR, ein Film von Sven Stephan 2014, und: Schwerter zu Spaten - die Bausoldaten in der DDR, ein Film von Johannes Meier im Auftrag der Ev.-Luth. Kirche Norddeutschland 2015
Moskaus Imperium. Alter Traum von Macht und Stärke, Looks-Film, Arte TV 2016
Mukran – Honeckers Superhafen, Film von Jürgen und Daniel Ast, rbb, 28.11.2017
Prora – Naziseebad und Sperrgebiet, ein Film von Jan N. Lorenzen, 2017

HÖRFUNK:

Interview mit Uwe Barschel, Abendjournal NDR1 Welle Nord, 31. 10. 1985

ZEITUNGEN:

Tod in der See, in: Landeszeitung, Ausgabe Stralsund, 1947, Nr. 289
„Piratenschiff" am Hülsengrund, Ostsee-Zeitung vom 27. 8. 1969
Breite Spur der Sowjets führt durch die DDR, Hamburger Abendblatt vom 25. 11. 1982
Ein neuer Pfeiler der Freundschaftsbrücke, Neues Deutschland vom 22.1.83
Westliche Militärs: Fähre in die UdSSR eine „Rollbahn" für den Kreml, Schleswig-Holsteinische Landeszeitung vom 8.12.1983
Besuch auf der Baustelle des Eisenbahnfährhafens Mukran, Neues Deutschland vom 12. 7. 1984
Mukraner Halbzeit-Rapport, Volksarmee, 29/1984, S. 4
Schiffahrtsbeziehungen vorrangig regeln, Magazin für deutsche Seeschiffahrt, 3/85, S.3

Mit Hubschrauberhilfe 145 Stahlmaste gestellt, Ostseezeitung vom 4. 9. 1986
Rudi Dobbert Leiter des Fährkomplexes, Ostseezeitung vom 28. 3 1988
Die Wendeplatte in Mukran wird jetzt verbreitert, Ostseezeitung vom 7. 7. 1988
„Karten auf den Tisch und anfangen!". DDR-Verteidigungsminister Heinz Kessler im Zeit-Gespräch mit Theo Sommer und Marlies Menge, in: Die Zeit, 40/1988
Eisenbahnfähre von der Sowjetunion zur Bundesrepublik, Kieler Nachrichten vom 22. 3. 1989
Neues modernes Ambulatorium für Fährkomplex Mukran übergeben, Ostseezeitung vom 26. 4. 1989
Verbindung von Bad Schandau bis Saßnitz nun voll unter Fahrdraht, Neues Deutschland vom 29. 5. 1989
Strelasundbrücke wird rekonstruiert, Neues Deutschland vom 31. 5. 1989
Aus für die Eisenbahnfähre, Kieler Nachrichten vom 12.10.1989
Erich Kuhfeld und Ulrich Hohm im Dialog mit Werktätigen im Fährkomplex Mukran, Ostseezeitung vom 3. 11 1989
Die Spanischen Reiter verschwinden wieder, Ostseezeitung, 5. 11. 1989
Eisenbahnfähre unter dem Hammer?, Gudok (Eisenbahnerzeitschrift) vom 14.9.1990
Leere Waggons, unbeladene Rubel, Gudok (Eisenbahnerzeitschrift) vom 26. 9. 1990
Ganz Deutschland hilft, Hamburger Abendblatt vom 8. 12. 1990
350 Millionen für Mukran, Hamburger Abendblatt vom 16. 11. 1991
Burlakow: Abzugstempo wird beibehalten - 1992 verläßt die frühere Sowjetarmee 52 ostdeutsche Standorte, Frankfurter Allgemeine Zeitung vom 21. 2. 1992
Hafen Mukran geht an Sassnitz, Hamburger Abendblatt vom 1. 8. 1992
Mukran lebt vor allem vom Abzug der Roten Armee - Rügener Wünsche und Pläne für den Fährhafen und die Eisenbahn / Weniger Urlauber als früher, Frankfurter Allgemeine Zeitung vom 6. 3 1992
Am Ende der deutschen Schienenwelt, in: Märkische Allgemeine Zeitung/Berlin und Ostdeutschland, 10. 8. 2020

ZEITSCHRIFTEN:

Befestigungen. Lügen auf Rügen, Der Spiegel, 20/1953
Größte Eisenbahnfähre der Welt, in: Eisenbahntechnische Rundschau, 10/1978
Sowjets schaffen strategische Seeverbindung zwischen Memel und Mukran, in: Europäische Wehrkunde/WWR, 5/1983
Fähre für Moskau, Der Spiegel, 26/1983
DSRK-Jahresbericht 1985, S. 4
Tauziehen um ein Fährprojekt: Per Eisenbahn von BRD/Schleswig-Holstein nach UdSSR/ Litauen? Internationale Transportzeitschrift, 18. 1. 85
Trojanische Fähre, in: Der Spiegel, 14/1985
Eisenbahnfährverbindung Mukran-Klaipeda eröffnet, Seewirtschaft 1/86, Band 18 1986

Eisenbahnfähre kein Thema mehr, Deutsche Verkehrszeitung vom 27. Juni 1986
40 Jahre RGW- ein Rückblick, Verkehr - Internationale Fachzeitung für Logistik 4/89
Messegold für Eisenbahngüterfähre und deren Antriebsanlage, Seewirtschaft, 5/1987
Eisenbahn-Fährverkehr Mukran-Klaipeda, in: Hansa, Schiffahrt – Schiffbau – Hafen, 5/1987
„Schlamperei“ bei der Bahn führt zu Verlusten, DVZ, 16. 3. 89
Eisenbahnfähre für Mukran-Klaipeda, in: Eisenbahntechnische Rundschau, 10/1989
Fünf Jahre Eisenbahnfähre Mukran-Klaipeda, in: Eisenbahntechnische Rundschau, 12/1991
„Niklas, Hölle und Kalle“, Der Spiegel, 40/1991
Operation Geheimnisverrat, Der Spiegel 37/2004
Berichte aus dem maritimen Kosmos. Festschrift der DGSM für Dr. Heinrich Walle zu seinem 80. Geburtstag, Hrsg.: Vorstand und wissenschaftlicher Beirat der Deutschen Gesellschaft für Schiffahrts- und Marinegeschichte, Bonn 2021

BENUTZTE INTERNETQUELLEN:

http://www.denk-mal-prora.de
http://www.ad-hoc-news.de
http://www.ferry-site.dk
http://www.shipspotting.com
http://www.ndr.de
http://www.log-in-mv.net
http://www.portofklaipeda.lt
http://de.sputniknews.com
http://www.zeit.de
https://www.cia.gov
https://www.nordkurier.de
http://meb.com.ua
https://www.tagesschau.de
https://web.de
http://www.deutsche-leuchtfeuer.de
https://www.foerderverein-leuchtturm-roter-sand.de
https://www.ostsee-zeitung.de
https://www.svz.de
https://www.mopo.de
https://www.marinetraffic.com
https://faehren.net

ANDERE QUELLEN:

Anordnung des Nationalen Verteidigungsrates der Deutschen Demokratischen Republik über die Aufstellung von Baueinheiten im Bereich des Ministeriums für Nationale Verteidigung vom 7. September 1964, § 9

Drucksache 10/286 vom 22. Juli 1983, Deutscher Bundestag, 10. Wahlperiode: Schriftliche Fragen mit den in der Woche vom 18. Juli 1983 eingegangenen Antworten der Bundesregierung

Tagesnachrichten, Der Bundesminister für Wirtschaft, 22. 1. 1985

Sitzungsprotokoll des Schleswig-Holsteinischen Landtages (10. Wahlperiode), 43. Sitzung, 30. 1. 1985

Pressemitteilung: Landesregierung begrüßt Kanzlererklärung zur Memel-Fähre, Presse- und Informationsstelle der Landesregierung Schleswig-Holstein, 19. 3. 1985

ADN, Interne Dienstmeldung, 7. 10. 1986

DVD: Eisenbahnfährverbindung Mukran-Klaipeda (DVD), 1986, Bundesarchiv

Die Energiepolitik der DDR - Mängelverwaltung zwischen Kernkraft und Braunkohle, Hrsg.: Friedrich-Ebert-Stiftung, Bonn 1988

dpa-Meldung vom 31. 7. 1994

Dreikronenkrieg, in: Brockhaus – Die Enzyklopädie, Bd. 5, 20. überarbeitete und aktualisierte Auflage, Leipzig / Mannheim 1996, S. 684

Reederei F. Laeisz GmbH., Volker Redersborg, Mail vom 9. 2. 2017

Detlef Ulbrich, Mail an den Autor vom 19. März 2020

Mukran Port festigt Drehkreuz-Funktion für internationale Lieferketten: Containerschiff-Quartett am Mukran Port Terminal, Pressemitteilung von Mukran Port vom 18. 10. 2021

DDR Schiffbau Eisenbahngüterfähre, Prospekt des VEB Mathias-Thesen-Werft Wismar (undatiert)

Exponate des Schiffbau- und Schifffahrtsmuseum Rostock

Originalurkunde der Kaunas Seaways, Guinness-Buch der Rekorde

ABKÜRZUNGSVERZEICHNIS

ADN	Allgemeiner Deutscher Nachrichtendienst (der DDR)
AfNS	Amt für Nationale Sicherheit
AKG	Auswertungs- und Kontrollgruppe des MfS
BArch	Bundesarchiv
BArch-MA	Bundesarchiv-Militärarchiv
BND	Bundesnachrichtendienst
BRT	Bruttoregistertonnen
BV	Bezirksverwaltung des MfS

CIA Central Intelligence Agency (US-Geheimdienst)
DIA Defense Intelligence Agency
dpa Deutsche Presse-Agentur
DSR VEB Deutfracht / Deutsche Seereederei Rostock
FDJ Freie Deutsche Jugend
FDGB Freier Deutscher Gewerkschaftsbund
GSSD Gruppe der Sowjetischen Streitkräfte in Deutschland
GÜSt Grenzübergangsstelle
GVS Geheime Verschlusssache
HAN VEB Bau- und Montagekombinat Industrie und Hafenbau
HA Hauptabteilung des MfS
IAG Investitionsauftraggeber
IM Inoffizieller Mitarbeiter des MfS
IME Inoffizieller Mitarbeiter im besonderen Einsatz
IMS Inoffizieller Mitarbeiter zur Sicherung eines Verantwortungsbereiches
ITA Ingenieur-Technischer Außenhandel
JHS Juristische Hochschule des MfS
KGB Komitee für Staatssicherheit beim Ministerrat der UdSSR
KoKo Bereich Kommerzielle Koordinierung im Ministerium für Außenhandel der DDR
LPG Landwirtschaftliche Produktionsgenossenschaft
MfS Ministerium für Staatssicherheit
MTW VEB Mathias-Thesen-Werft, Wismar
MVM Militärverbindungsmission
NSW Nichtsozialistisches Wirtschaftsgebiet
NVA Nationale Volksarmee
OPK Operative Personenkontrolle des MfS
OT Operative Technik
OV Operativer Vorgang
RGW Rat für Gegenseitige Wirtschaftshilfe
Ro-Ro-Schiff Roll-on-roll-off-Schiff
SED Sozialistische Einheitspartei Deutschlands
SZD Sowjetische Staatsbahn
tdw tons deadweight, 1 tdw = 1016 kg
UdSSR Union der Sozialistischen Sowjetrepubliken
VEB Volkseigener Betrieb
VVS Vertrauliche Verschlusssache
WGSS Westgruppe der Sowjetischen Streitkräfte
ZAIG Zentrale Auswertungs- und Informationsgruppe des MfS
ZK Zentralkomitee der SED
ZUSR Zeitweilige Umschlagräume

ABBILDUNGSVERZEICHNIS

Archiv des Autors: S. 10, 16, 17, 93, 109, 115 (2), 117, 120 (oben),
Archiv (online) CIA: S. 47, 132
Archiv Wolfgang Höfer: S. 124, 156, 159, 160
Archiv IAG Fährverkehr: S. 15 (2), 50
Archiv Andreas Ilse: S. 78
Archiv Militärhistorischer Verein Demen e.V.: S. 122, 158, 161
Archiv Detlef Ulbrich: S.. 18, 20, 29
Archiv Dieter Naumann: S. 13
Archiv Prora-Zentrum: S. 97, 98, 200
Archiv Wolfhard Noack: S. 81
Bundearchiv: S. 208
Stadtarchiv Sassnitz: S. 63 (2), 112, 113, 118,
Stasi-Unterlagenarchiv im Bundesarchiv: S. 87, 131, 134, 136, 138, 141, 144, 146, 153, 165
Sammlung Dobbert/Unger: S.6, 8, 14, 22, 48, 63, 56, 57, 58 (3), 59 (Mitte), 62 (3), 84, 105, 106, 114, 120 (unten), 184, 189 (unten)
Sammlung Martin Holz: S. 45
Sammlung Peter Sädtler: S. 103, 110, 111
Sammlung Sassnitzer Fischerei- und Hafenmuseum: S. 59 (oben), 209 (3)
Pommersches Landesmuseum: S. 37
Mathias-Thesen-Werft: S. 104
Bernardas Aleknavičius: S. 59 (unten), 196
Ast-Film: S. 83, 157, 218, 223
Frank Behling: S. 248
Frank Biederstaedt: S. 32
Eckhard Buchholz: S. 25
Wolfgang Klietz: Coverfoto, S. 64, 68, 70, 94, 100, 116, 129, 162, 182, 189 (oben), 198, 204, 212, 214, 215, 219, 220, 222, 224, 227
Uwe Lippek: S. 74, 75, 76 (2)
Harro Schack: S. 60
Hanjo Volster: S. 102
Stephan Schack: S. 94

DANKSAGUNG

Ich danke den vielen Menschen und Institutionen, die mich bei der Arbeit für dieses Buch unterstützt haben, besonders meiner Frau Ruth, meinen Kindern Rose und Luisa und meinen Schwiegereltern Gertrud und Prof. Dr. Rudolf Lingelbach (†), die mir das „Arbeitshaus" am Moor zur Verfügung gestellt haben.

Zu danken habe ich:
Algirdas Didžiulis (Klaipėda), Rudi Dobbert (†) (Sassnitz), Wolfgang Höfer (†) (Demen), Lutz Langenhan (†) (Magdeburg), Kapitän Andreas Neuendorf (Hettstedt), Stephan Schack (Naumburg, Saale), Gerhard Thiemann (Rostock), Berndt Zeitlow (Sassnitz) und Jörg Minga (†)

Außerdem:
Romas Adomavicius (Litauisches Meeresmuseum, Klaipėda) Bernardas Aleknavičius (†) (Klaipėda), Jürgen Ast (Astfilm), Frank Biederstaedt und Birgit Garbuzinski, Stadtarchiv Sassnitz, Lars Brüggemann (www.trainslide.com), Ralf Buchfink (DFDS Kiel), Frank Behling (Kieler Nachrichten), Peter Bley (Autor), Vitalijus Ciapas (Klaipėda), Eckhard Buchholz, Rudi Buchweitz (Dispatcher Deutsche Reichsbahn), Dr. Franziska Cammin (Historikerin), Fred Cravaack (Wismar), Dr. Peter Danker-Carstensen (ehem. Schiffbau- und Schifffahrtsmuseum Rostock), Rüdiger Dinter, Arndt Draheim (Ostsee-Anzeiger, Rostock), Dr. Stefan Fassbinder (Pommersches Landesmuseum, Greifswald), Dr. Thomas Förster (Deutsches Meeresmuseum Stralsund), Max Foster (DFDS Hamburg), Karoline Gordalla (Medienbüro am Reichstag), Sascha Gunold (Zentrum für Militärgeschichte und Sozialwissenschaften der Bundeswehr, Potsdam), Harald Haase (Ministerium für Wissenschaft, Wirtschaft und Verkehr des Landes Schleswig-Holstein), Thomas Hahn, Sieglinde Hartmann (Bundesarchiv Berlin), Klaas Hartmann-Moritzen (Journalist), Dr. Michael Heinz (Stasi-Unterlagenarchiv Rostock), Heiko Herzig (ehem. Steward), Dr. Volker Höffer (Leiter des Stasi-Unterlagenarchivs Rostock), Hans-Rüdiger Hoffmüller, Andreas Ilse (ehem. Bausoldat), Frank Ilse (Hamburger Abendblatt), Vytautas Kaunas (Klasco, Hafenbehörde Klaipėda), Heike Kiesel (Fotografin), Peter Klemm, (ehem. Deutsche Seereederei), Fred Koch (Militärhistorisches Museum der Bundeswehr), Günter Krause (DGEG), Arnold Kühn (Rail Event), Andreas Küstermann (Redaktion ostSeh), Niels Alexander Lange (TU Hamburg-Harburg), Siegfried Lautsch (Dipl. Militärwissenschaftler), Peter Lehnert (ehem. Bausoldat), Uwe Lippek (Taucher), Egbert Meyer-Lovis (Deutsche Bahn), Wolfhard Noack (Greifswald), Aivars Oos (DFDS Sassnitz), Martin Oster, Roland Preller (Fotograf und Seemann), Wolfgang Ramson (Leitender Ingenieur, Rostock), Michael Rauhe (Fotograf), Maria Riedel (Thüringer Archiv für Zeitgeschichte „Matthias Domaschk"), Christian Rohlfs (Stasi-Unterlagenarchiv Rostock), Peter Sädtler (Kapitän), Rasa Simkute (Klaipėda), Stefan Tobias Schnaak, Jan Schröter (Autor), Artur Seefeldt (Generalleutnant a. D., †), Helmut Seilert (Fährhafen Sassnitz), Ieva Sievers (DFDS Sassnitz), Maik-Jens Springmann (Unterwasserarchäologe), Stefan Sprunk (Nordic Yards),

Volker ter Haseborg (Hamburger Abendblatt), Bernadette Trepte und Christiane Kruse (Medienbüro am Reichstag), Dr. Matthias Uhl (Deutsches Historisches Institut, Moskau), Vytautas Vaicekauskas (Klaipėda), Detlef Ulbrich, Peter Wilfert (Kapitänleutnant a. D.), Familie Zier und die Mitarbeiter vom Gasthaus Hülsenkrug, Neu-Mukran.

Geholfen haben mir darüber hinaus:
Die Mitarbeiter des Militärarchivs im Bundesarchiv in Freiburg, die Mitarbeiter der Bibliothek des Bundesarchivs in Berlin, die Mitarbeiter der Staats- und Universitätsbibliothek Hamburg, die Mitarbeiter der Departmentbibliothek für Kulturgeschichte und Kulturkunde der Universität Hamburg, die Mitarbeiter der Fachbibliotheken des Historischen Seminars und des Fachbereichs Sozialwissenschaften der Universität Hamburg, die Mitarbeiter der Fachinformationsstelle und Bibliothek der Akademie für Information und Kommunikation der Bundeswehr in Strausberg, die Mitarbeiter der Fakultätsbibliotheken Wirtschafts- und Sozialwissenschaften sowie der Hauptbibliothek der Helmut-Schmidt-Universität der Bundeswehr in Hamburg, die Mitarbeiter des deutsches Rundfunkarchivs (DRA), Potsdam, sowie der Hauptbibliothek der Helmut-Schmidt-Universität der Bundeswehr in Hamburg, die Mitarbeiter der Behördenbibliothek, Hamburg Port Authority, die Mitarbeiter der Zentralbibliothek Recht der Universität Hamburg, die Mitarbeiter der Zentralbibliothek Philosophie, Geschichte und Klassische Philologie der Universität Hamburg, die Mitarbeiter der Bibliothek der Forschungsstelle für Zeitgeschichte Hamburg, die Mitarbeiter der Bibliothek und Dokumentation am Institut für Friedensforschung und Sicherheitspolitik an der Universität Hamburg, die Mitarbeiter des Landesarchivs Greifswald, die Mitarbeiter des Landesarchivs Schleswig-Holstein, die Mitarbeiter des Museums für Unterwasserarchäologie Sassnitz, die Besatzungen der „Vilnius Seaways“ und der „Kaunas Seaways“, die Mitglieder des Prora-Zentrum e.V., die Mitglieder des Sassnitzer Fischerei- und Hafenmuseums e.V., die Mitglieder der Foren von www.geschichtsspuren.de, www.forum-schiff.de, www.nva-forum.de.

Danke! Wolfgang Klietz

Wolfgang Klietz

Jahrgang 1963 Studium der Politischen Wissenschaften, Geschichte und Literaturwissenschaft an der Christian-Albrechts-Universität zu Kiel, danach als freier Journalist beim NDR und anderen Medien, seit 1989 Redakteur beim Hamburger Abendblatt, seit 1991 zahlreiche Reisen über den Fährhafen Mukran nach Litauen, lebt in Hamburg. Wolfgang Klietz hat mehrere Bücher und Aufsätze veröffentlicht.